LETTERING & KALLIGRAFIE

Angelika Rosa Müller-Reichert

LETTERING & KALLIGRAFIE

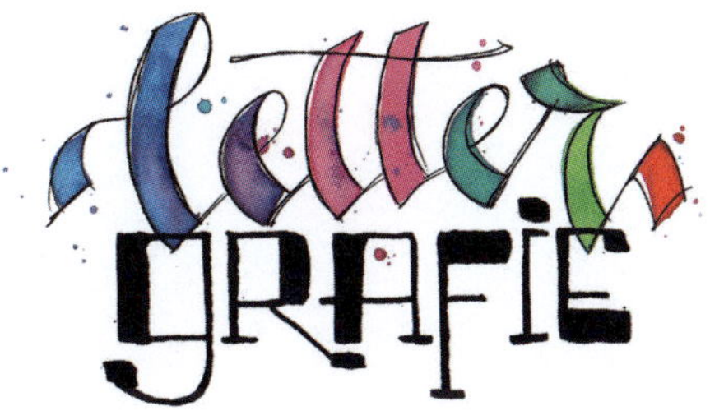

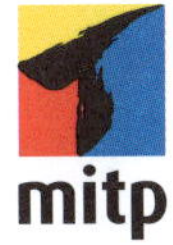

Bibliografische Information der Deutschen Nationalbibliothek
Die Deutsche Nationalbibliothek verzeichnet diese Publikation in der Deutschen Nationalbibliografie; detaillierte bibliografische Daten sind im Internet über <http://dnb.d-nb.de> abrufbar.

Bei der Herstellung des Werkes haben wir uns zukunftsbewusst für umweltverträgliche und wiederverwertbare Materialien entschieden.
Der Inhalt ist auf elementar chlorfreiem Papier gedruckt.

ISBN 978-3-7475-0021-7
1. Auflage 2019

www.mitp.de
E-Mail: mitp-verlag@sigloch.de
Telefon: +49 7953 / 7189 - 079
Telefax: +49 7953 / 7189 - 082

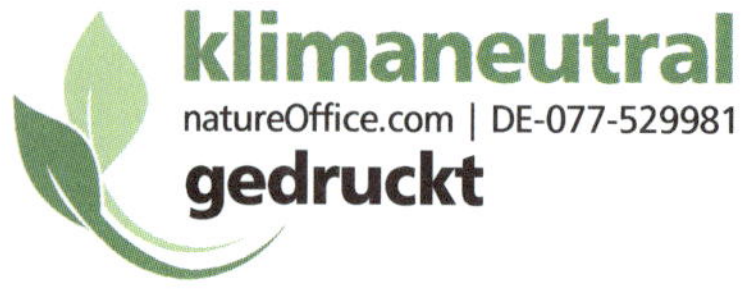

Lektorat: Sabine Schulz
Sprachkorrektorat: Sibylle Feldmann
Covergestaltung und Satz: Angelika Müller-Reichert
Druck: Medienhaus Plump, Rheinbreitbach

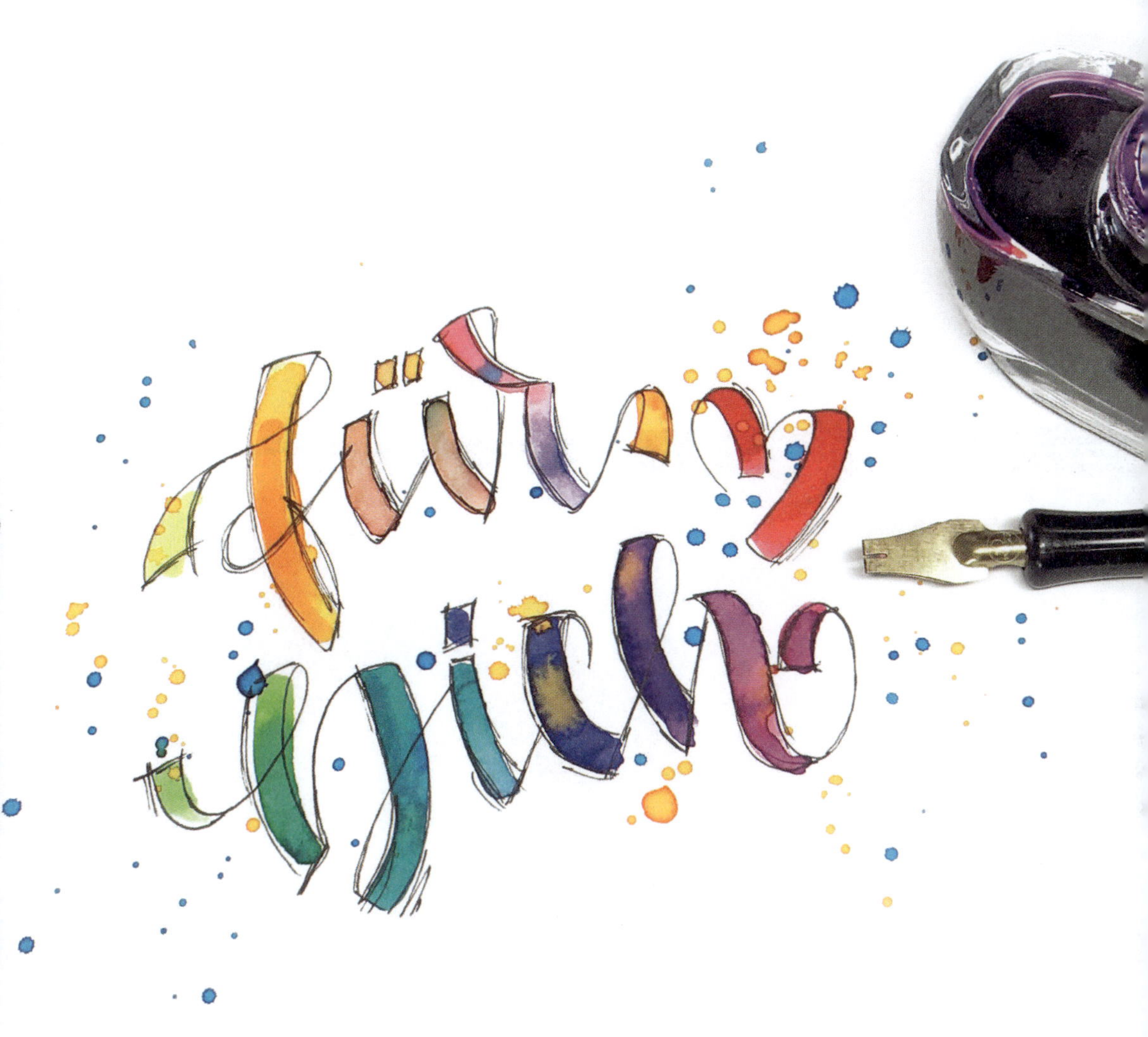

»für Dich« und für alle, die mich unterstützt und angefeuert haben.
Herzlichen Dank!

INHALT

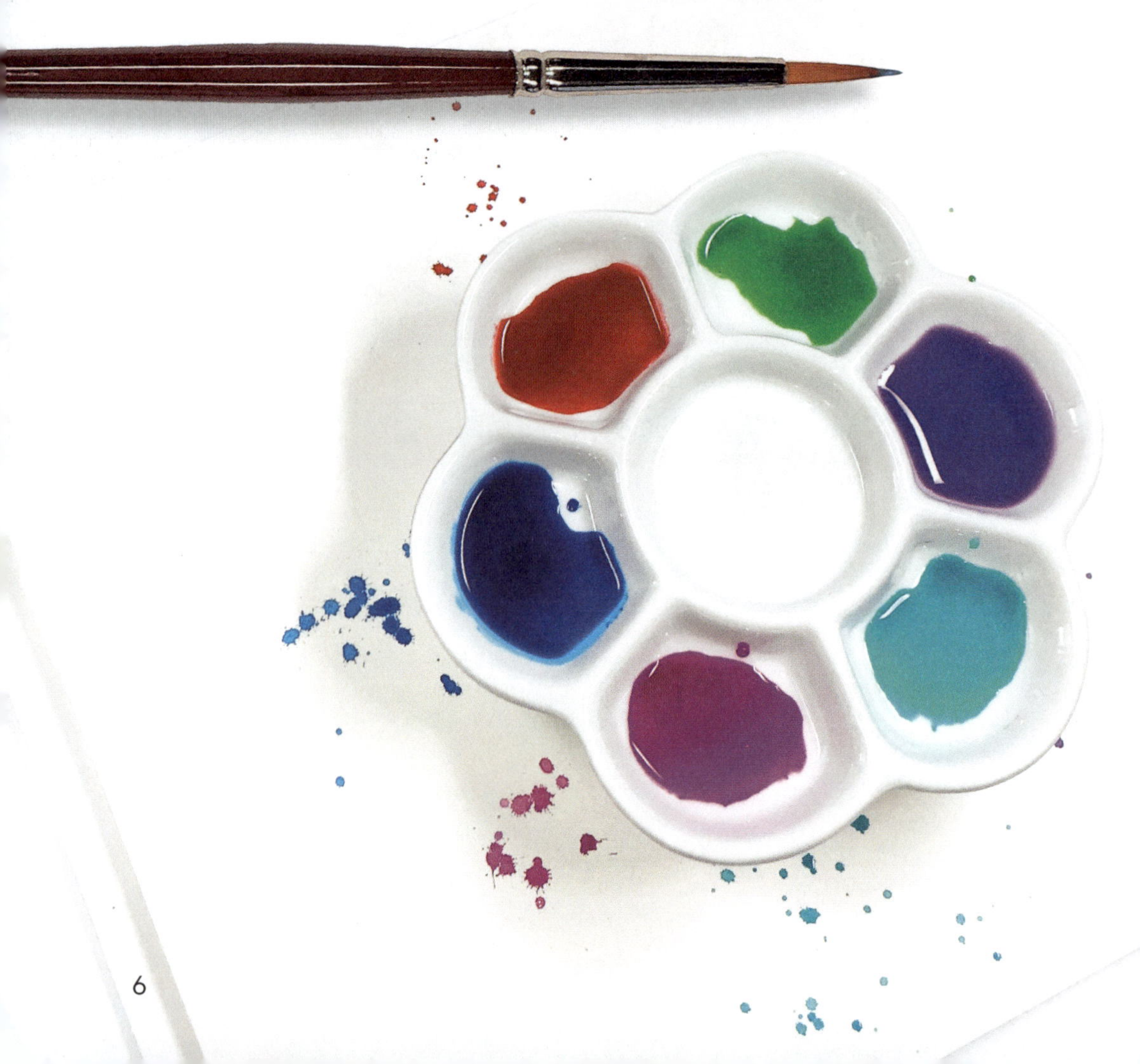

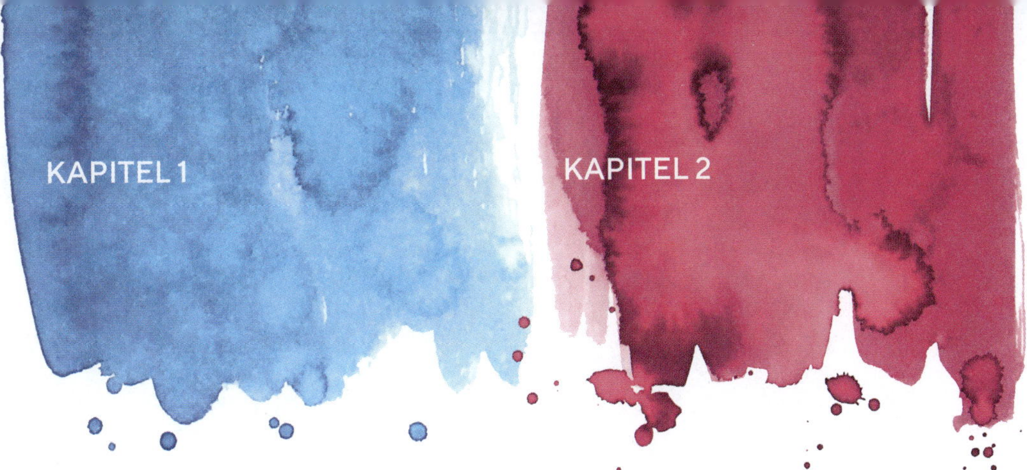

HINTERGRUNDDESIGN & MALTECHNIKEN

SCHÖNSCHREIBEN & ALPHABETE

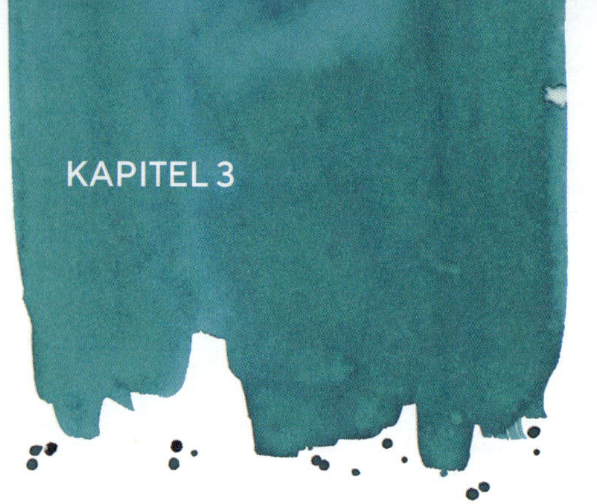

KAPITEL 3

SÜSSES & TEEPAUSE

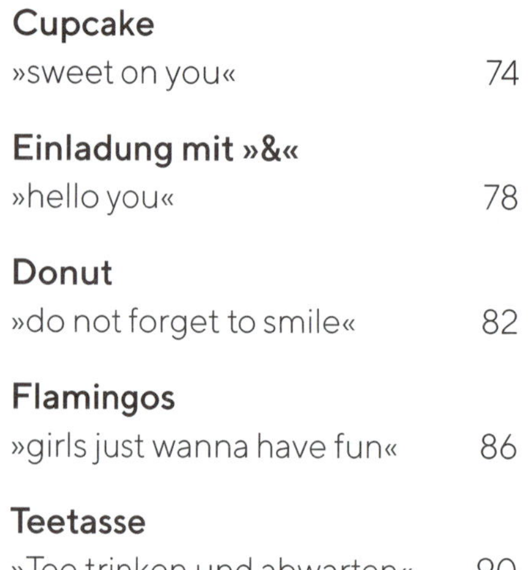

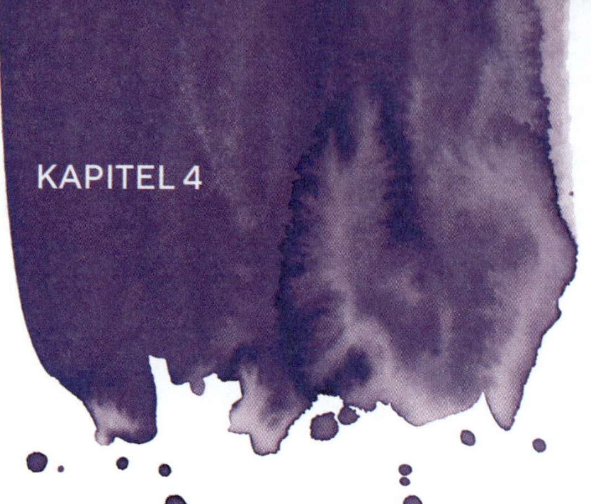

KAPITEL 4

GALAXIEN, MONDE & STERNZEICHEN

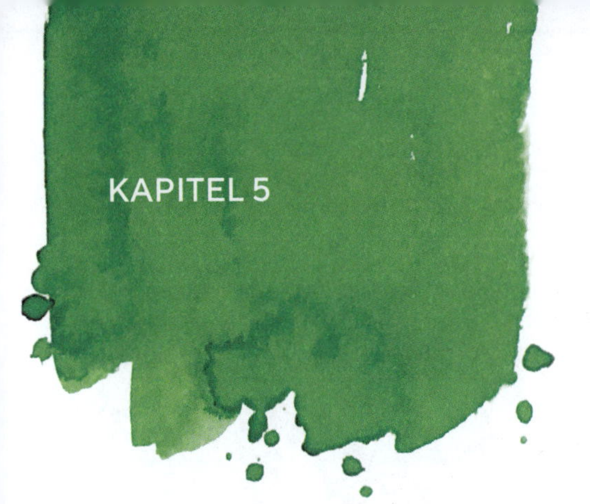

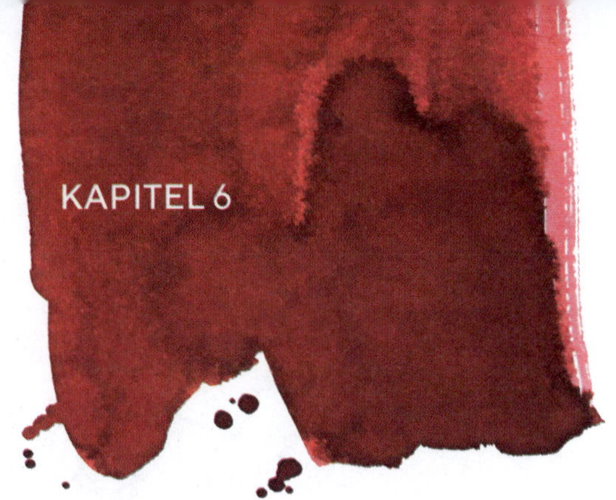

BLÜTEN, BLÄTTER & MEER

WEIHNACHTEN & GLITZER

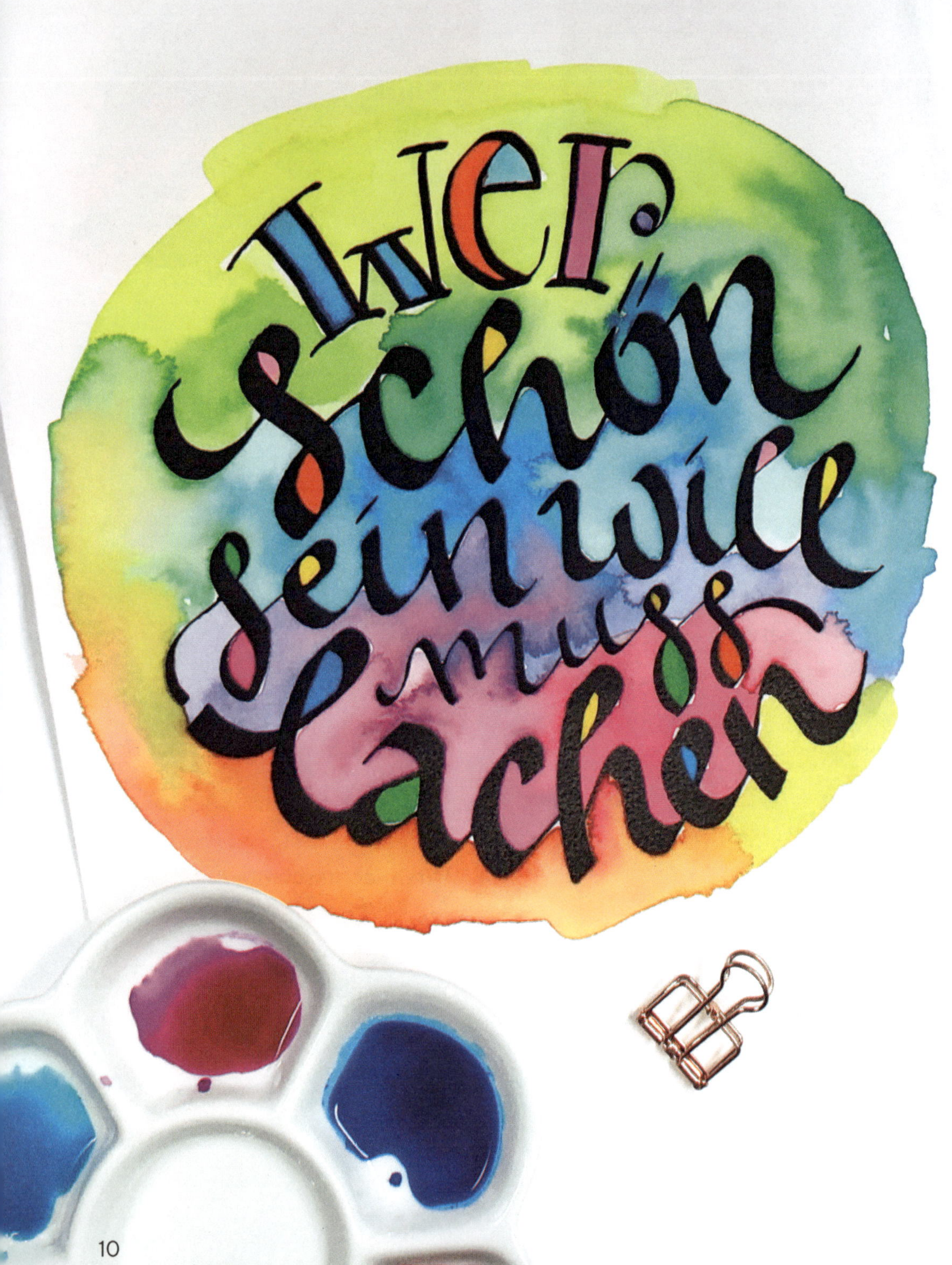
Wer schön sein will muss lachen

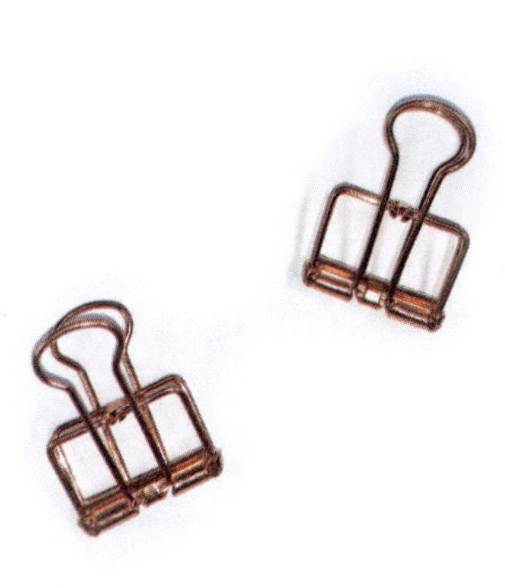

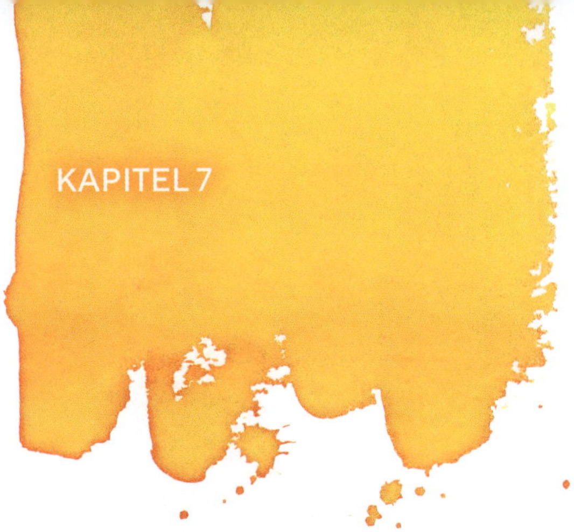

KAPITEL 7

ANHANG

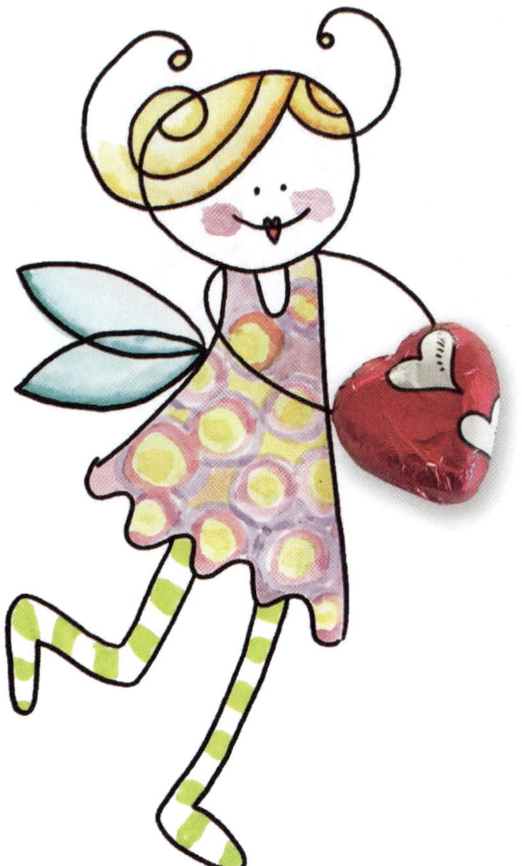

TIPP

Im Stichwortverzeichnis auf Seite 205 findest du Themen wie Geburtstag, runder Geburtstag, Geburt, Glückwünsche, Vatertag, Muttertag, Einladung, Menükarte und Valentinstag.

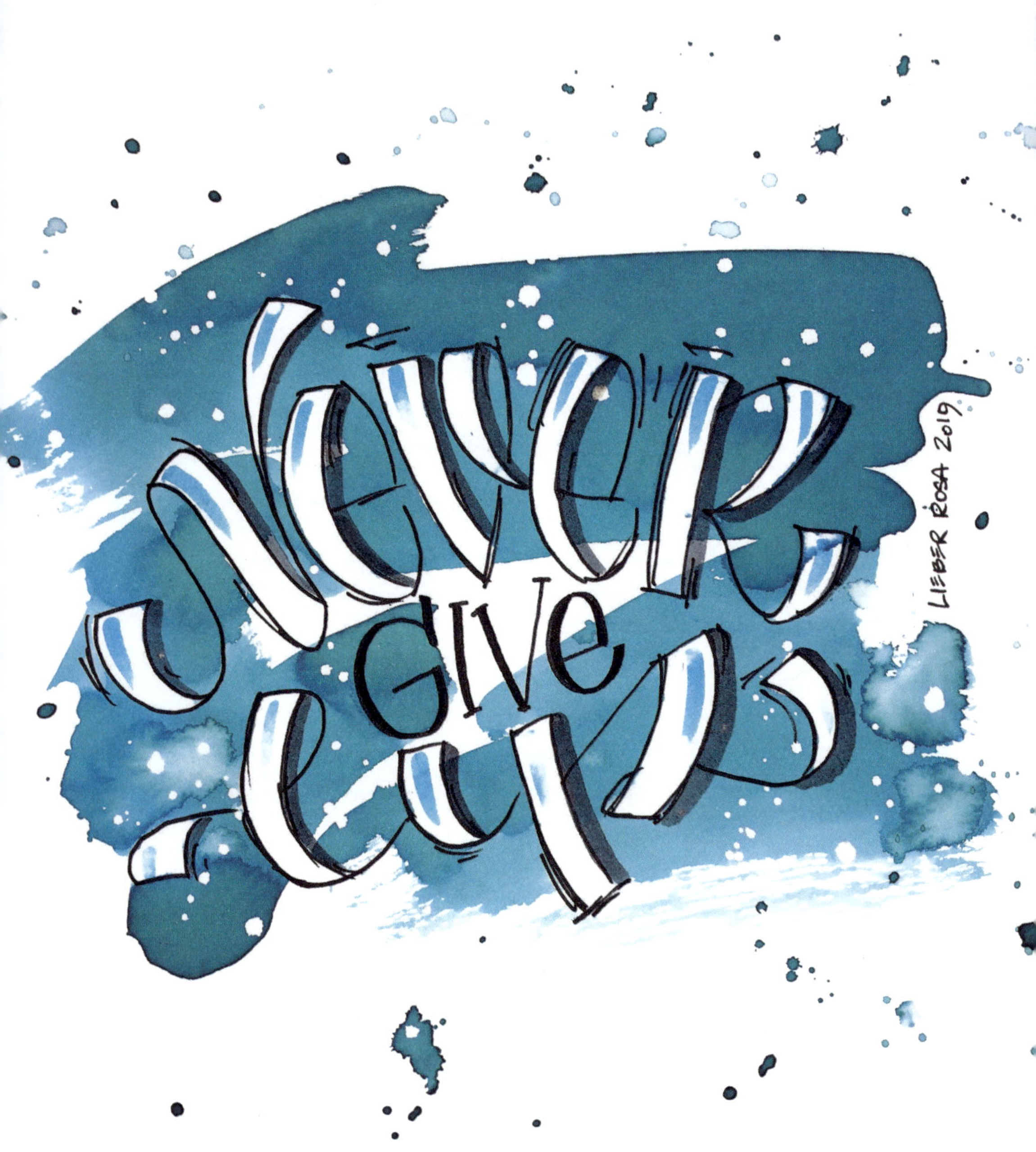
Never
give
up
LIEBER ROSA 2019

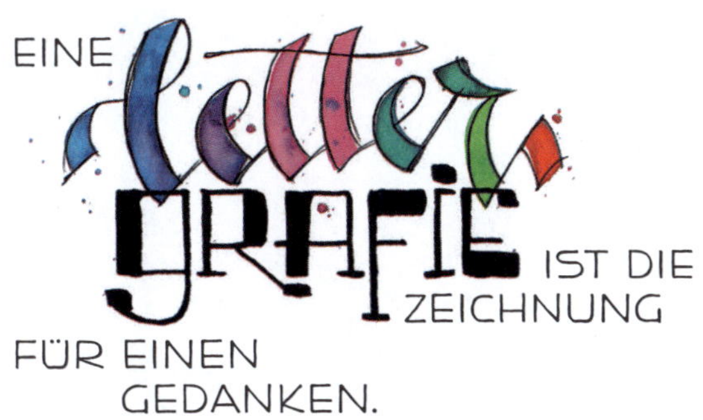

Liebe Letterlinge!

Manchmal fallen Gedanken plötzlich vom Himmel, und ich bin immer froh, wenn ich mein kleines Notizbuch bei mir habe. Schnell eine Skizze oder einen kurzen Text notiert: Gedankengut, das ich sonst schnell wieder vergessen würde. Natürlich gehört auch das eine oder andere Handyfoto dazu. In ruhigen Minuten entstehen daraus Textbilder, auch Lettergrafien genannt. Es sind wilde Mischungen aus Handlettering, Kalligrafie und Watercolor, die ich hier in diesem Buch zusammengestellt habe.

Anhand von Bildern und Vorlagen zeige ich einzelne Projekte zum Nacharbeiten und gebe Tipps für das eigene Gestalten. Ideal gerade auch für Anfänger, die mit diesem Buch in die Welt der bunten Lettergrafien eintauchen möchten.

Ich wünsche ganz viel Spaß beim Kreativsein!

Angelika

www.lettergrafie.de

KAPITEL 1

HINTERGRUND-DESIGN & MALTECHNIKEN

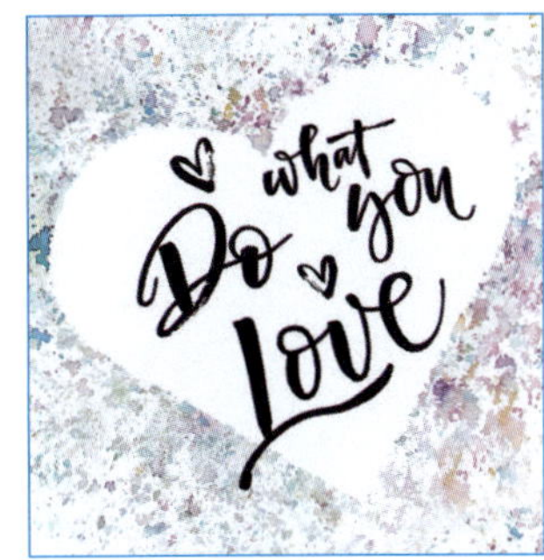
Do what you Love
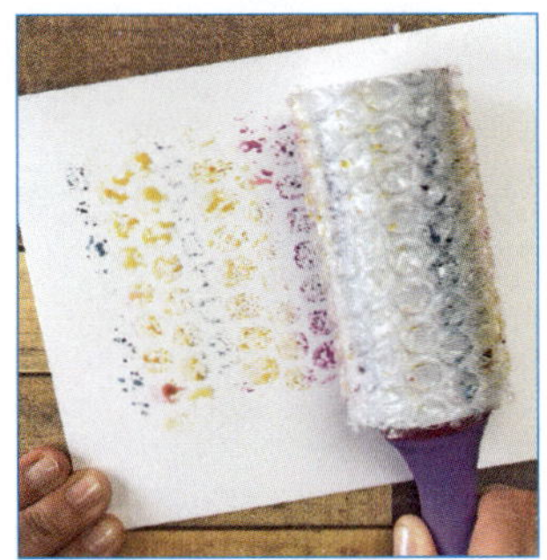
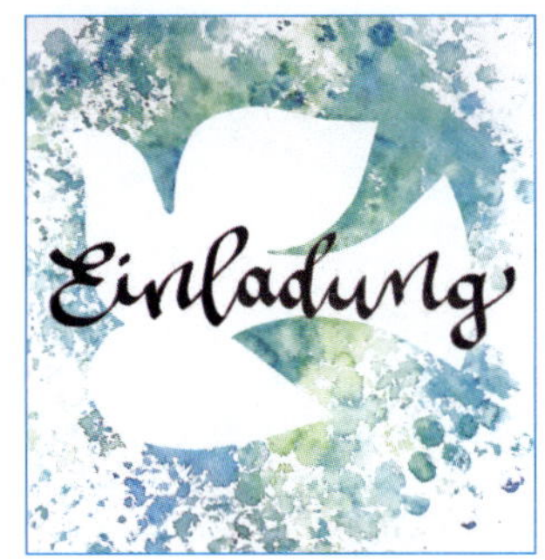
Einladung
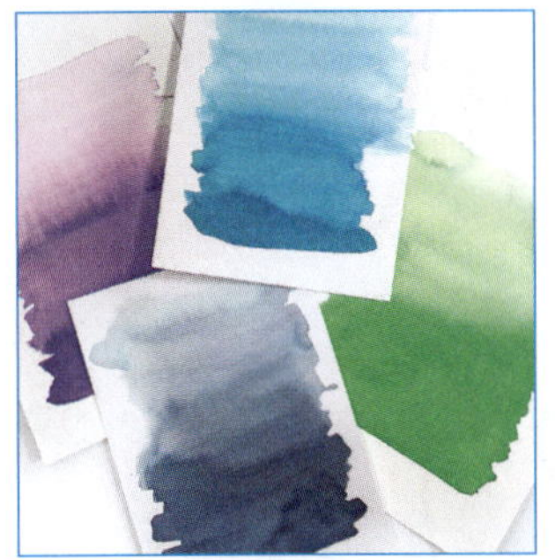
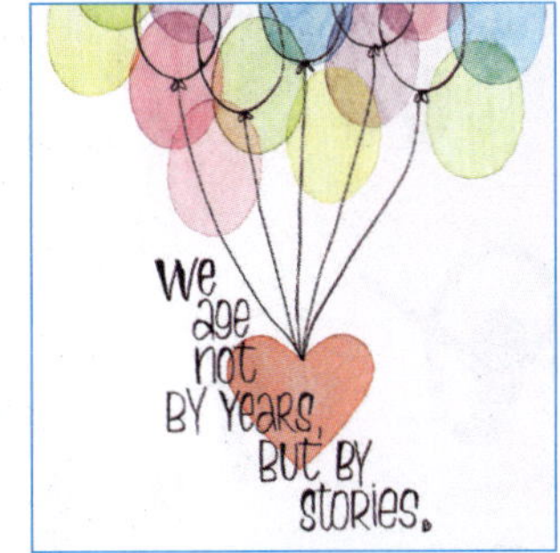
We age not BY YEARS, BUT BY STORIES.
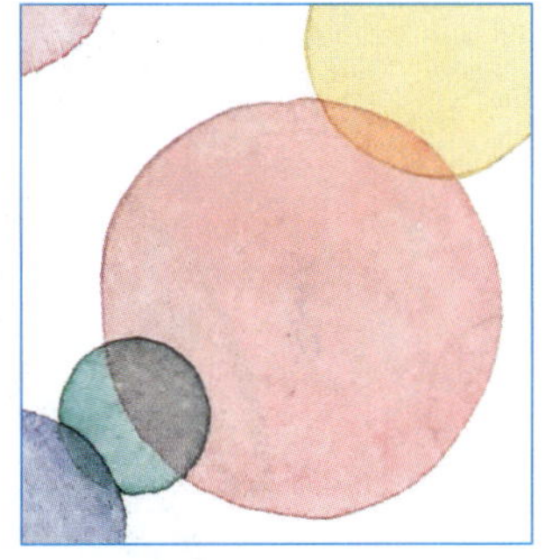
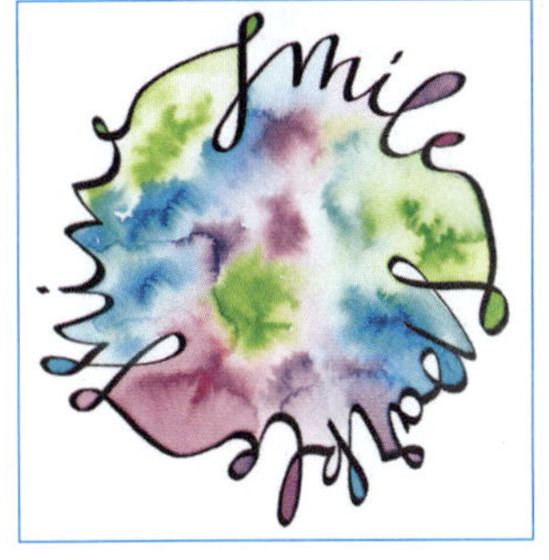
smile
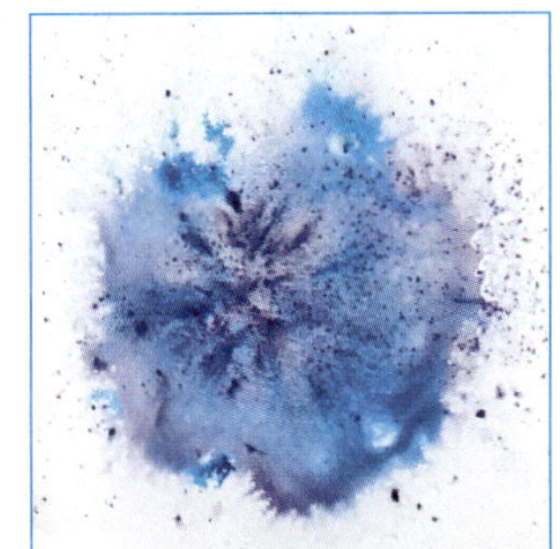
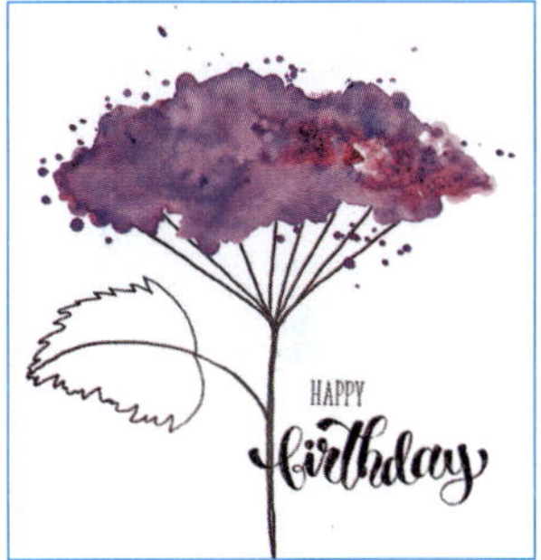
HAPPY
birthday
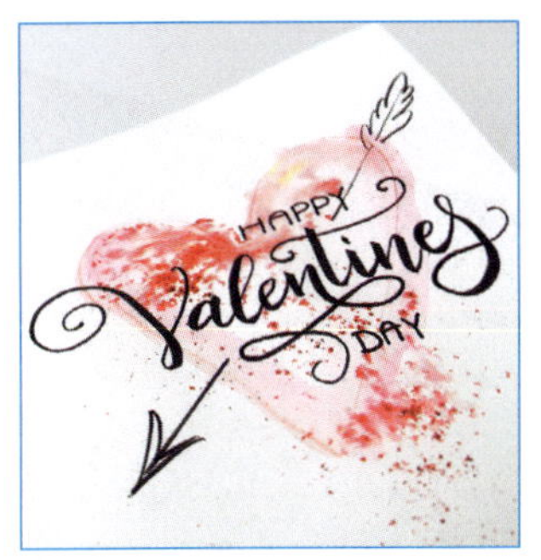
HAPPY
Valentines
DAY
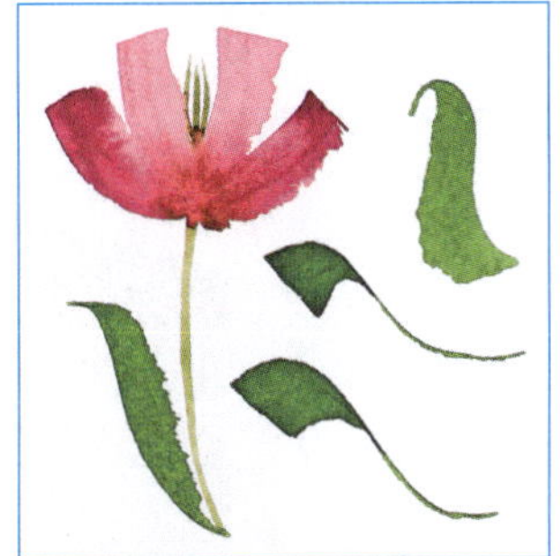
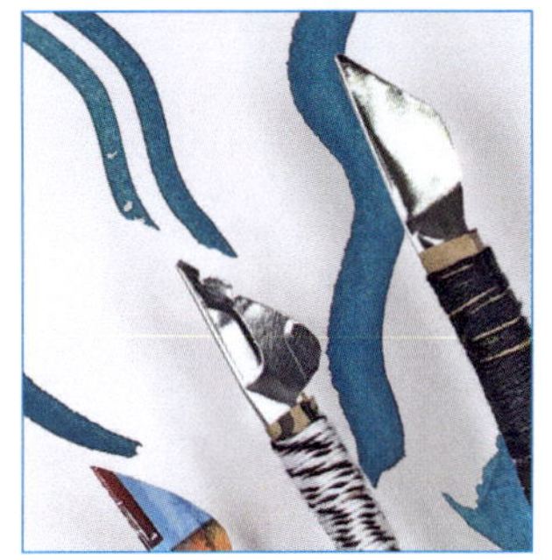

Do what you love

MATERIAL

- Fusselroller
- Luftpolsterfolie 10 x 15 cm
- Filzstifte, verschiedene Farben
- Sprühflasche mit Wasser
- Aquarell- oder Mixed-Media-Papier

Eine Weihnachtskarte mit Background Dots findest du auf Seite 176.

BACKGROUND DOTS

Bestimmt hast du schon Hintergründe für deine Textbilder mit Folie, Brush Pens und Wasser gestaltet. Für meine Workshops habe ich diese Fusselroller-Technik entwickelt. Sie ist sehr einfach und gibt der Fläche eine schöne Struktur.

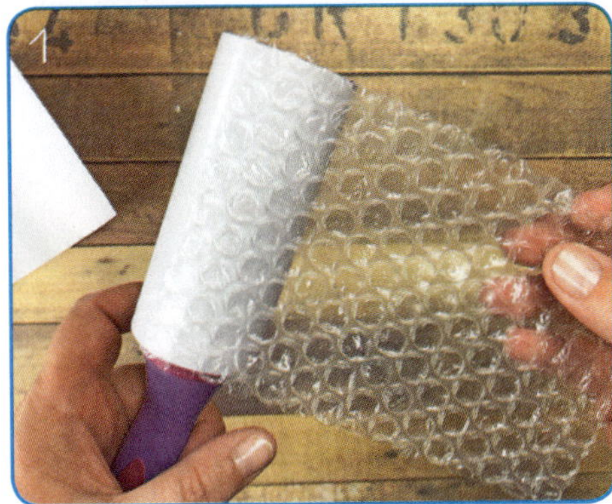

Ziehe das Schutzblatt von der Rolle ab und klebe die Luftpolsterfolie so auf, dass die Luftpolster nach außen zeigen.

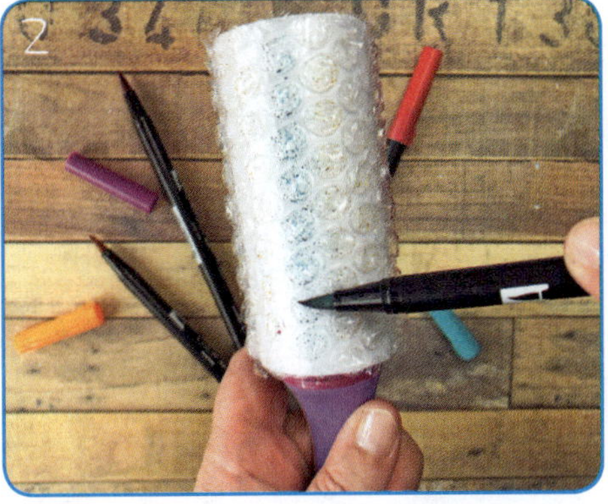

Bemale die Luftpolsterfolie. Beginne mit der hellsten Farbe, damit sich die Stiftspitzen nicht verfärben.

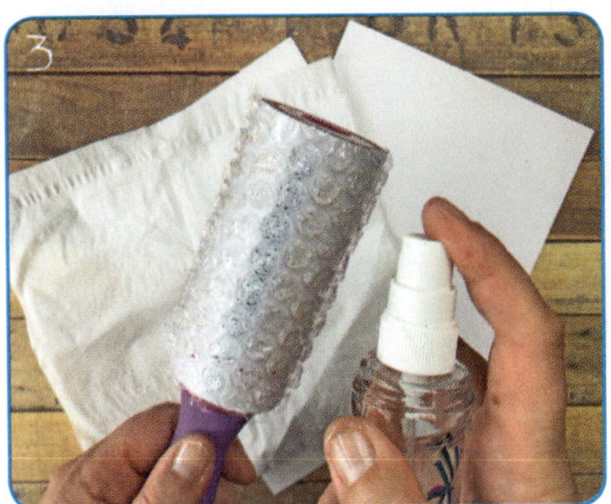

Sprühe mit dem Zerstäuber rundherum ein wenig Wasser auf die Folie. Sie darf nicht vor Nässe tropfen.

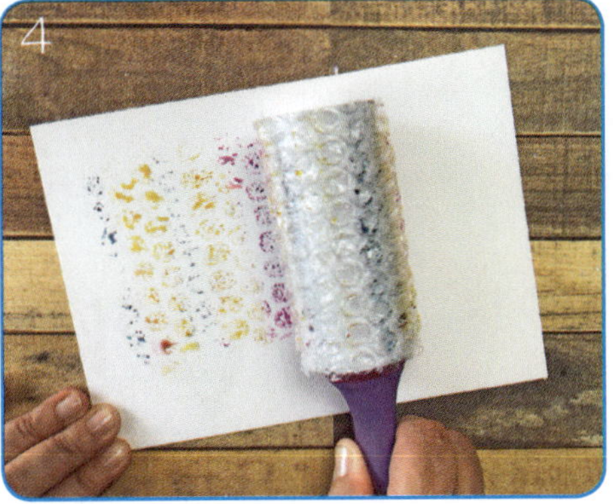

Rolle nun langsam und gleichmäßig über das Papier. Nicht schieben!

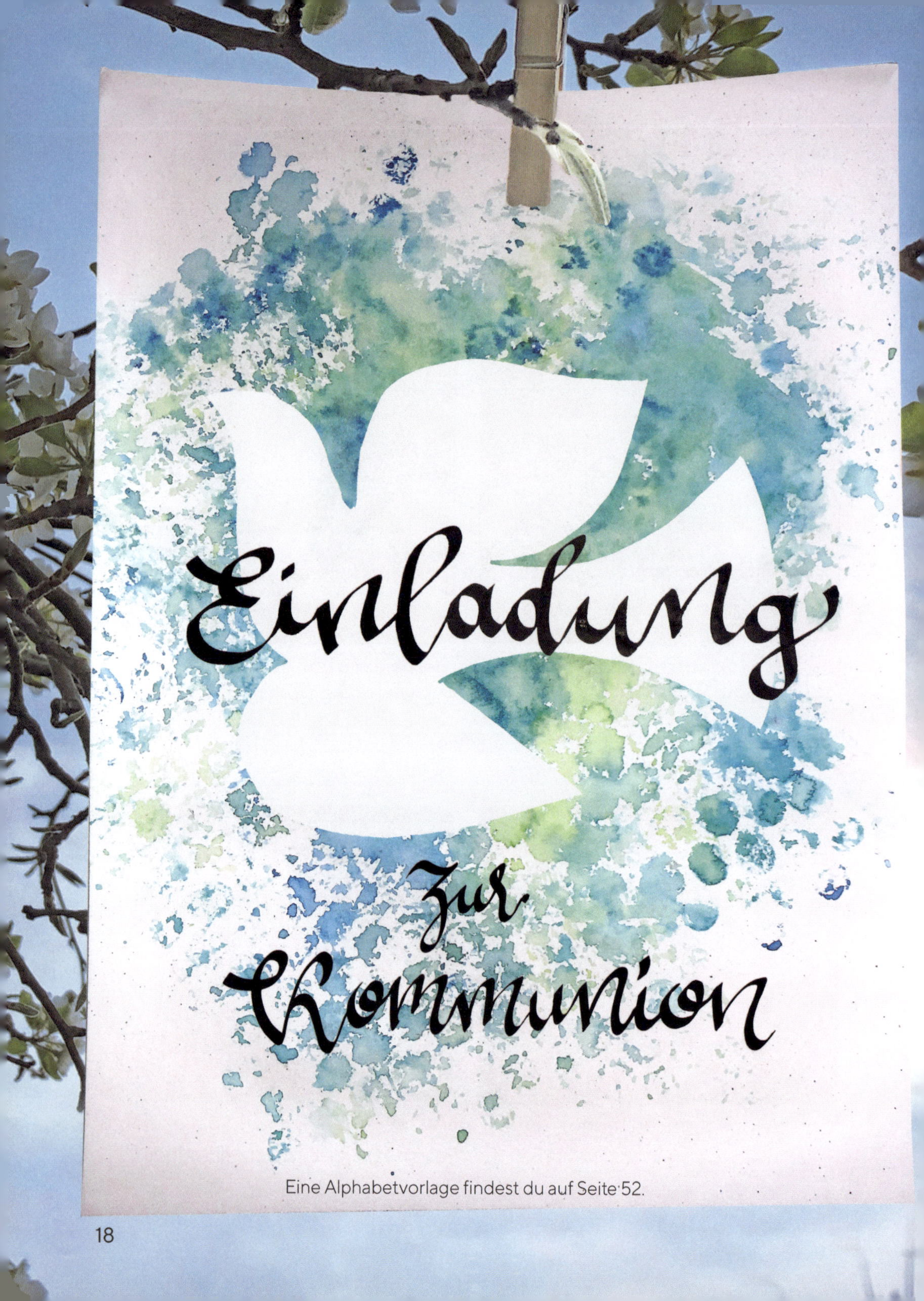

Einladung

zur

Kommunion

Eine Alphabetvorlage findest du auf Seite 52.

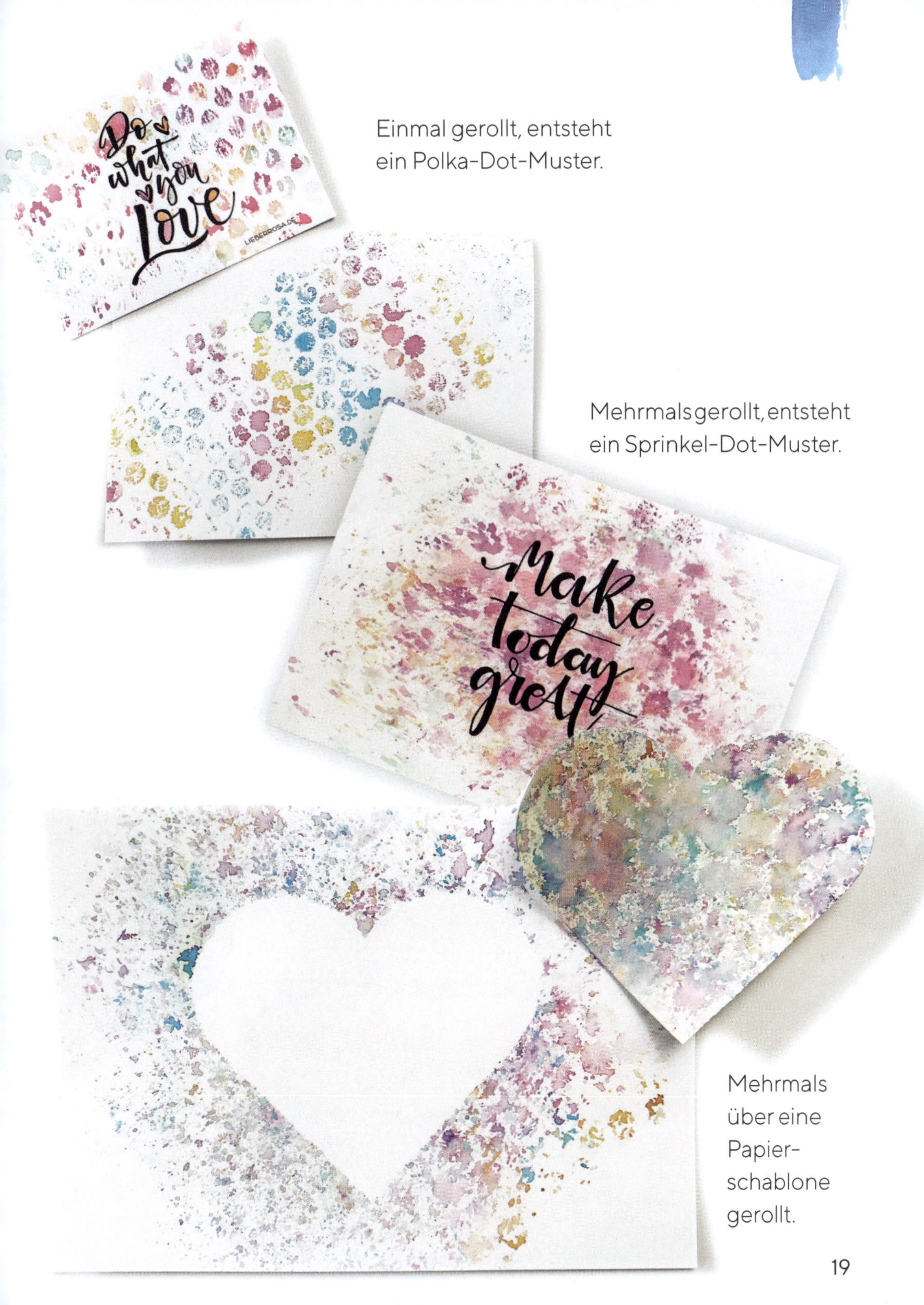

Einmal gerollt, entsteht ein Polka-Dot-Muster.

Mehrmals gerollt, entsteht ein Sprinkel-Dot-Muster.

Mehrmals über eine Papierschablone gerollt.

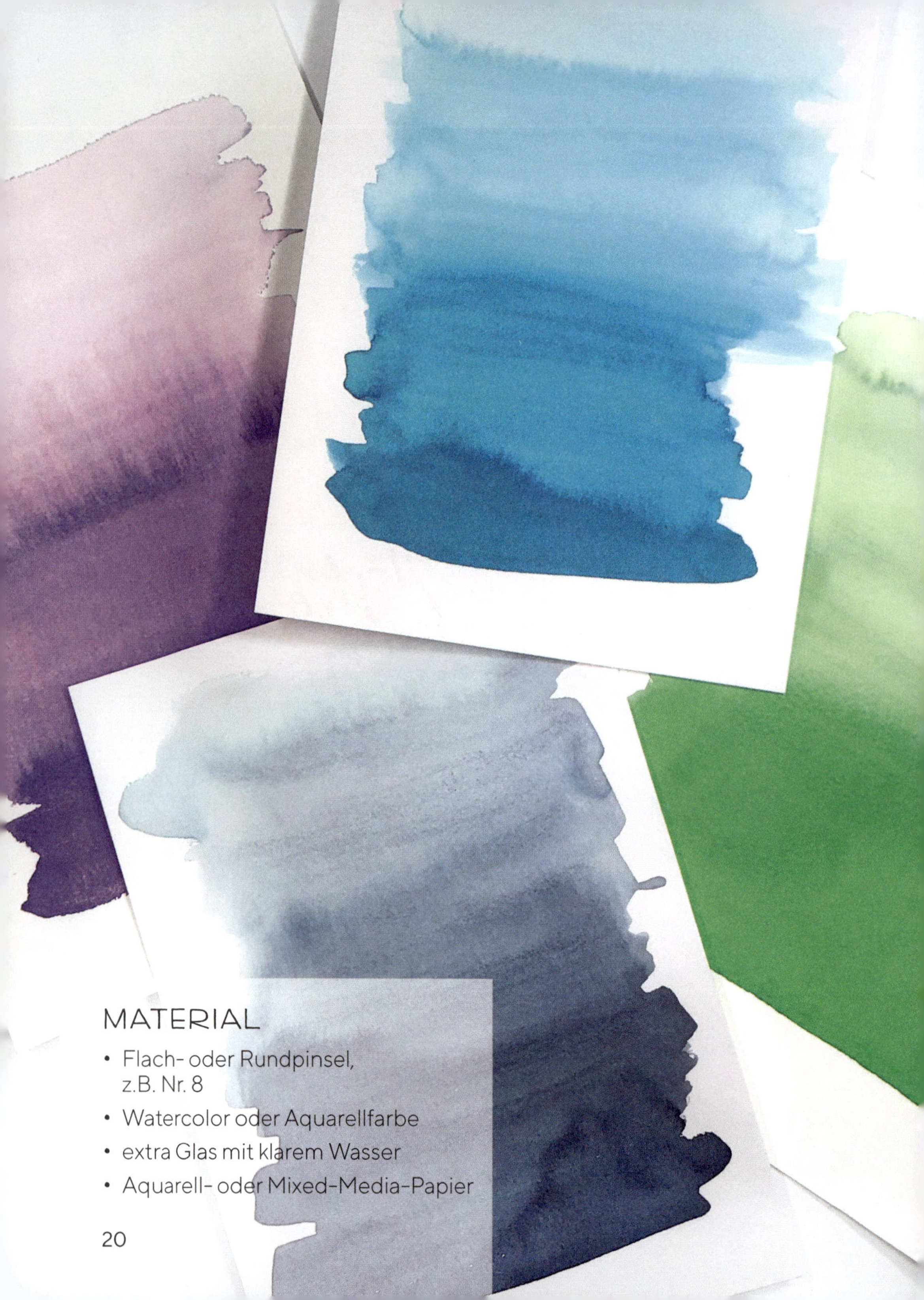

MATERIAL

- Flach- oder Rundpinsel, z.B. Nr. 8
- Watercolor oder Aquarellfarbe
- extra Glas mit klarem Wasser
- Aquarell- oder Mixed-Media-Papier

LAVIEREN

Ein einfarbiger Hintergrundverlauf gehört zu den Basics der Aquarellmalerei. Man nennt diese Technik auch Lavieren, und »gewusst wie«, ist es auch ganz einfach. Am besten arbeitest du mit einem Flachpinsel, z.B. Nr. 8. Für kleinere Flächen sind auch Rundpinsel geeignet.

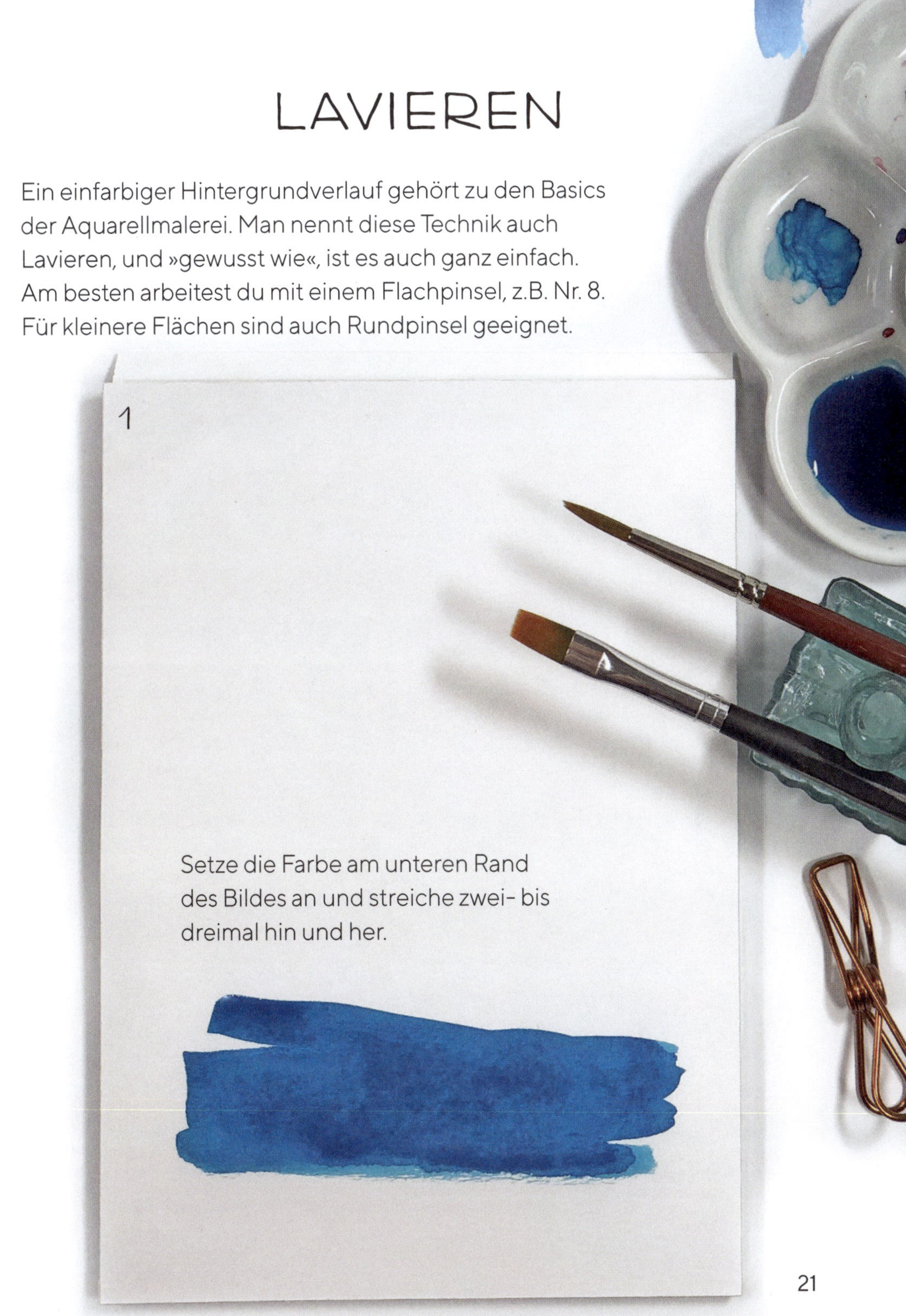

1

Setze die Farbe am unteren Rand des Bildes an und streiche zwei- bis dreimal hin und her.

Wasche nach etwa der Hälfte der Fläche den Pinsel erneut aus und ziehe die Farbe weiter nach oben. Nimm keine weitere Farbe auf, arbeite nur mit klarem Wasser.

2

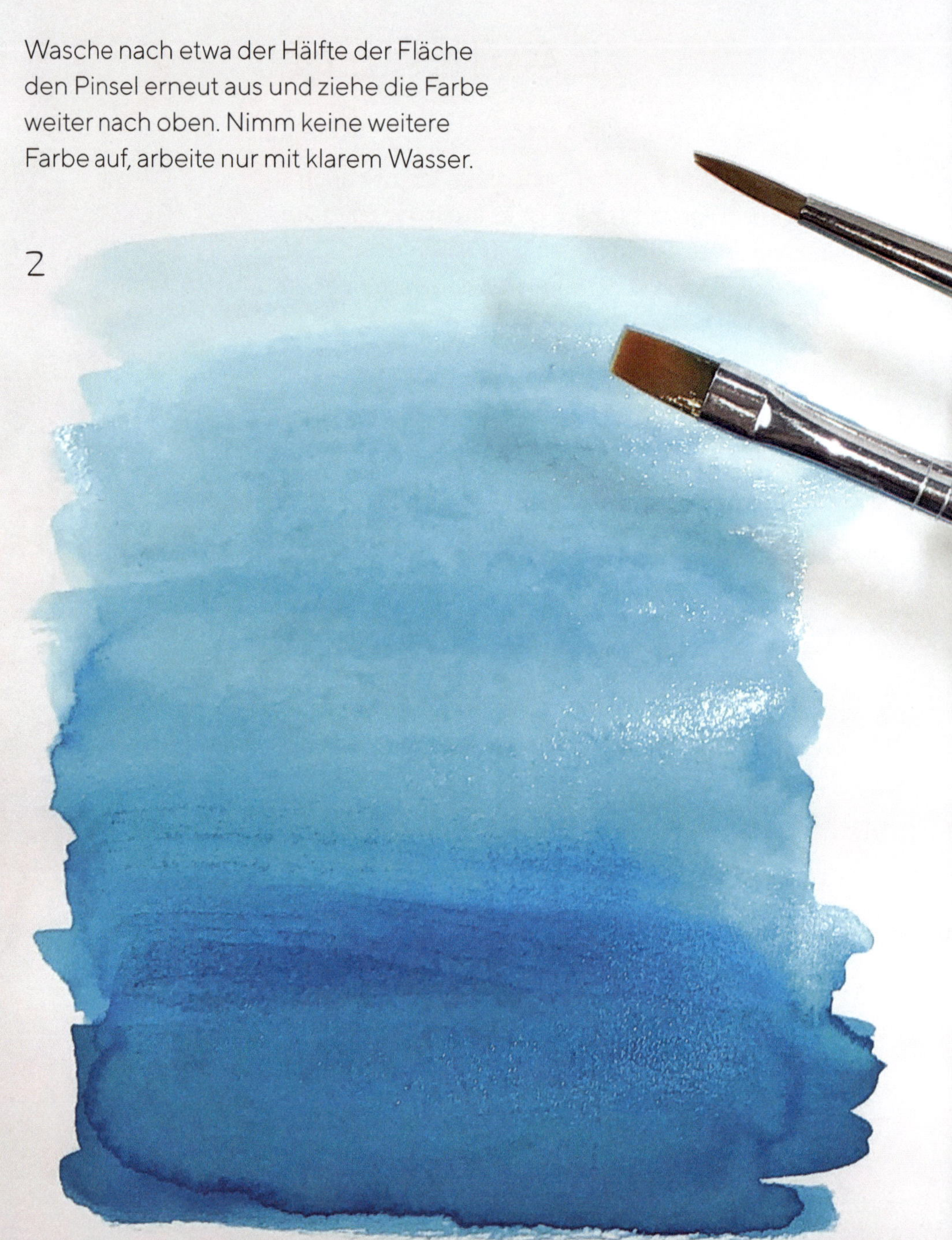

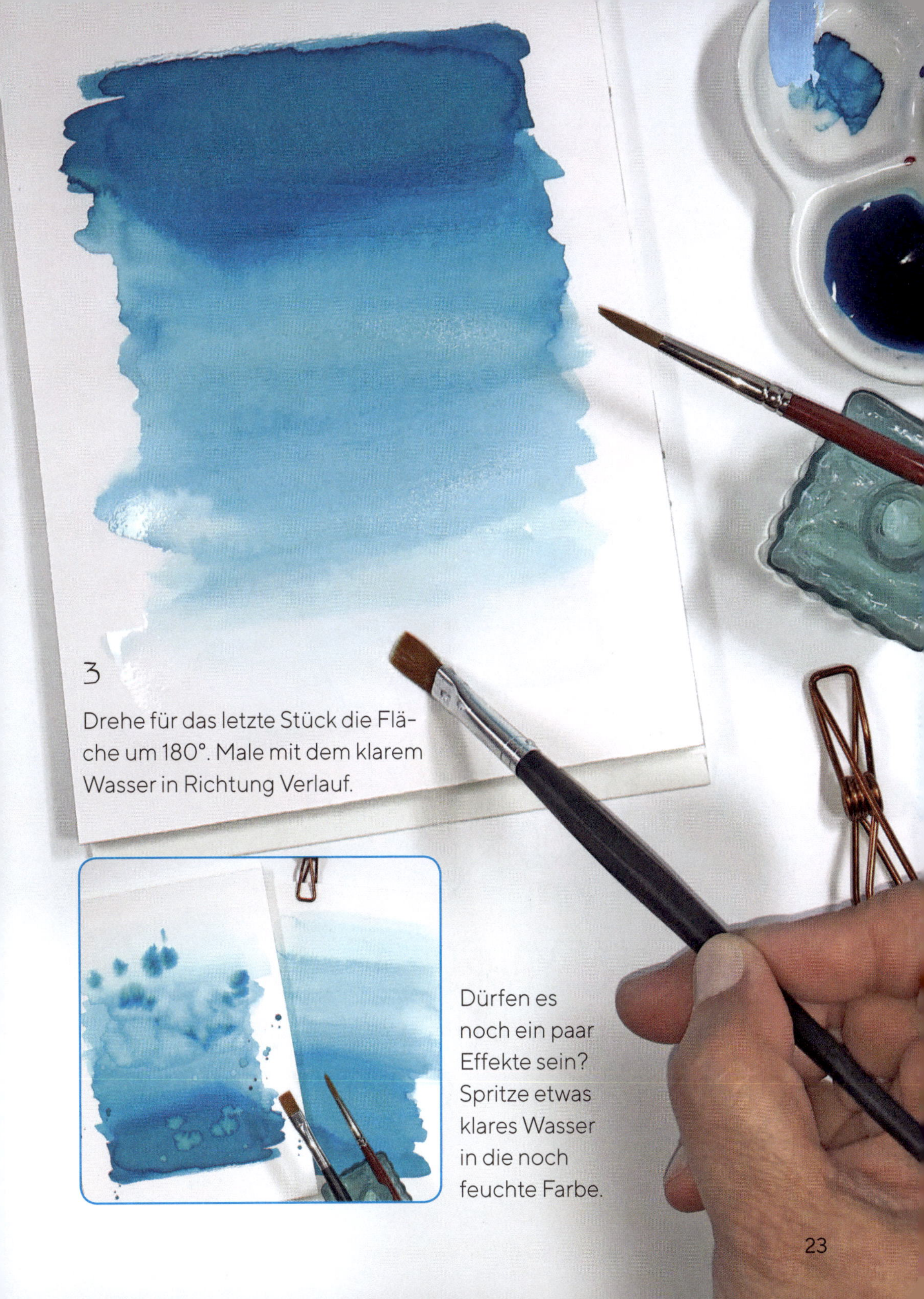

3

Drehe für das letzte Stück die Fläche um 180°. Male mit dem klarem Wasser in Richtung Verlauf.

Dürfen es noch ein paar Effekte sein? Spritze etwas klares Wasser in die noch feuchte Farbe.

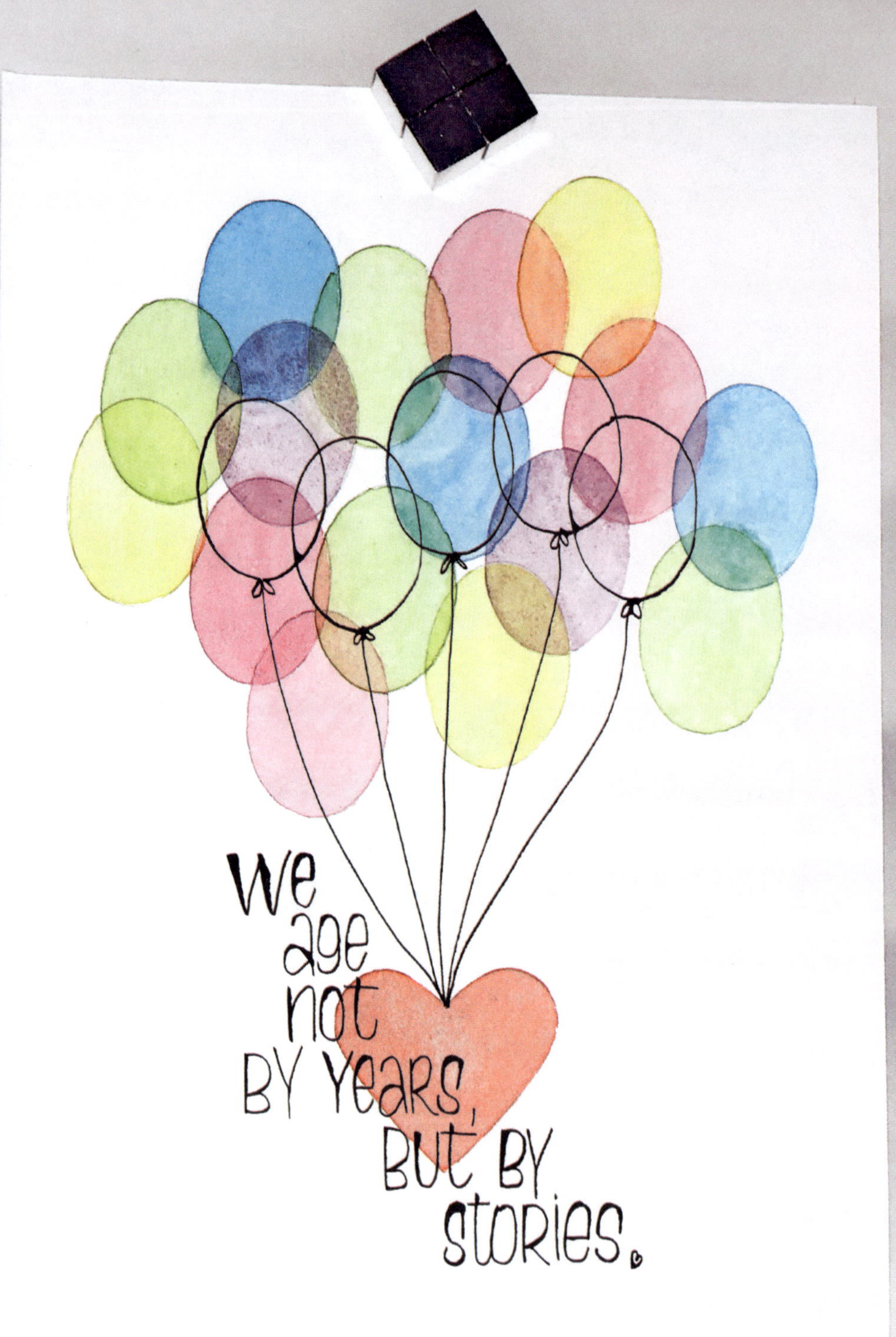
We
age
not
BY Years,
But, BY
stories.

LASIEREN

Das Übereinanderlegen von wässrigen Farben in Schichten, die jeweils getrocknet sind, nennt man Lasieren. Verdünne deine Aquarellfarben aus dem Näpfchen in einer Palette mit Wasser. Verwende die Farbe aus der Palette und nicht direkt aus dem Näpfchen, so werden die Flächen gleichmäßiger und nicht wolkig.

Die zuerst angelegten Schichten müssen vollständig getrocknet sein, bevor du die nächste Schicht darüberlegst.
So schimmert die untere Farbschicht durch, und weil die Farben transparent sind, entsteht das typische Leuchten der Aquarellfarben.

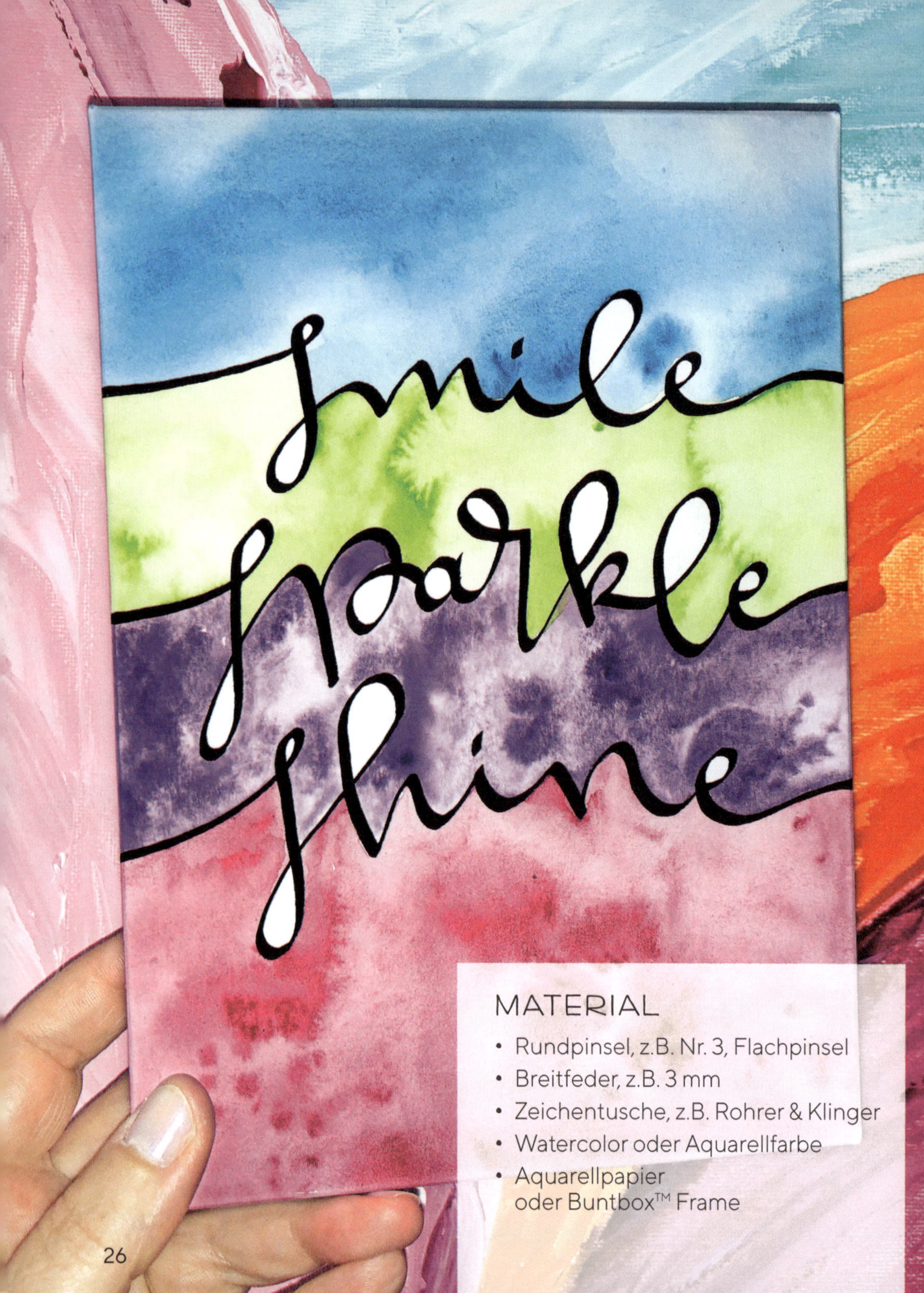

MATERIAL

- Rundpinsel, z.B. Nr. 3, Flachpinsel
- Breitfeder, z.B. 3 mm
- Zeichentusche, z.B. Rohrer & Klinger
- Watercolor oder Aquarellfarbe
- Aquarellpapier oder Buntbox™ Frame

NASS-IN-NASS-TECHNIK

Die Nass-in-Nass-Technik ist die wohl bekannteste Aquarelltechnik. Geliebt und gleichzeitig gefürchtet, denn über den Verlauf der Farben hat man kaum Kontrolle. Aber genau das ist es, was diese Technik so spannend und schön macht.

Mische die Farben in der Palette an.

Schreibe den Text mit der Breitfeder und wasserfester Tusche oder mit einem wasserfesten Brush Pen. Die Alphabetvorlage findest du auf Seite 52.

Beginne mit einer Fläche und fülle sie mit klarem Wasser aus. Es darf nicht zu viel und nicht zu wenig sein.

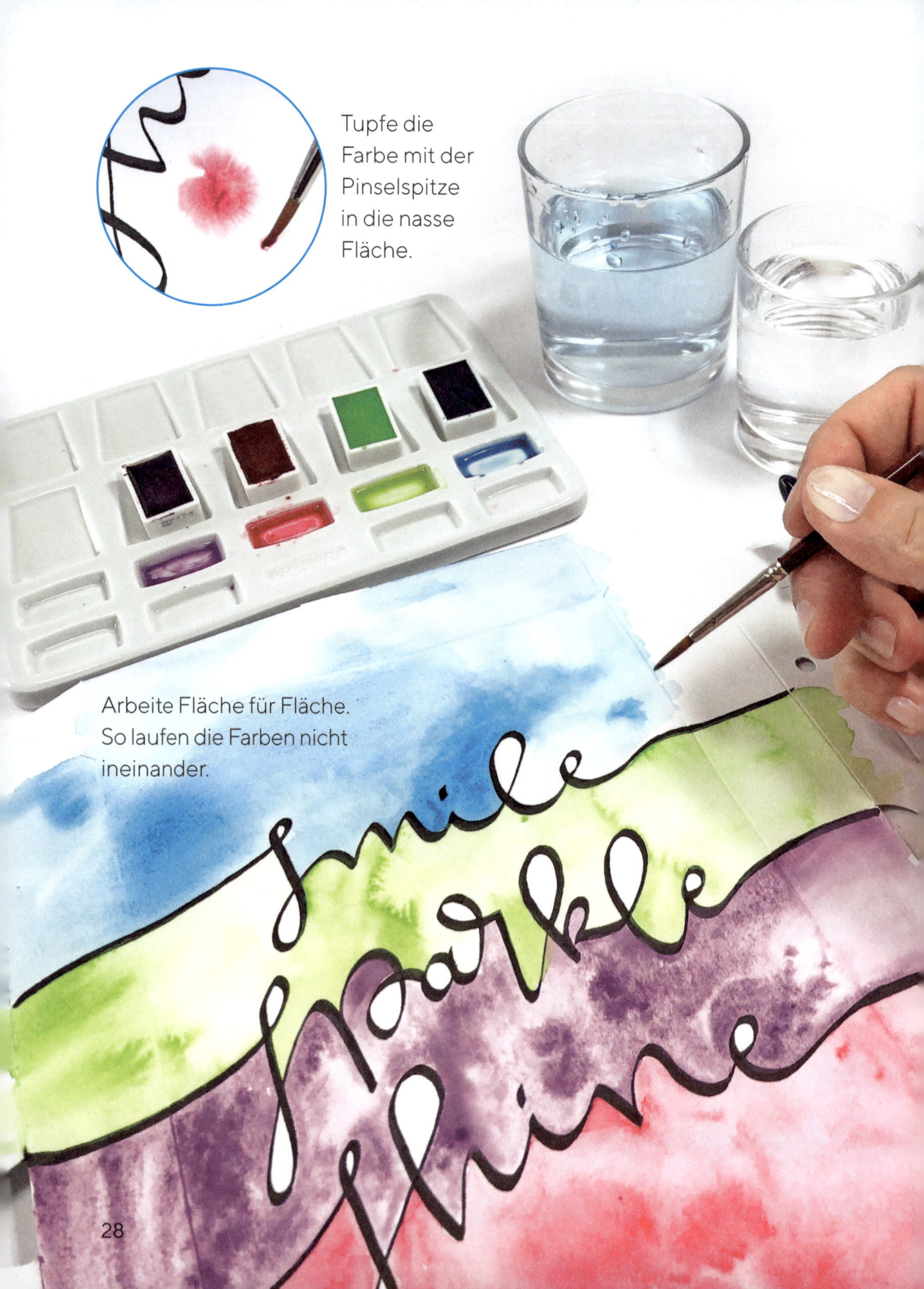

Tupfe die Farbe mit der Pinselspitze in die nasse Fläche.

Arbeite Fläche für Fläche. So laufen die Farben nicht ineinander.

Wenn du mehrere Farben für eine Fläche verwenden möchtest, beachte, dass sich die Farben mischen. Probiere die Farbkombination vorher auf einem separaten Blatt aus.

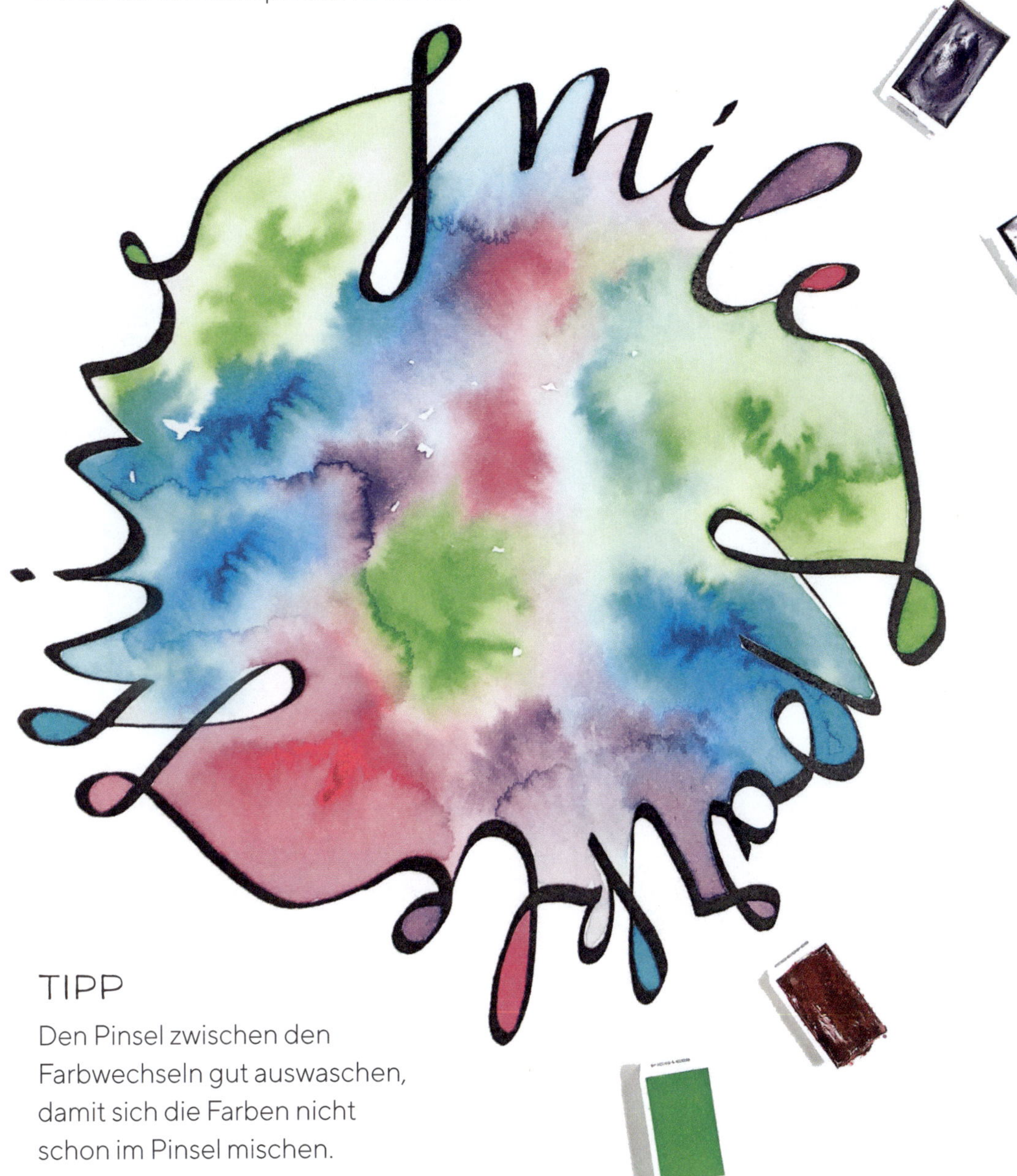

TIPP

Den Pinsel zwischen den Farbwechseln gut auswaschen, damit sich die Farben nicht schon im Pinsel mischen.

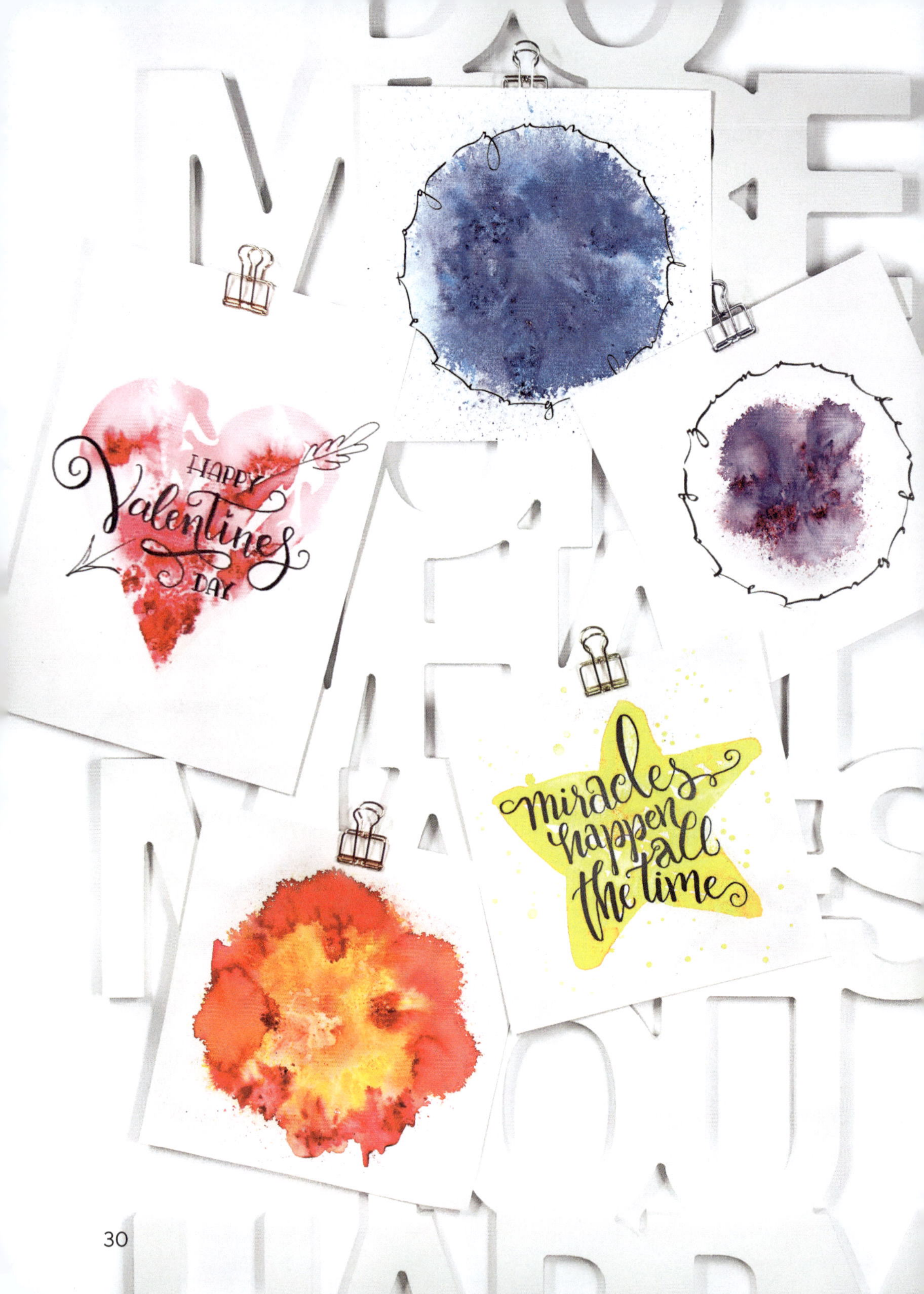
HAPPY
Valentines
DAY
miracles
happen all
the time

AQUARELLPULVER

Mit Brusho®-Aquarellpulver zauberst du im Handumdrehen tolle Effekte. Das feine Pigmentpulver explodiert, wenn es mit Wasser in Berührung kommt. Es gibt Farbmischungen, die aus mehreren Farben bestehen, und einfarbiges Pulver.

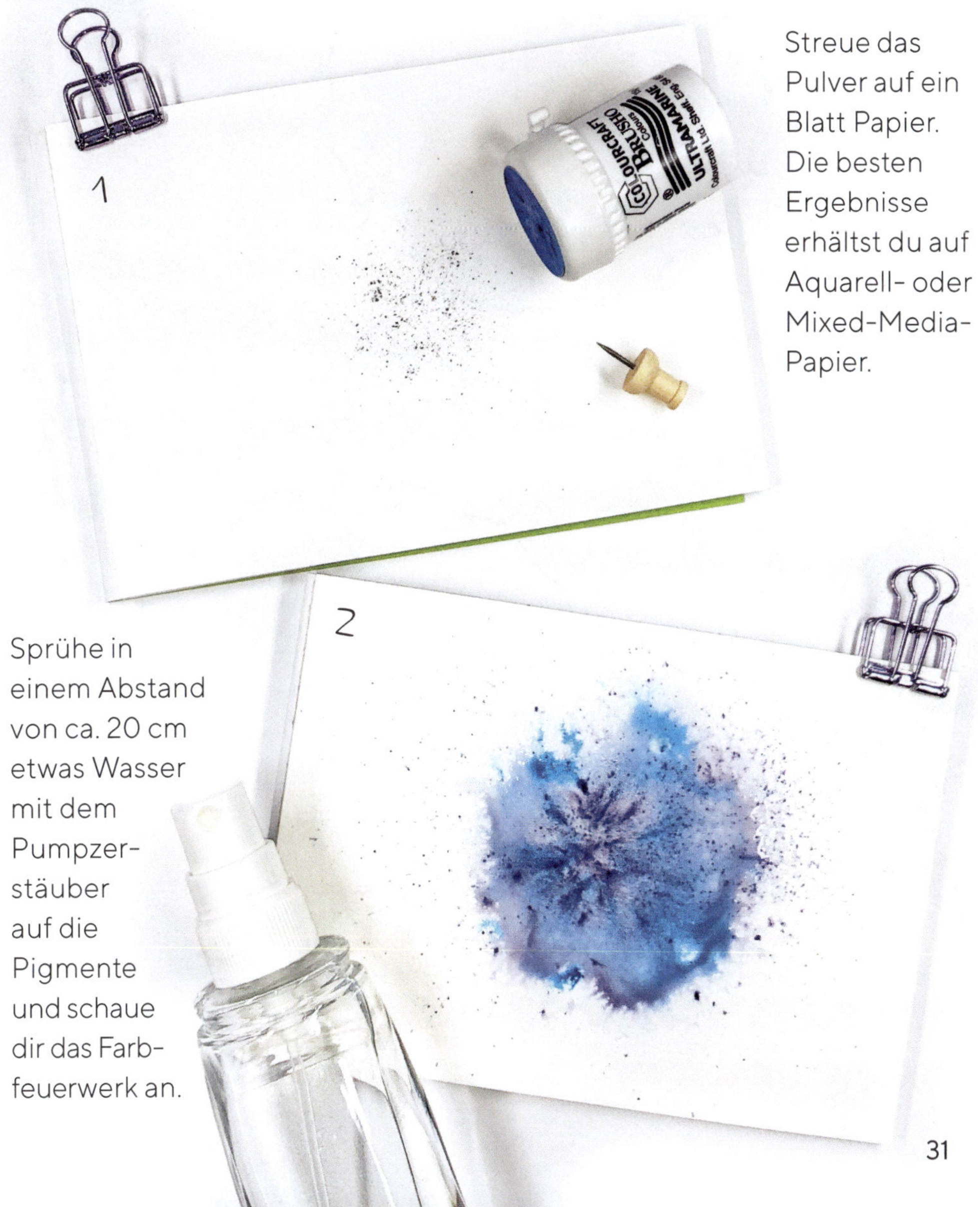

Streue das Pulver auf ein Blatt Papier. Die besten Ergebnisse erhältst du auf Aquarell- oder Mixed-Media-Papier.

Sprühe in einem Abstand von ca. 20 cm etwas Wasser mit dem Pumpzerstäuber auf die Pigmente und schaue dir das Farbfeuerwerk an.

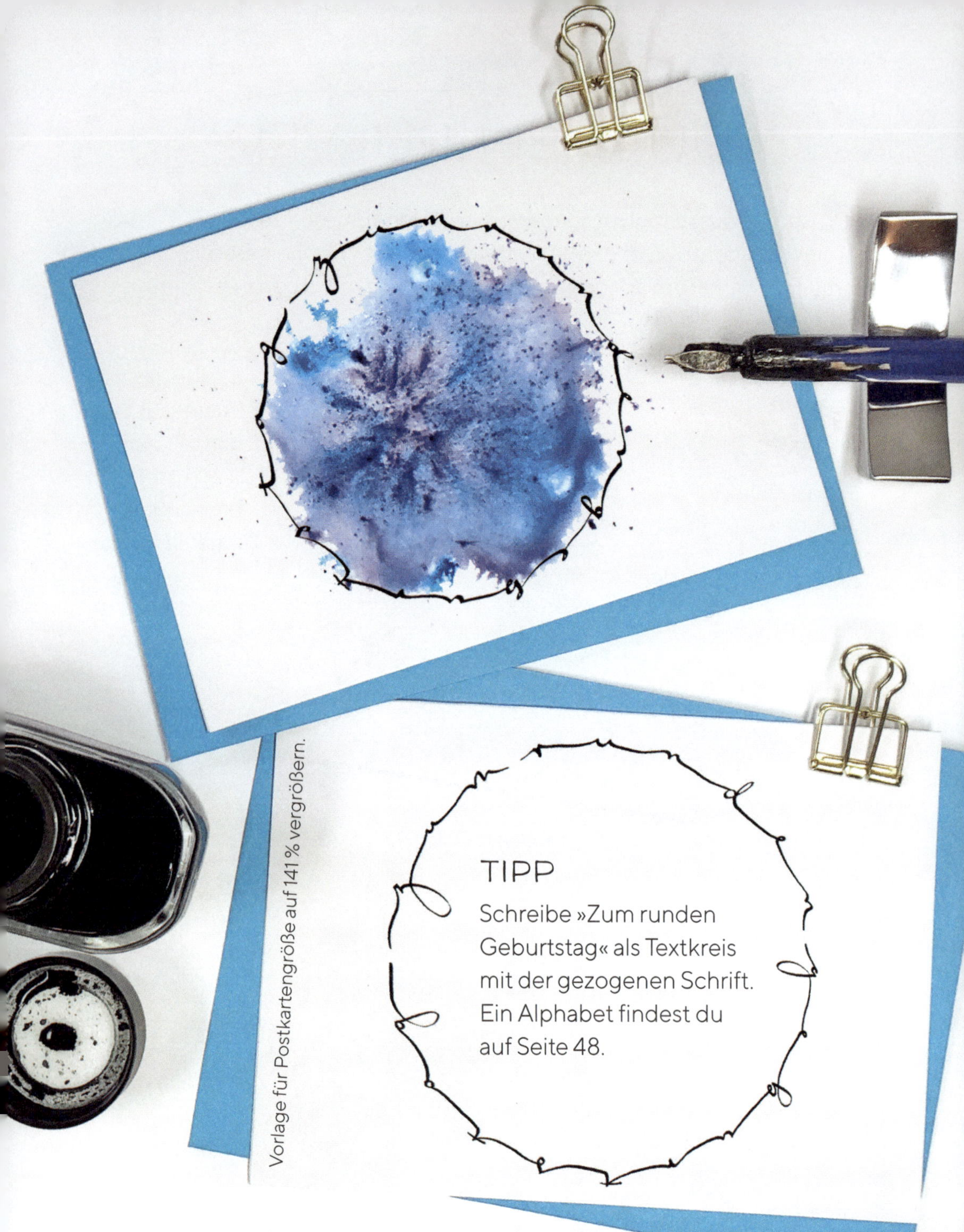

TIPP

Schreibe »Zum runden Geburtstag« als Textkreis mit der gezogenen Schrift. Ein Alphabet findest du auf Seite 48.

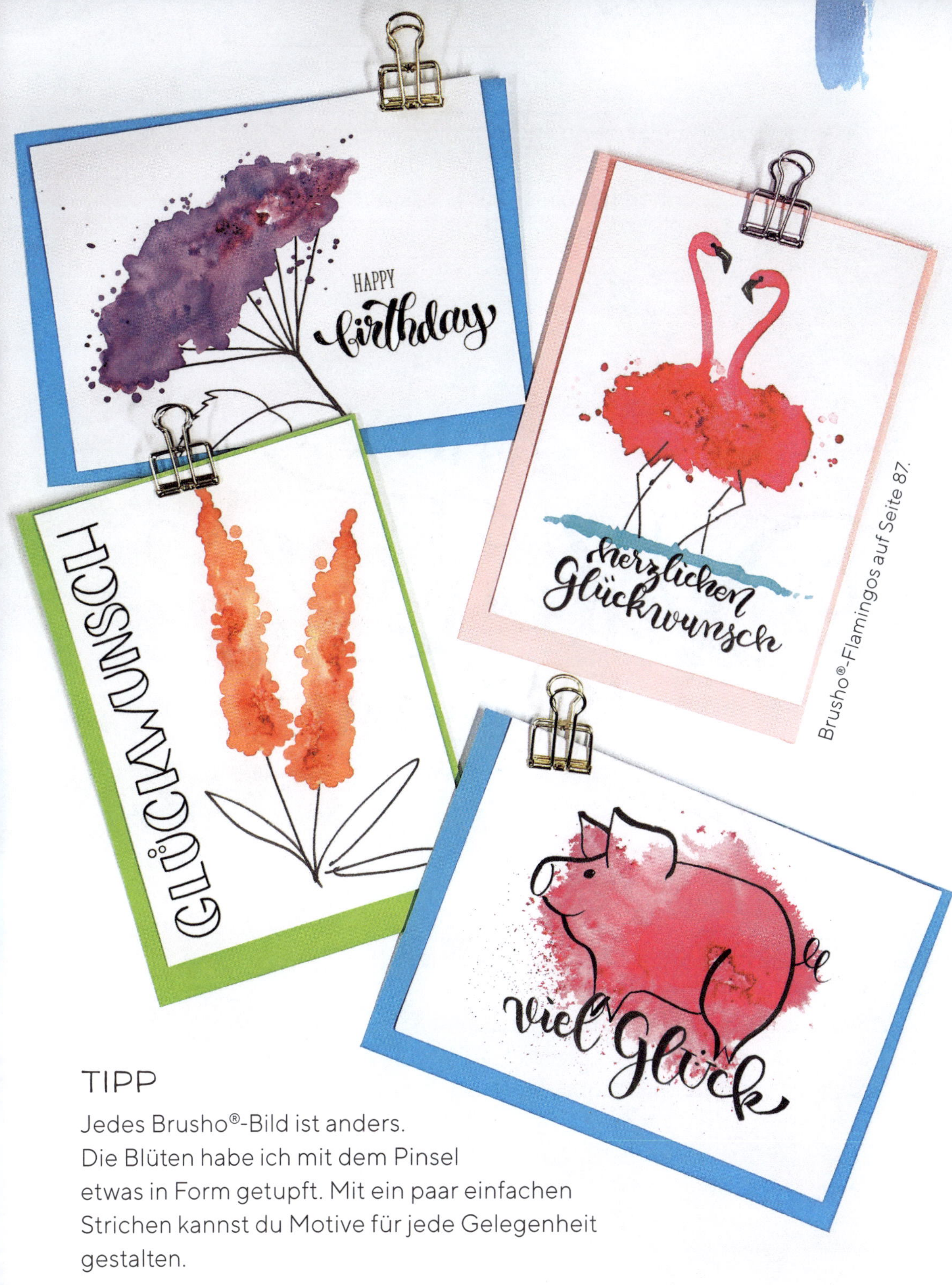

Brusho®-Flamingos auf Seite 87.

TIPP

Jedes Brusho®-Bild ist anders.
Die Blüten habe ich mit dem Pinsel etwas in Form getupft. Mit ein paar einfachen Strichen kannst du Motive für jede Gelegenheit gestalten.

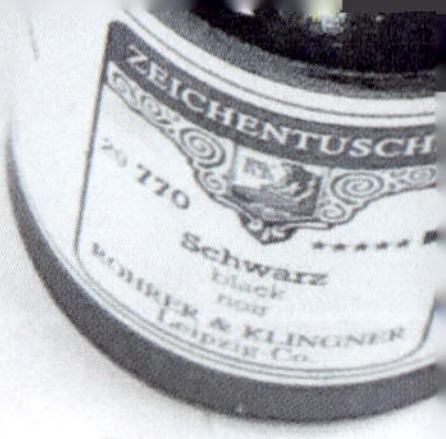

Du kannst auch zuerst deine Lettergrafie schreiben und anschließend den Hintergrund gestalten. Verwende dazu unbedingt einen wasserfesten Brush Pen oder eine Breitfeder und Zeichentusche. Passende Alphabete findest du in Kapitel 2.

1

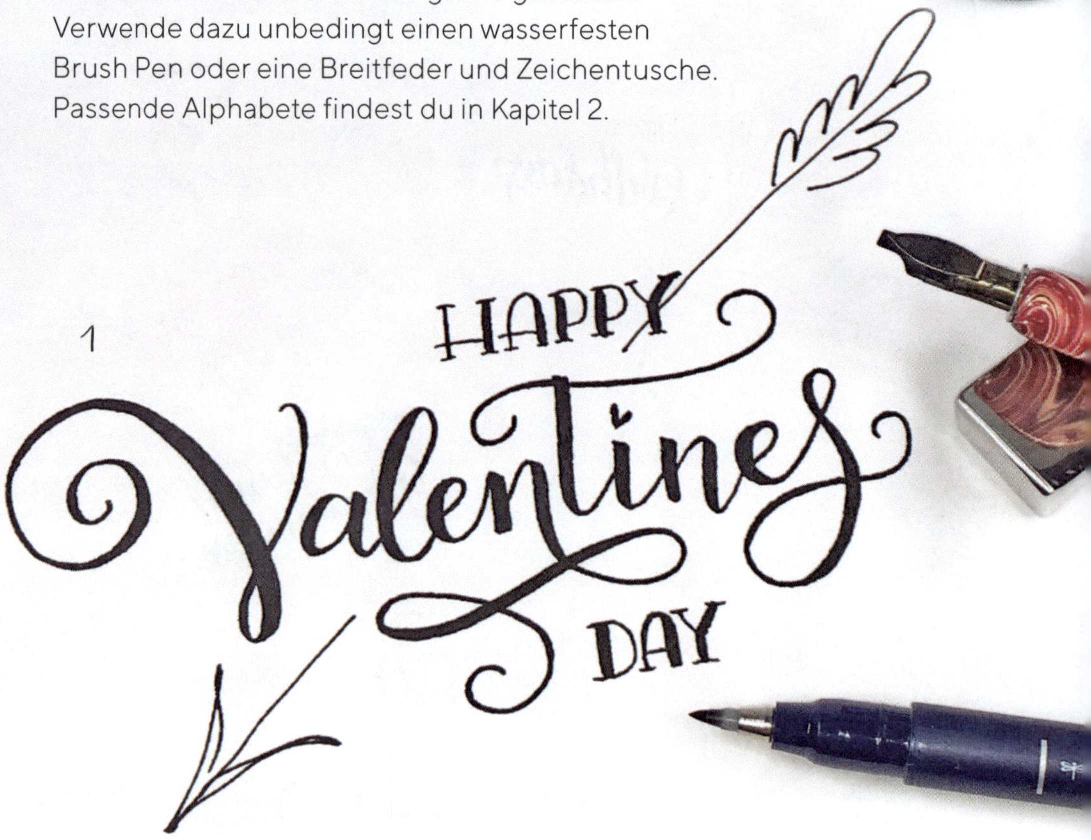

HAPPY
Valentines
DAY

TIPP

Verwende die Farben wie einen Salzstreuer. Bohre mit einer Pinnnadel ein Loch in den Deckel und verschließe das Loch nach jedem Gebrauch mit dieser Pinnnadel.

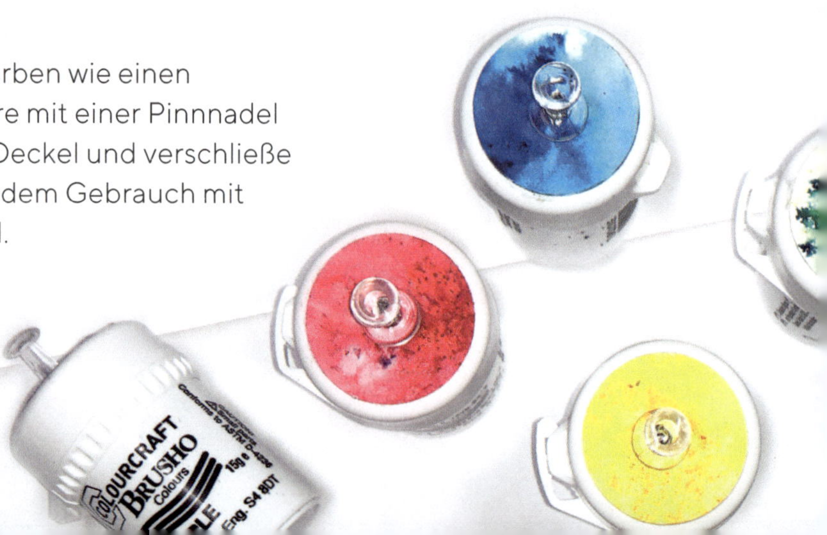

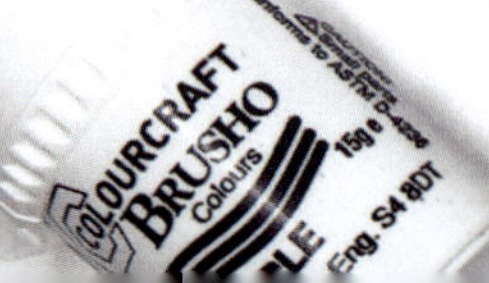

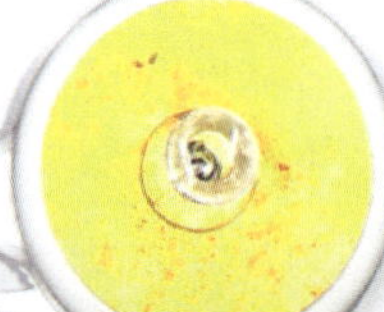

Wenn du die Farbexplosion eingrenzen möchtest, zeichne mit einem hellen, farblich passenden und wasserlöslichen Fasermaler die Form vor.

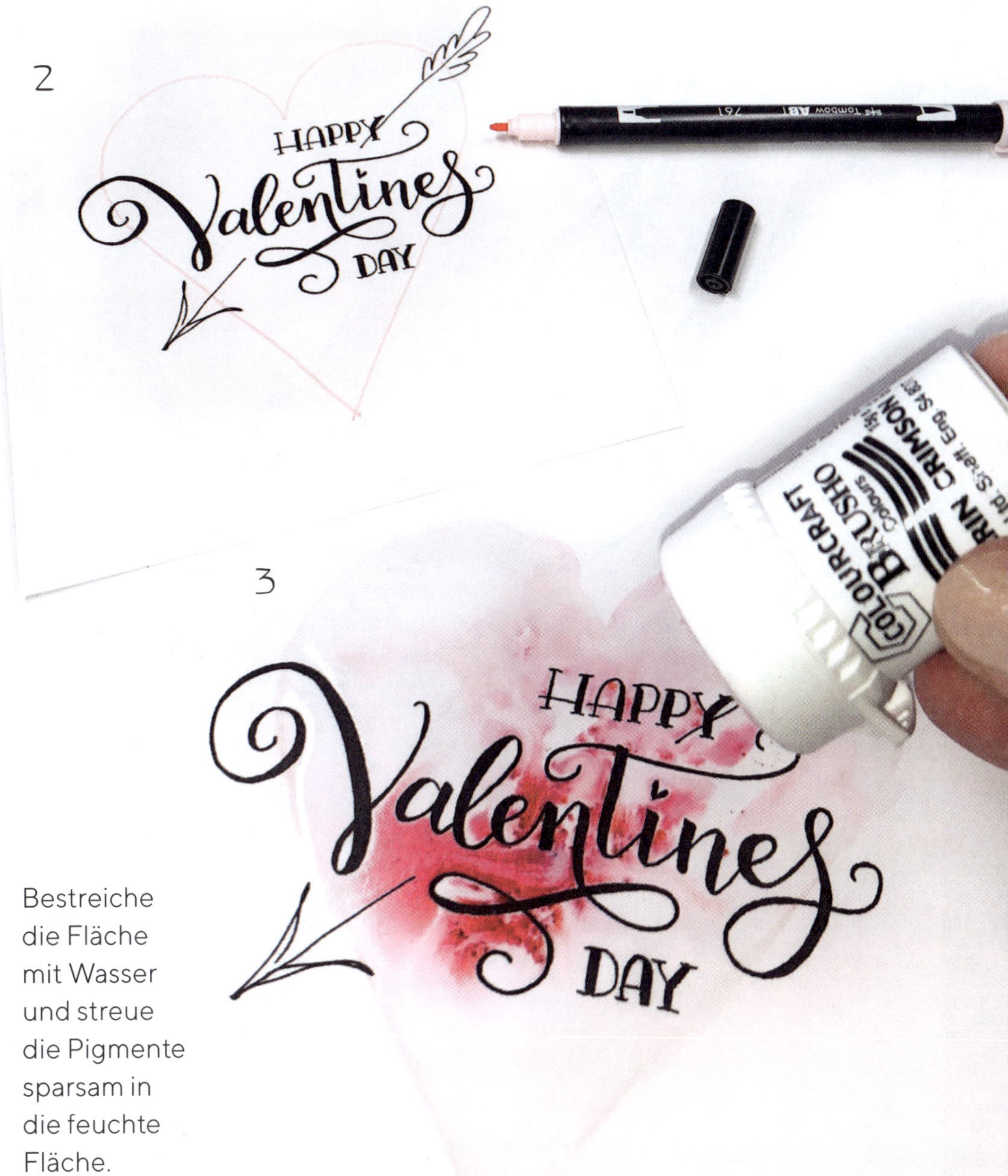

Bestreiche die Fläche mit Wasser und streue die Pigmente sparsam in die feuchte Fläche.

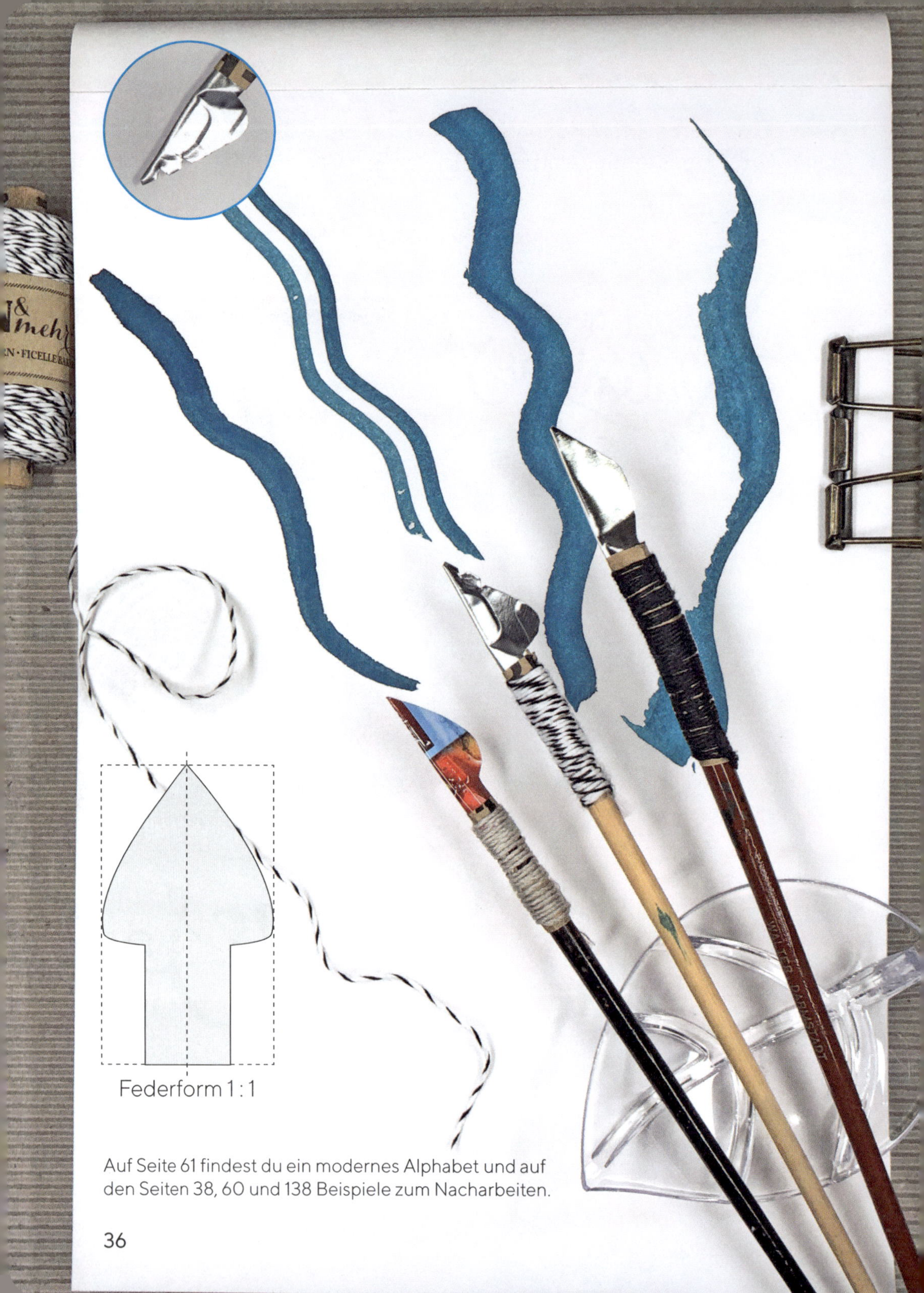

Federform 1 : 1

Auf Seite 61 findest du ein modernes Alphabet und auf den Seiten 38, 60 und 138 Beispiele zum Nacharbeiten.

UPCYCLING: COLA-FEDER

Eine Cola-Feder, »Ruling Pen«, ist weicher als eine Stahlfeder und fester als ein Pinsel. Die Cola-Feder wird bis zur Hälfte in flüssige Farbe oder Tinte getaucht und der Zwischenraum, der durch die Faltung entstanden ist, dient als Reservoir. Ursprünglich wurde die Feder aus Cola-Dosen gefertigt, daher der Name. Die meisten Getränkedosen haben heute jedoch ein zu dünnes Blech. Der Deckel z.B. einer Erdnussdose ist genau richtig. Als Stiel habe ich einen alten Pinsel verwendet. Zum Befestigen der Feder kannst du den Schaft zusätzlich mit Bakers Twine umwickeln. Mit zwei kleinen Einkerbungen in der Federkante entsteht eine Doppellinie beim Schreiben. Gestalte deine eigene Federsammlung!

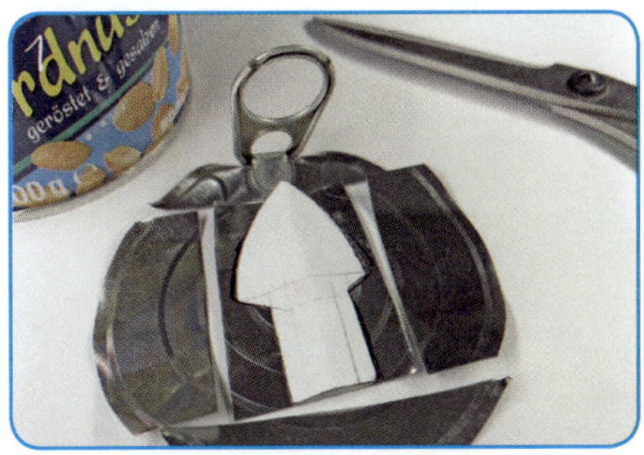

Schneide mit einer Haushaltsschere ein Blechstück zu, ca. 3 x 5 cm.

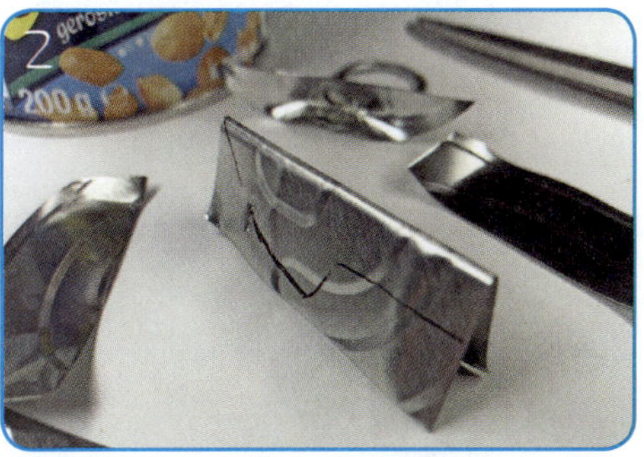

Male die Federform auf, falte sie in der Mitte und schneide die Feder aus.

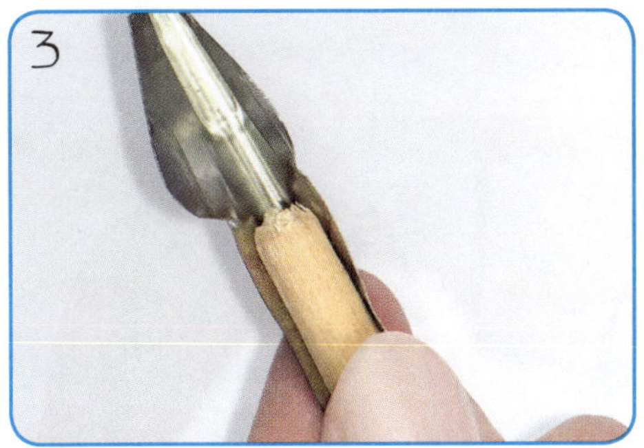

Falte die Feder wieder etwas auf und lege den Pinselstiel ein.

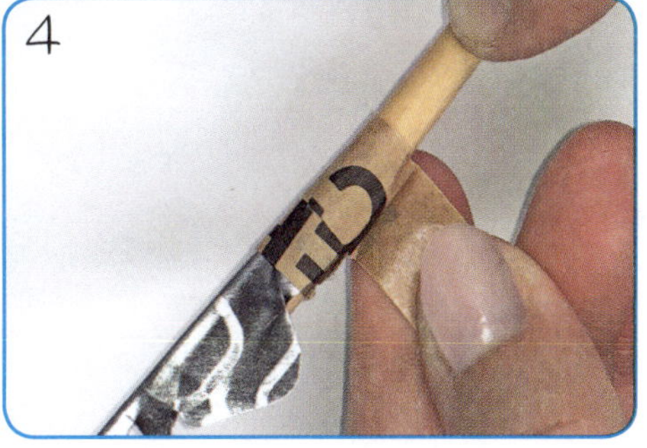

Drücke nun die Feder zusammen und fixiere sie mit Klebeband.

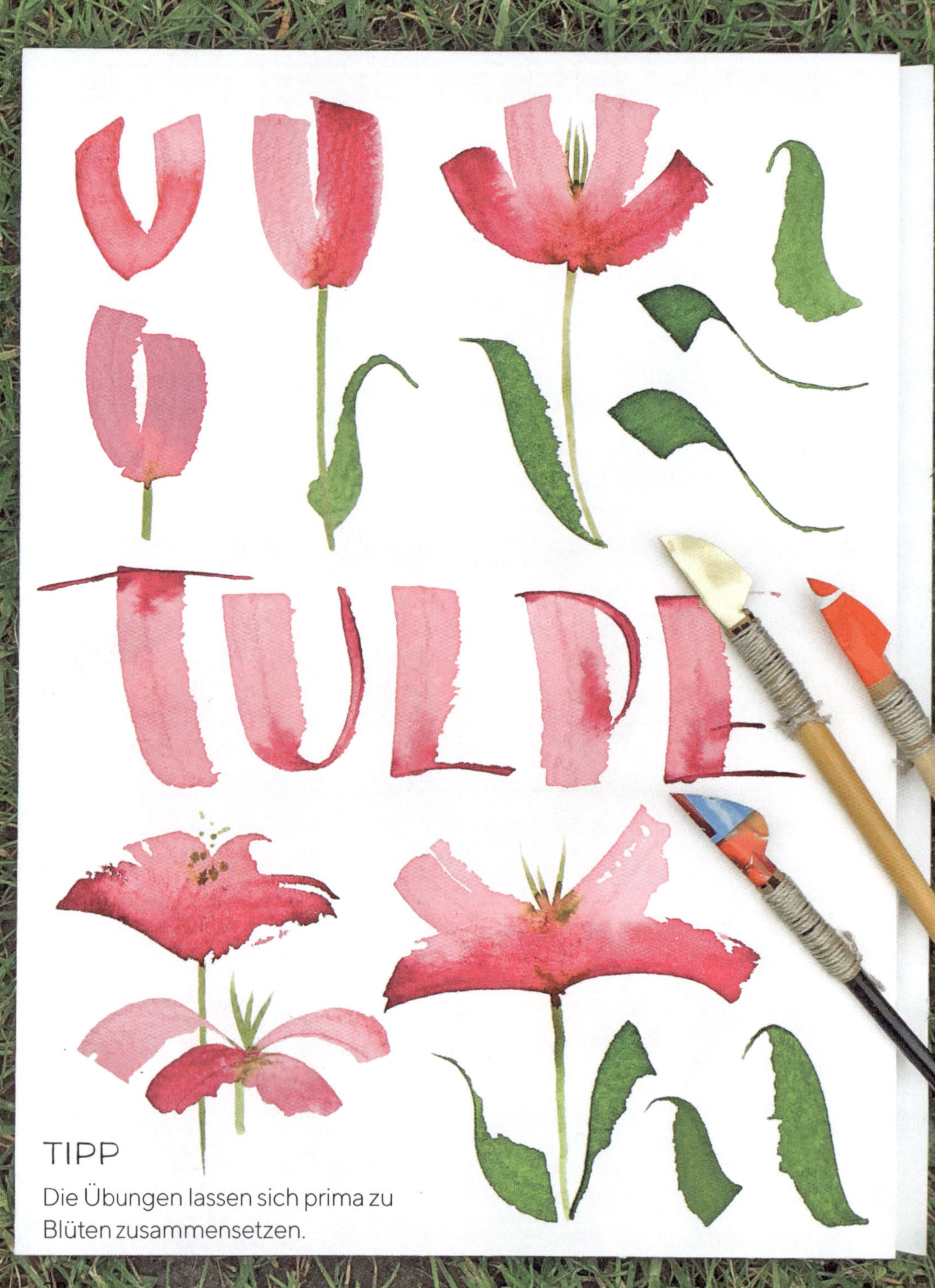

TIPP

Die Übungen lassen sich prima zu Blüten zusammensetzen.

WARM-UP

Vor dem Malen und Schreiben mit der Cola-Feder eignen sich diese Aufwärmübungen, damit du dich mit der Technik vertraut machen kannst. Flüssige Farben und Tinten sind am einfachsten zu verwenden; tauche die Feder direkt in das Gläschen. Ich habe hier ein Aquarellpapier mit einer rauen Struktur verwendet, so bricht der Strich am Rand etwas auf, was mir sehr gut gefällt.

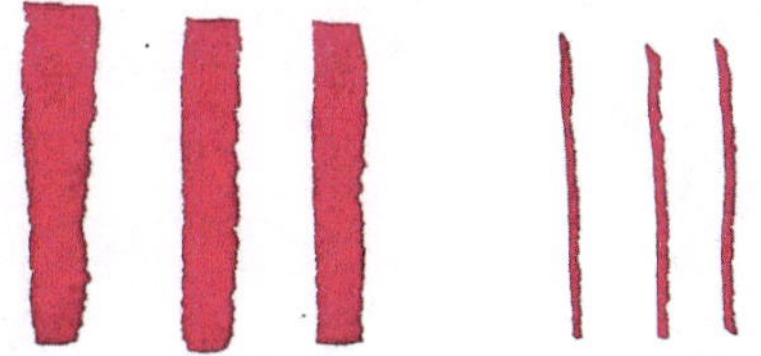

Probiere deine Cola-Feder aus. Bedenke, jede Feder ist anders. Stelle für die dicken Striche die Federkante auf das Papier und für die dünnen Striche die Federspitze.

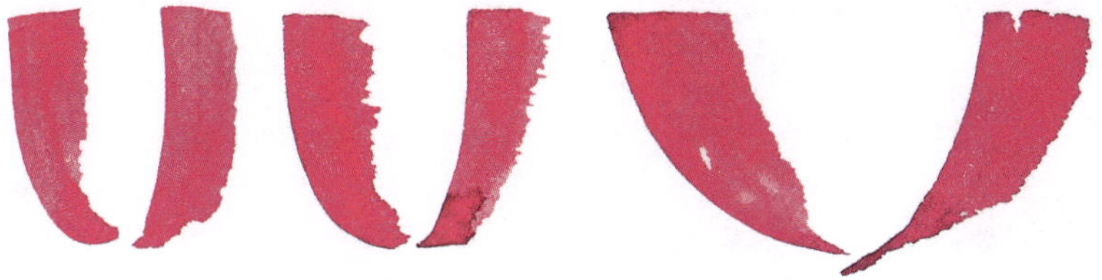

Die Rundung – bzw. der Übergang von dick zu dünn – entsteht, wenn du die Feder beim Schreiben langsam auf die Spitze wiegst (siehe auch Seite 61).

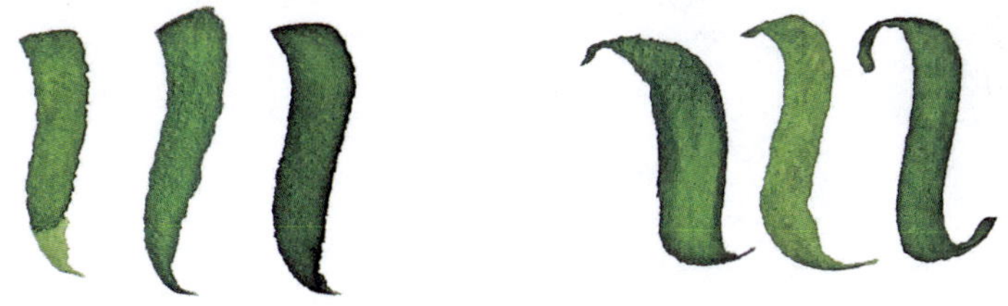

Wenn dir auch der doppelte Schwung gelingt, bist du bereit zum Schreiben und Zeichnen mit deiner Cola-Feder.

KAPITEL 2

SCHÖNSCHREIBEN & ALPHABETE

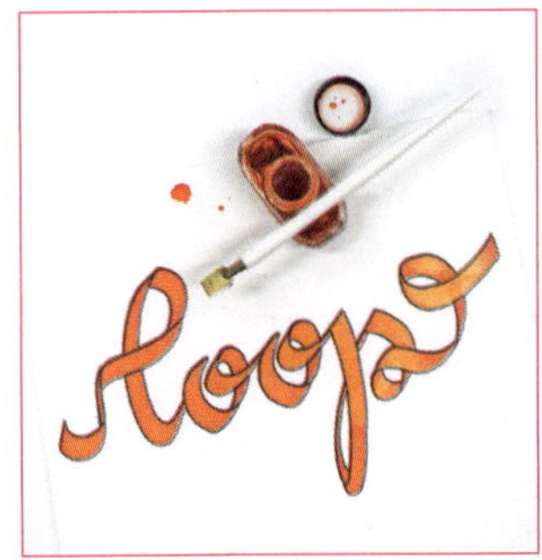

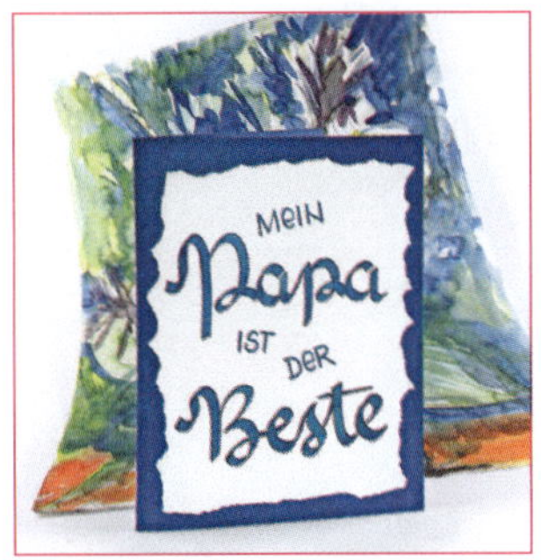

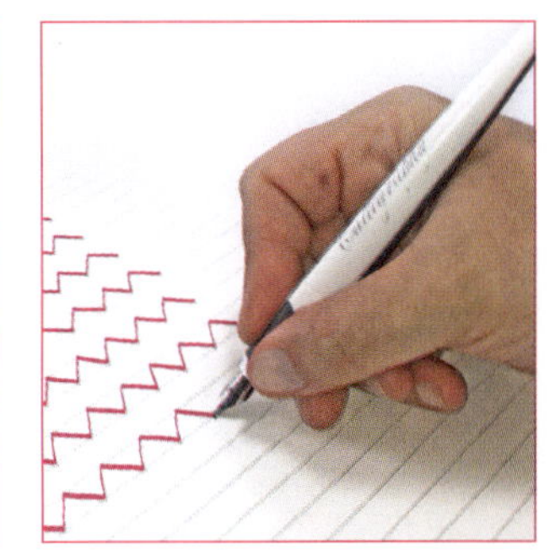

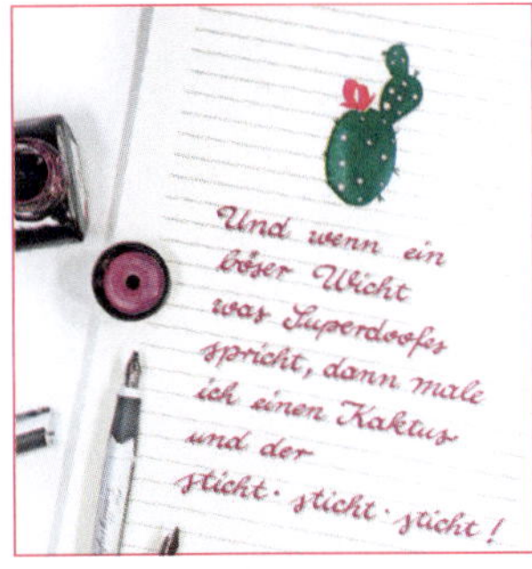

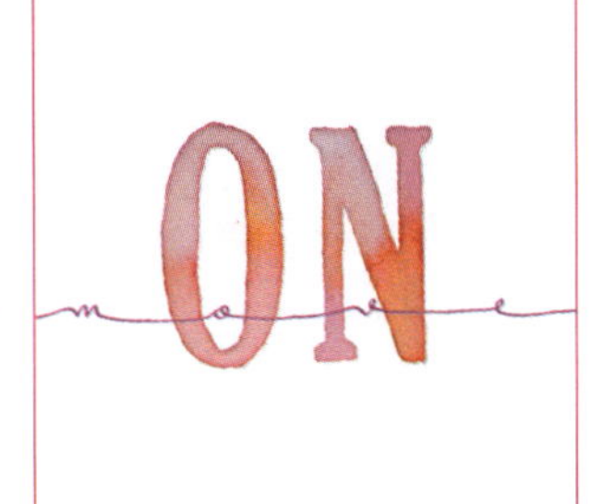

Aa Bb Cc Dd
Ee Ff Gg Hh Ii
Jj Kk Ll Mm
Nn Oo Pp Qq Rr
Ss Tt Uu Vv
Ww Xx Yy Zz

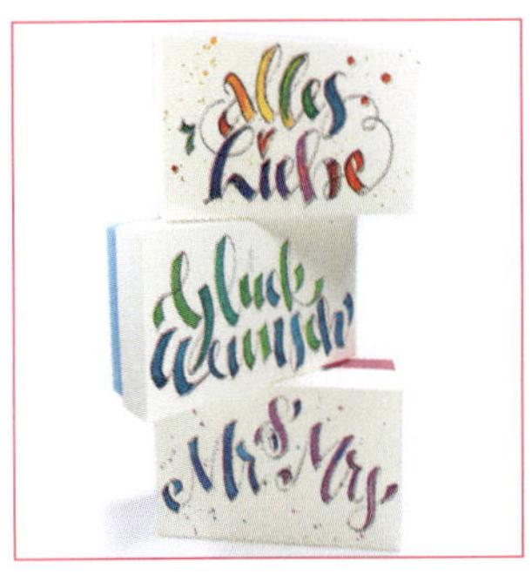

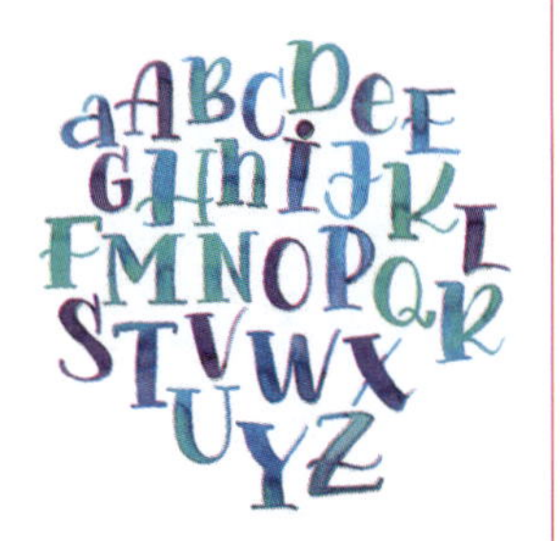

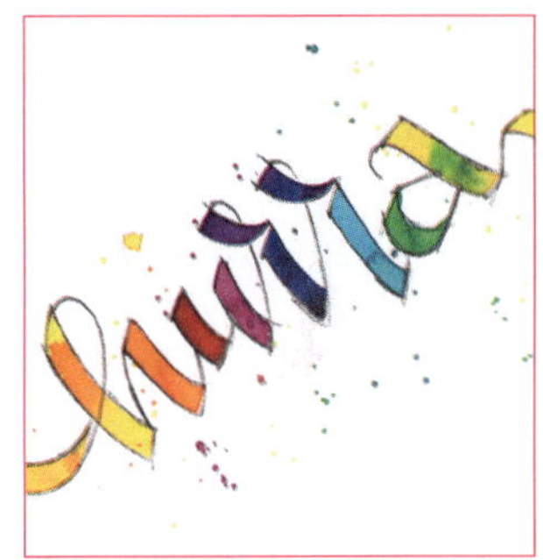

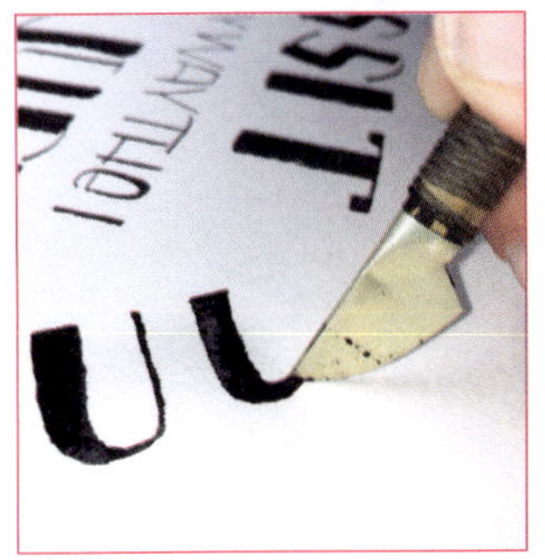

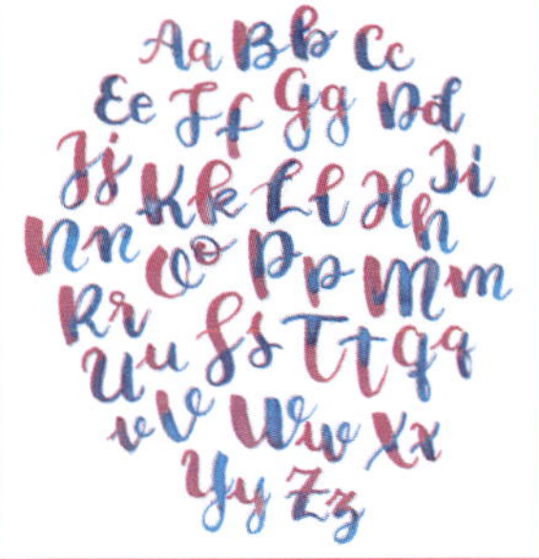

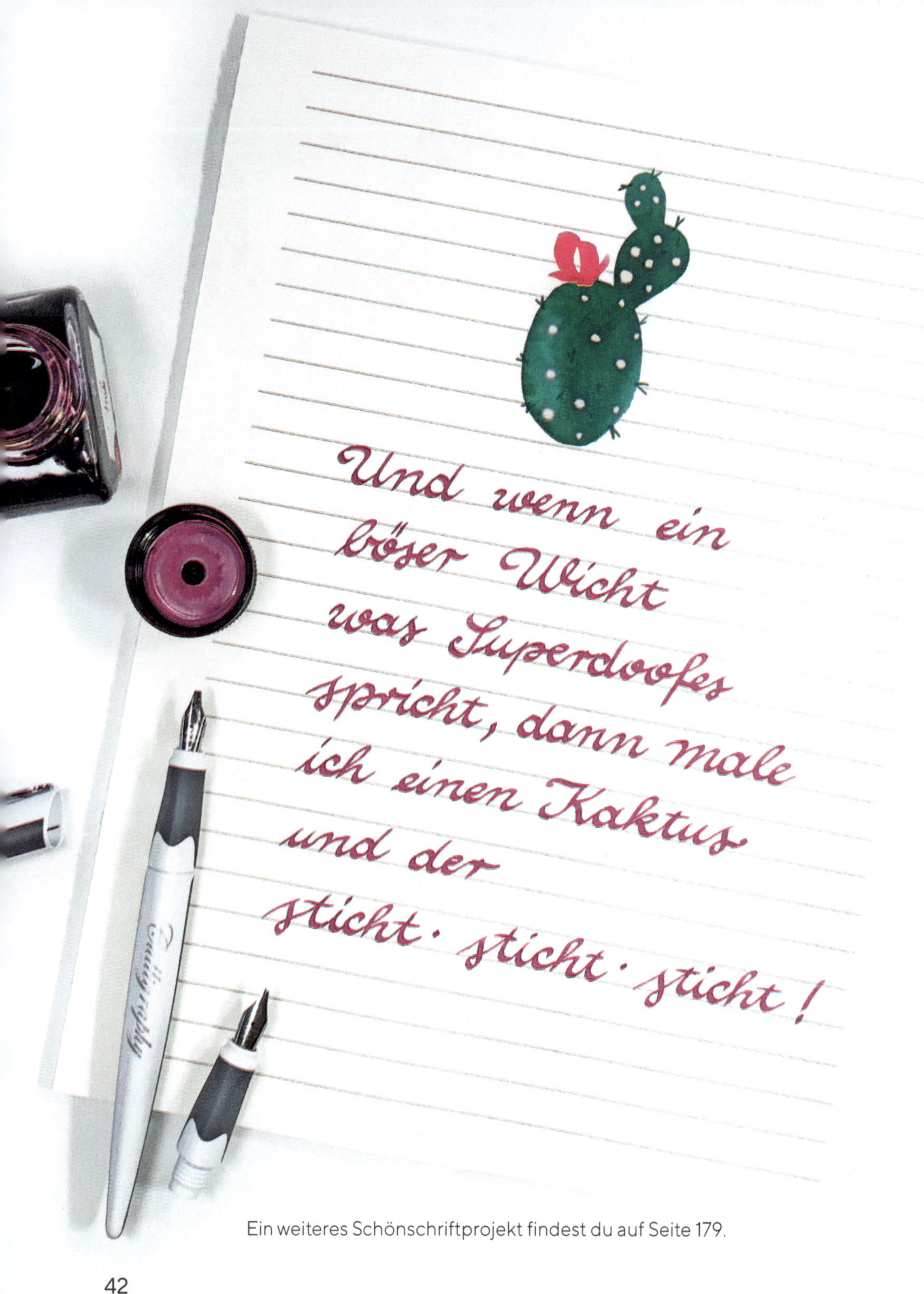

Ein weiteres Schönschriftprojekt findest du auf Seite 179.

SCHÖNSCHRIFT

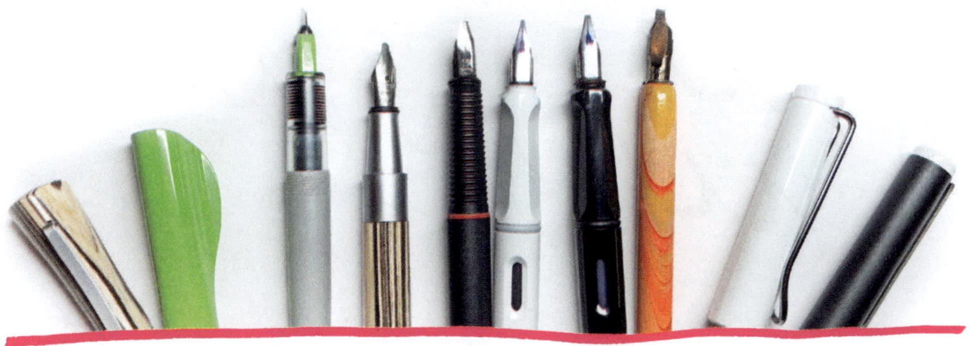

Das Geheimnis des Schönschreibens ist der gleichmäßige Schwung. In Zeiten von Computertastaturen ist unser Handgelenk eingerostet. Konnten wir früher seitenweise Aufsätze schreiben, fällt es uns heute schwer, und es ist anstrengend. Dabei benötigen wir für ein perfektes Lettering eine geübte Hand. Zum Schönschreiben eignen sich Kalligrafiefüller und -federn aller Art. Praktisch sind Füllhalter mit verschiedenen Federgrößen zum Aufschrauben.

Übe zunächst den Federwinkel. Setze die Feder so an, dass du in der minimalen Breite die Linie nach oben ziehst und in der maximalen Breite nach unten (Zickzack).

Füller liegt auf dem Handrücken.

Mit dem Mittelfinger den Füller abstützen.

Füllerschaft zwischen Zeigefinger und Daumen halten.

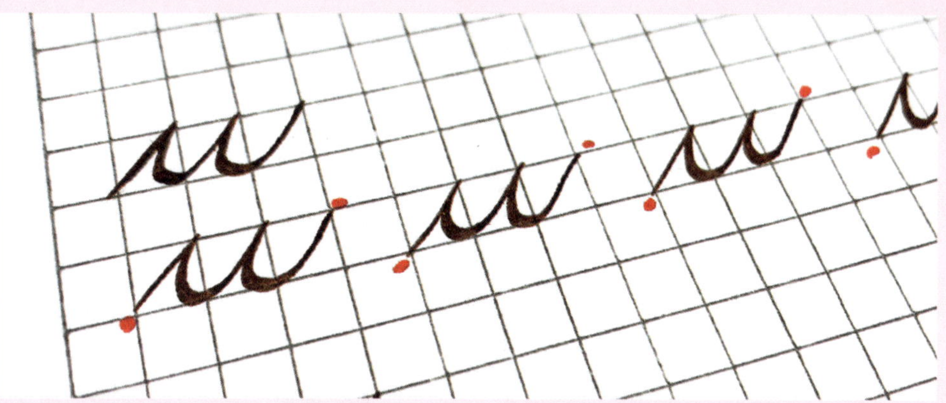

Übe mit dem »Letter-u« gleichmäßige Schwünge auf Karopapier. Halte die Feder wie bei den Zickzackübungen und schreibe einen Auf- und einen Abschwung. Orientiere dich unbedingt an den Kästchen. Du kannst kursiv oder gerade schreiben, so wie es dir am besten gefällt. Das »Letter-u« ist die Basisform für (fast) alle Kleinbuchstaben. Je gleichmäßiger du es schreiben kannst, desto gleichmäßiger ist dein Schriftbild.

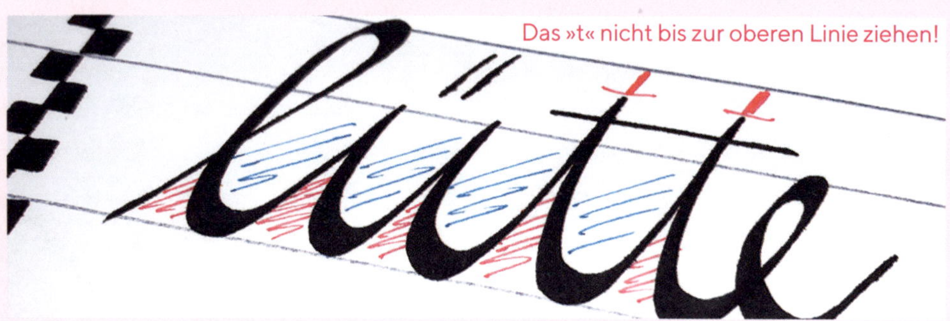

Übe Wörter aus der »Letter-u«-Familie und achte auf gleichmäßige Abstände:

willi lütte little yeti

jette ylvi ulli viel

SCHÖNSCHRIFT-ÜBUNGEN

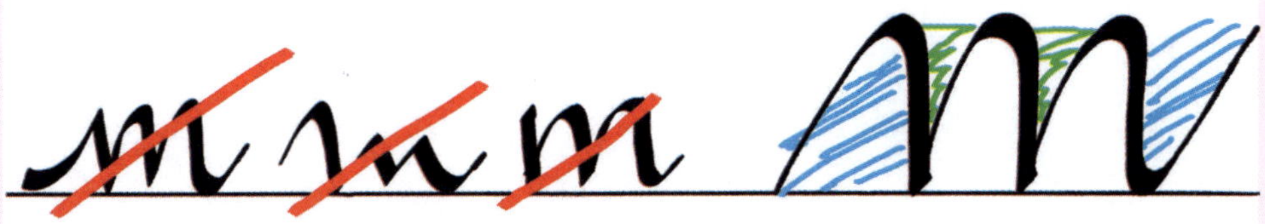

Nach dem »Letter-u« übe nun das »Letter-m«. Halte die Feder im gleichen Winkel wie bei den Übungen zuvor und schreibe gleichmäßige Berge:

matterhorn anapurna

hochkönig rosenhorn

mittagskogel eigerin

wilder kaiser

mont blanc

kilimanjaro

Aua Bub Cuc Dud Eue

Fuf Gug Huh Iui Juj

Kuk Lul Mum Nun

Ouo Pup Quq Rur Sus

Tut Uuu Vuv Wuw

Xux Yuy Zuz

Äuä Üuü Öuö

ẞuß

1234567890

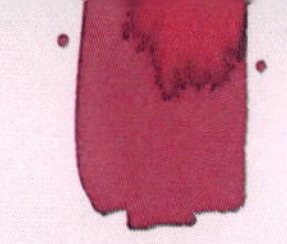

SCHÖNSCHRIFT-ALPHABET

Bei der Schreibschrift ist die Verkettung der Buchstaben besonders wichtig. Mit einem Pangramm-Satz übst du das Alphabet und gleichzeitig die Buchstabenverbindungen.

Beispiel für einen Satz, der alle 26 Grundbuchstaben des Alphabets enthält:

the quick brown fox

jumps over the lazy dog

Beispiel für einen Satz, der alle Buchstaben einschließlich der deutschen Sonderzeichen ä, ö, ü und ß enthält:

Zwölf Boxkämpfer jagen

Viktor quer über den

großen Sylter Deich

TIPP

Weitere Pangramm-Sätze zum Üben:
Franz jagt im komplett verwahrlosten Taxi quer durch Bayern.
Karl Mays Pferdevieh sagt »jawohl« zur Quellnixe am Bach.

ON

m o v e

a b c d

e f g h

i j k l

m n o p

q r s t

u v w x

y z

GEZOGENE SCHREIBSCHRIFT

Eine gezogene Schrift mit einer feinen Bandzugfeder, z.B. 0,75 mm oder 1 mm, sieht besonders elegant aus.

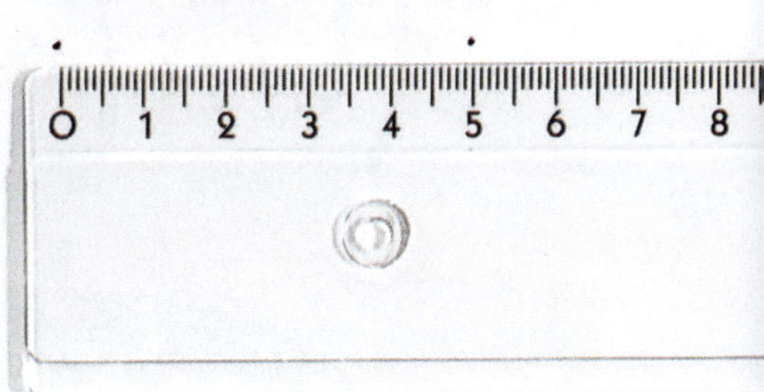

Zeichne mit Lineal und Bleistift Punkte in regelmäßigen Abständen auf das Papier.

m o v e

Schreibe die Buchstaben über die Bleistiftpunkte.

move

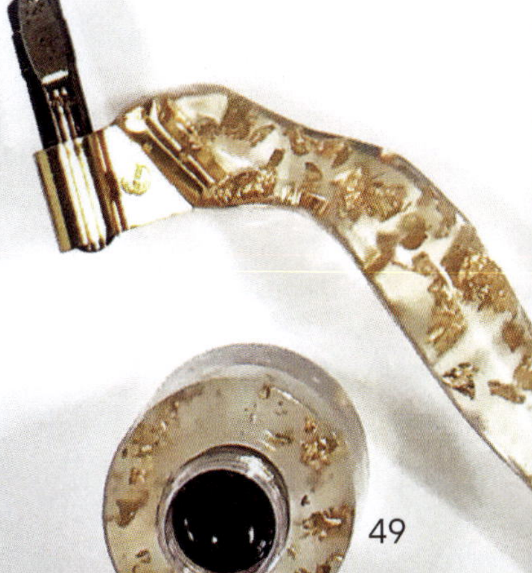

Verbinde die Buchstaben mit einem schwungvollen Strich.

Projekte mit der gezogenen Schreibschrift findest du auf den Seiten 32 und 89.

Schildkröten flirten nicht.

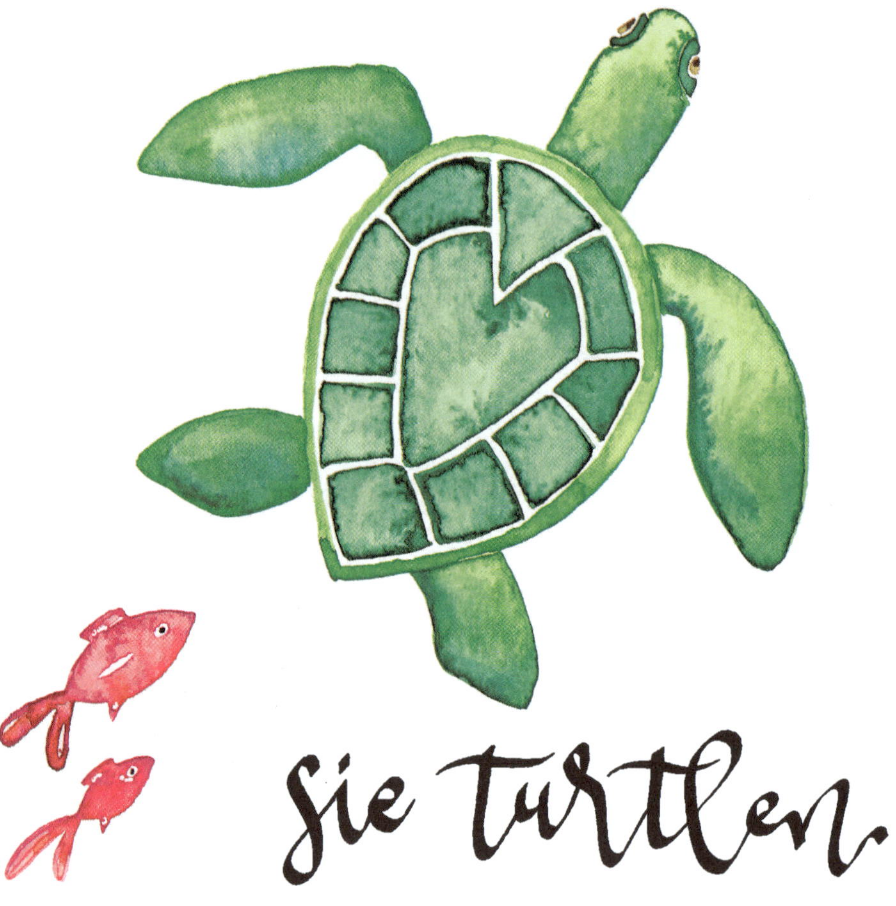

TANZENDE BUCHSTABEN MIT DER BREITFEDER

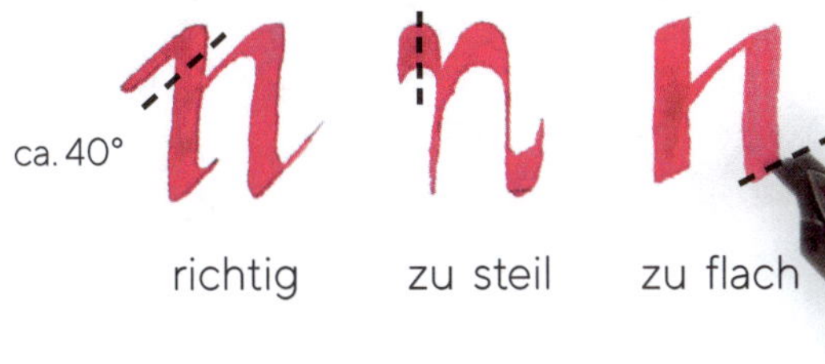

Der Schreibwinkel ist beim Lettergrafieren mit der Breitfeder das Allerwichtigste! Achte darauf, dass sich die Feder immer in einem Winkel von 40°-45° zur Grundlinie befindet.

Zum Aufwärmen hier ein paar Übungen:

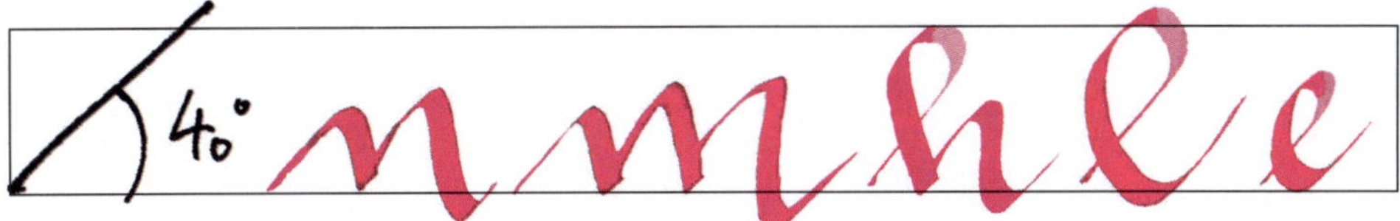

Für den Anfang ist eine Breitfeder, auch Bandzugfeder genannt, in der Größe 2 - 2,5 mm, genau richtig.

Damit die tanzenden Buchstaben gelingen, habe ich mir drei Grundregeln auferlegt, die ich umzusetzen versuche:

Regel 1: Schriftbild

Für ein ausgewogenes Schriftbild starte und ende ich auf der gleichen Linie.

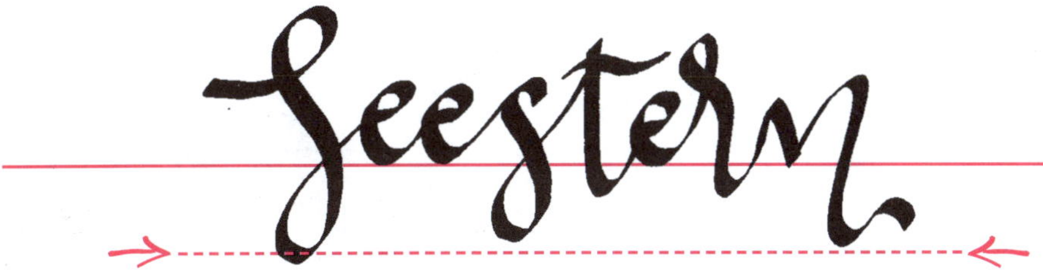

Projekte mit dieser Schrift findest du auf den Seiten 10, 26, 29, 50, 136, 160 und 168.

Aa Bb Cc Dd
Ee Ff Gg Hh Ii
Jj Kk Ll Mm
Nn Oo Pp Qq Rr
Ss Tt Uu Vv
Ww Xx Yy Zz

TIPP

Wenn du Schwierigkeiten mit dem Schreibwinkel hast, probiere die Bandzugfeder mit einem Obliquefederhalter aus. Er begünstigt eine gleichmäßige Schrägstellung beim Schreiben. Auch für Linkshänder zu empfehlen!

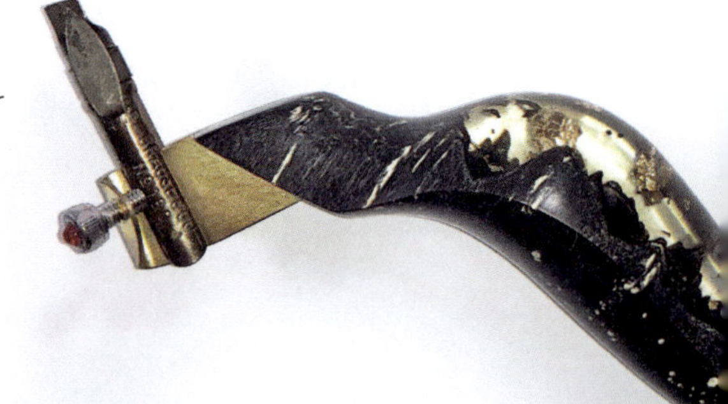

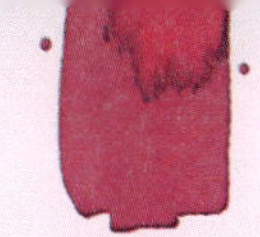

Regel 2: Umlaute

Die Umlaute a, e, i, o, u, schreibe ich etwas kleiner und auf die Grundlinie.

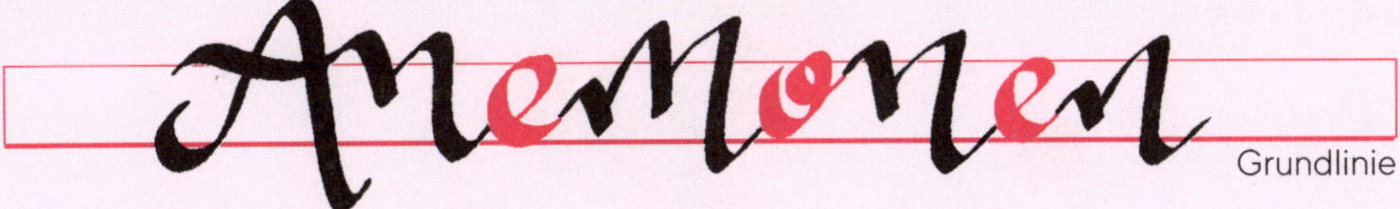

Regeln 3a bis 3c: Buchstaben

a) Buchstaben aus mehreren Grundstrichen tanzen auf mehreren Stufen.

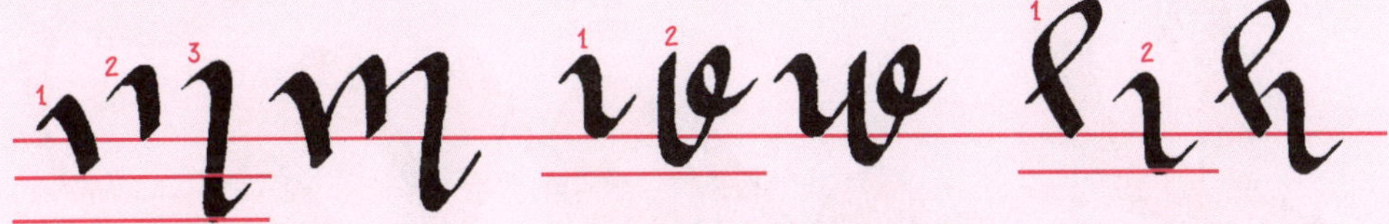

b) Buchstaben abwechselnd nach oben und nach unten tanzen lassen.

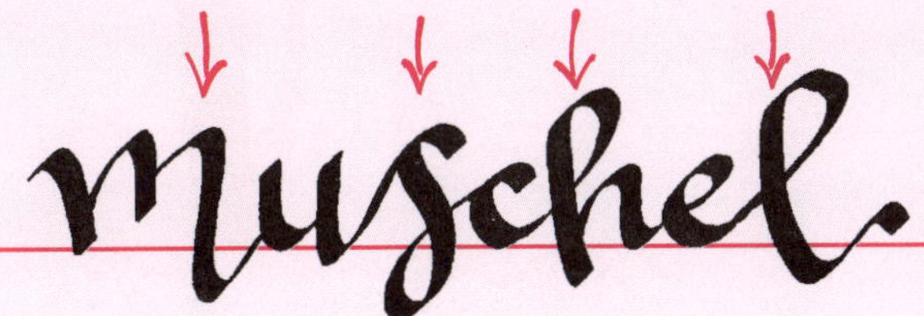

c) Buchstaben aus nur einem Grundstrich tanzen auch mal aus der Reihe.

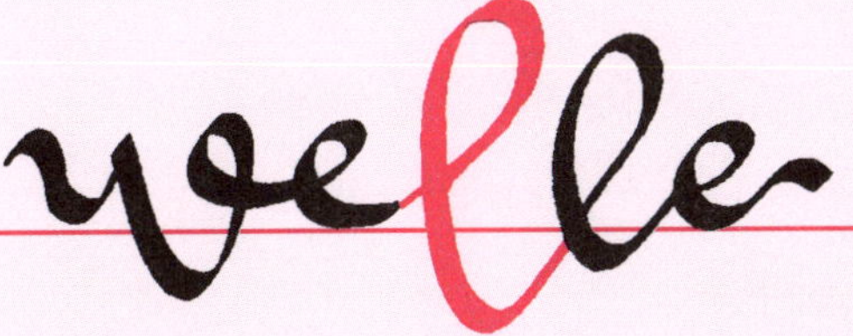

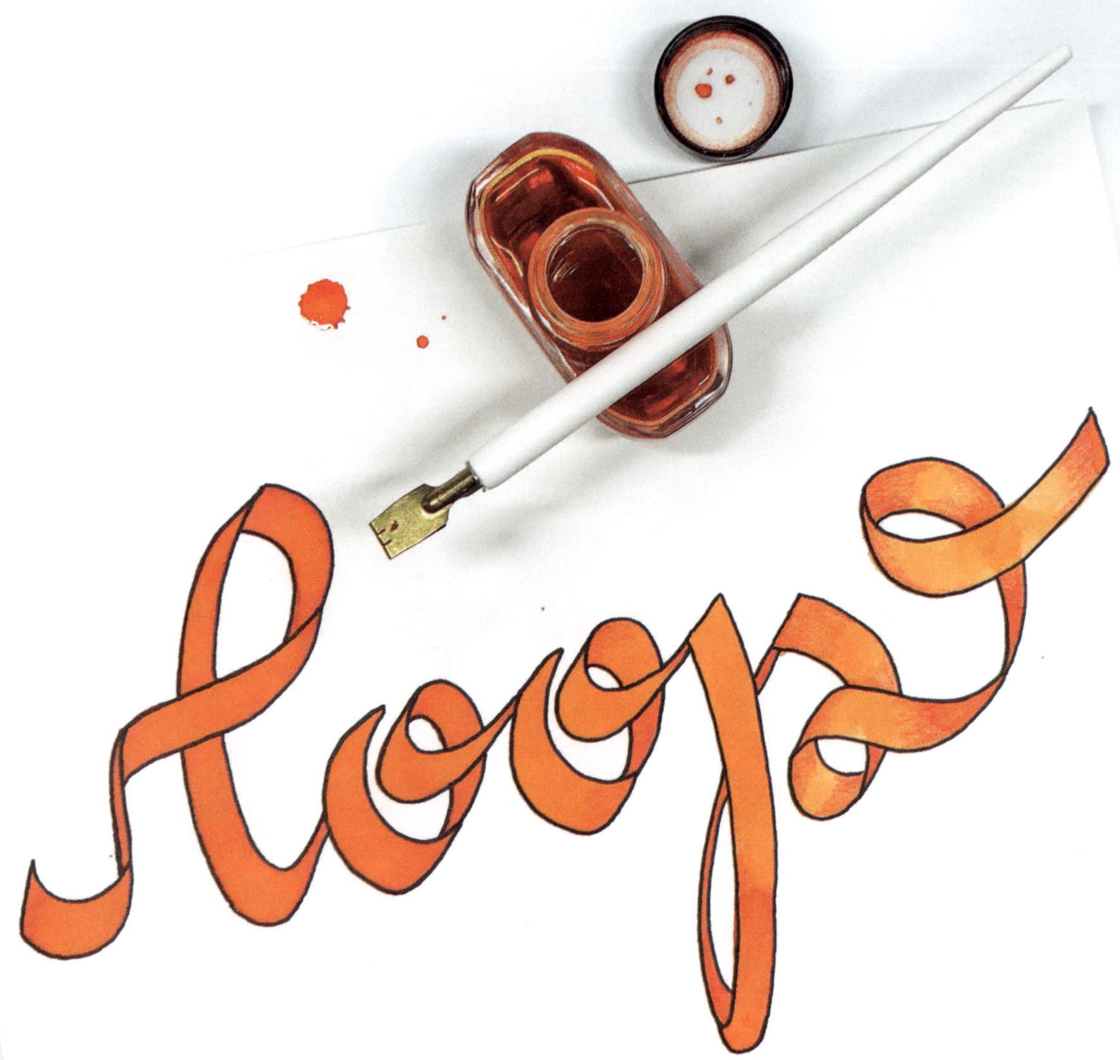

MATERIAL

- Plakatfeder, z.B. Nr. 10
- farbige Tinte oder Watercolor
- Fineliner, z.B. 0,3
- Buntstift, ein Farbton dunkler als die Tinte oder in Grau
- Bristolkarton oder Mixed-Media-Papier

SCHLEIFENSCHRIFT

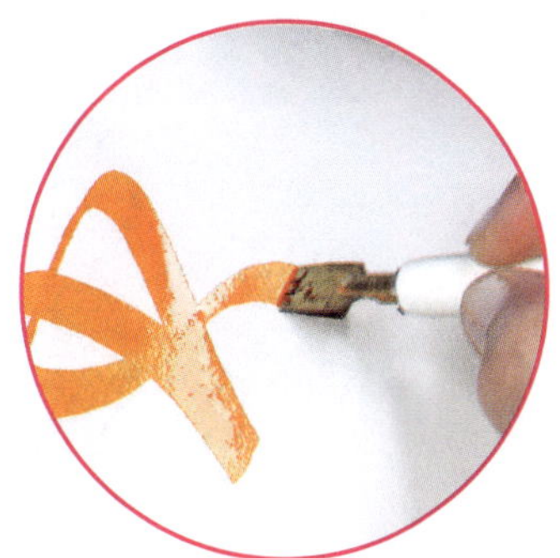

Mit einem kleinen Trick ist die Schleifenschrift ganz einfach. Schreibe mit der Plakatfeder in einem gleichmäßigen Winkel von ca. 40°. So entstehen dünne Aufstriche und dicke Abstriche.

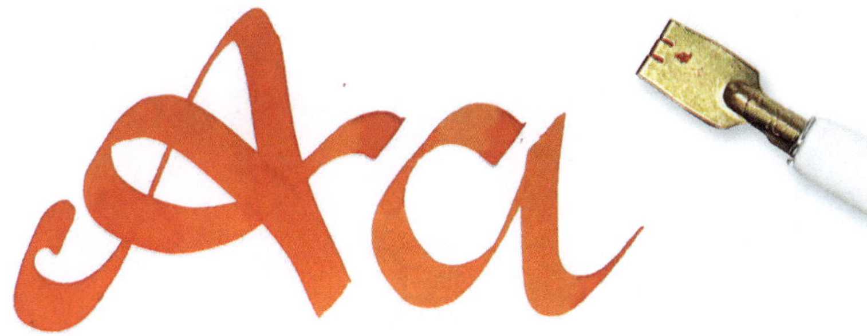

Schreibe zuerst die Buchstaben mit Plakatfeder und Tinte oder verwende flüssige Aquarellfarbe.

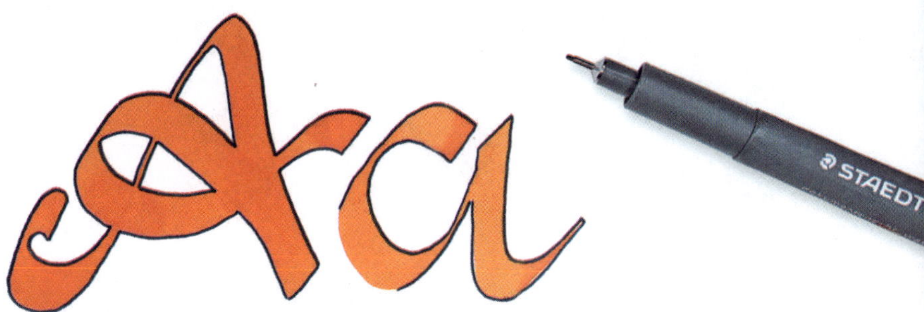

Umrande mit dem Fineliner alle Außenkanten.

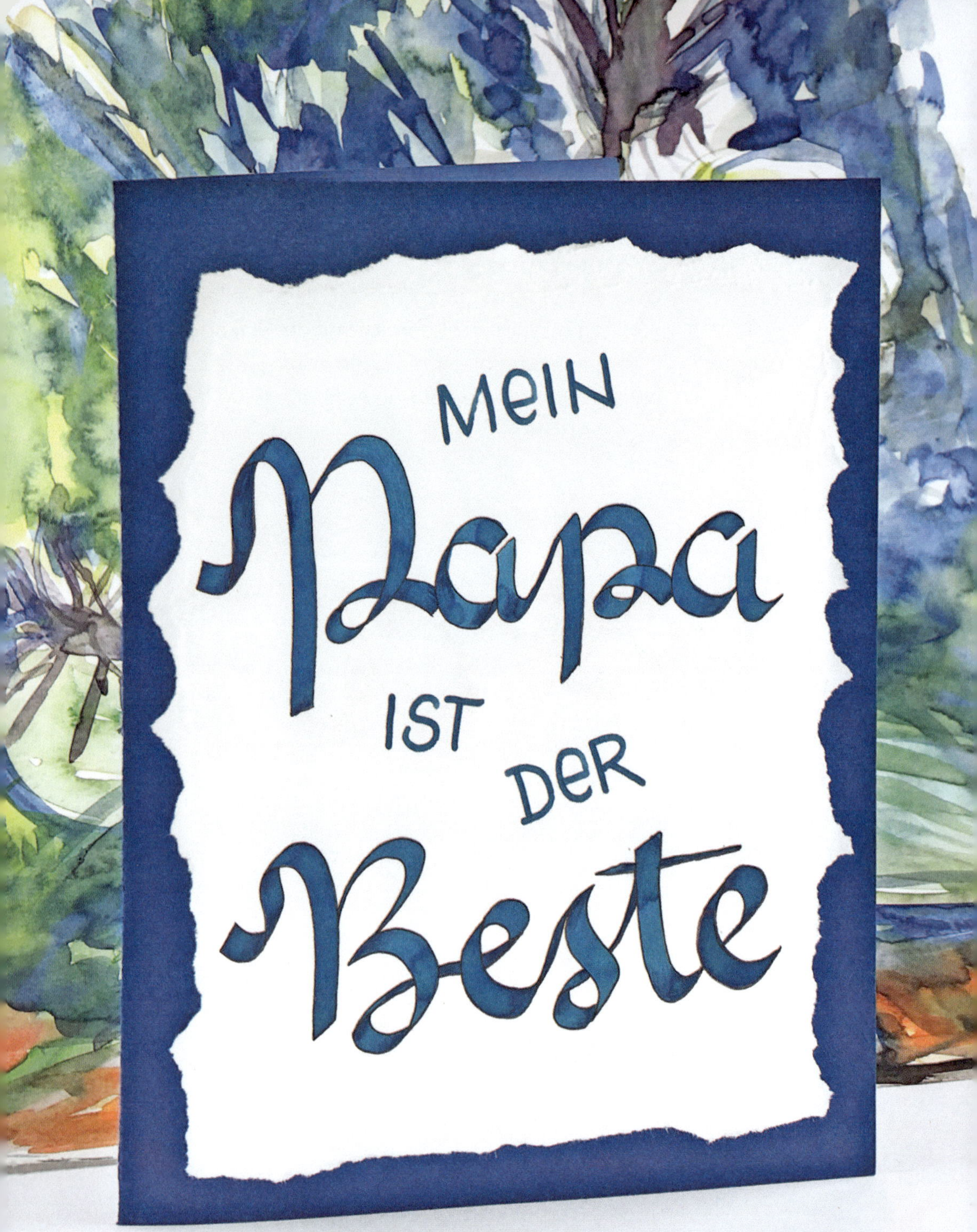

Weitere Projekte mit der Schleifenschrift findest du auf den Seiten 91 und 185.

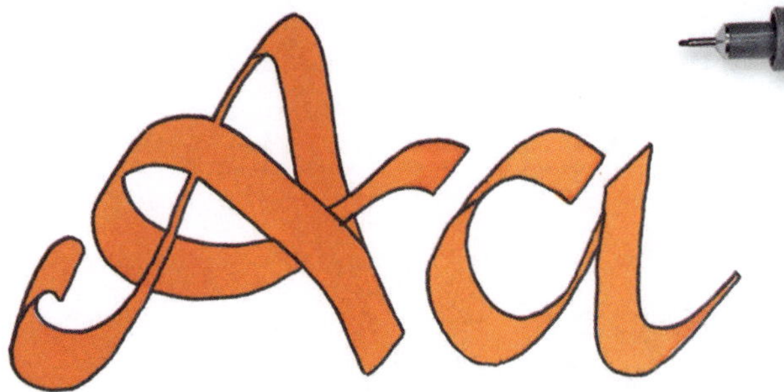

Lege nun mit dem Fineliner an den Kreuzungen fest,
welche Linien im Vordergrund liegen und welche im Hintergrund.

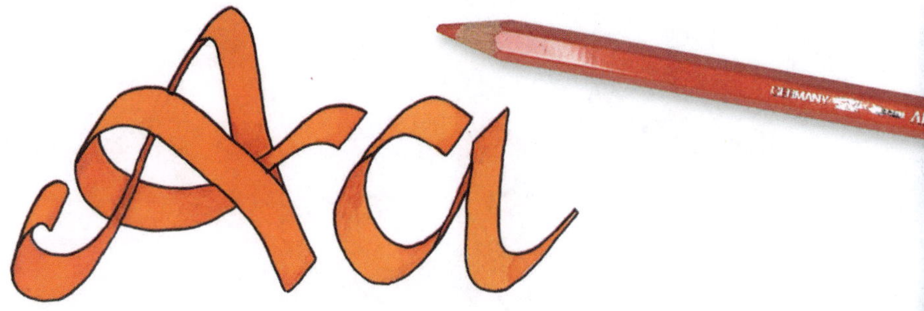

Schattiere mit einem etwas dunkleren Buntstift
die im Hintergrund liegenden Schleifenteile.

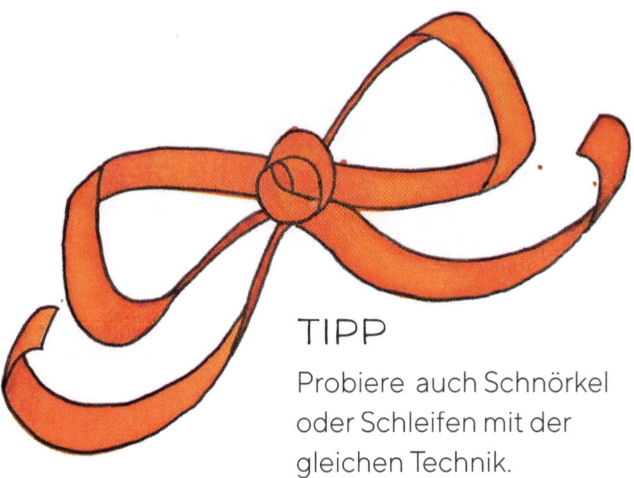

TIPP

Probiere auch Schnörkel oder Schleifen mit der gleichen Technik.

SCHLEIFENSCHRIFT-ALPHABET

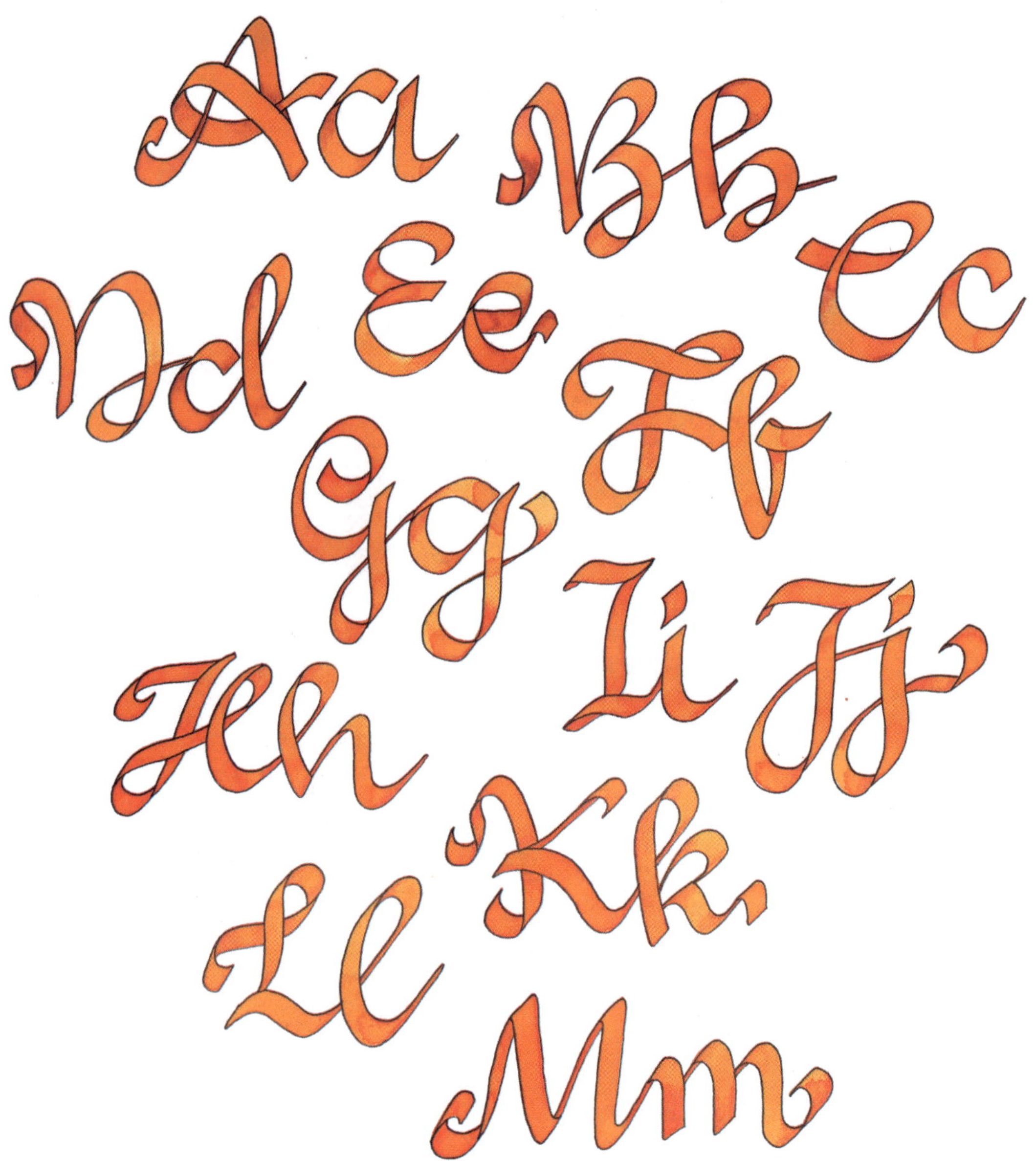

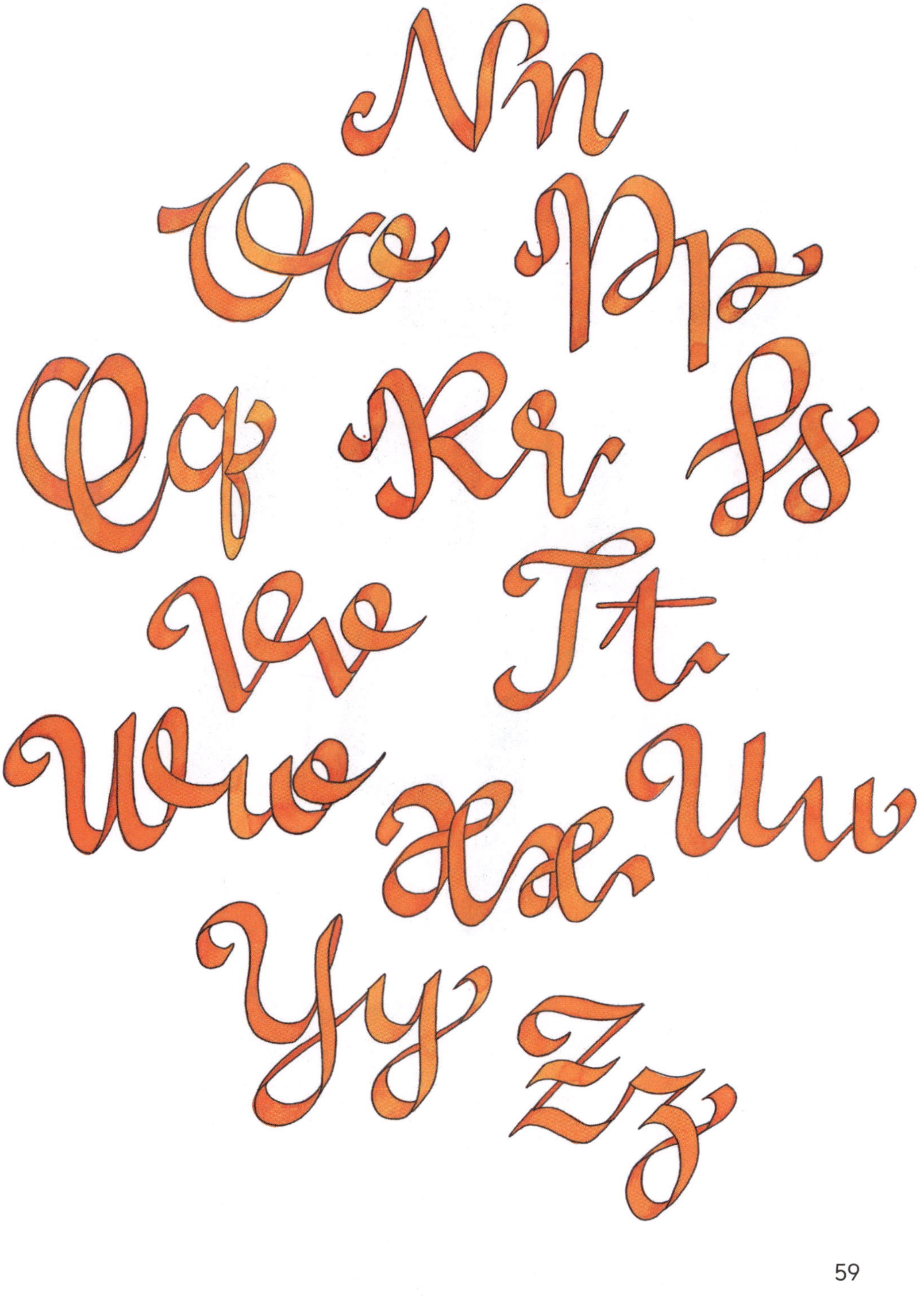

Nn

Oo Pp

Qq Rr Ss

Vv Tt

Ww Xx Uu

Yy

Zz

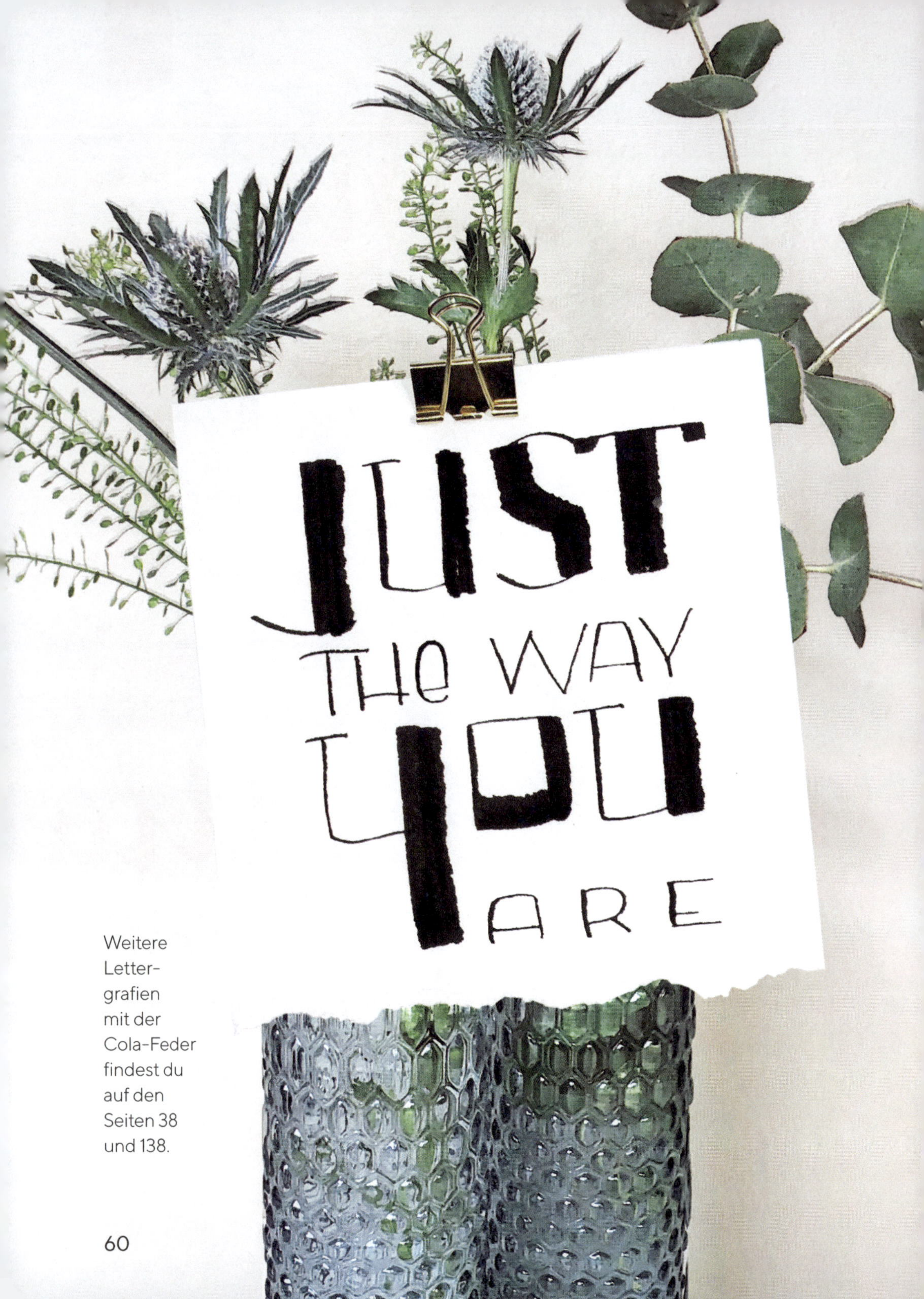

Weitere Lettergrafien mit der Cola-Feder findest du auf den Seiten 38 und 138.

MODERNES ALPHABET

A B C
D E F G
H i J K
L m n
O P Q
R S T
U V W
X Y Z

Mit der Cola-Feder lassen sich breite und schmale Striche ziehen. Tauche die Feder etwa zur Hälfte in die Farbe. Der Spalt, der durch die Faltung entstanden ist, dient als Tintenreservoir. Am besten geeignet ist flüssige Aquarellfarbe, Tusche oder Tinte.

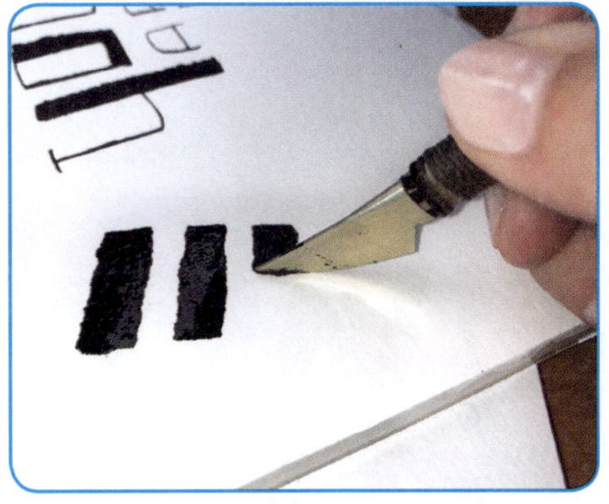

Für die breiten Striche lege die Feder flach auf das Papier.

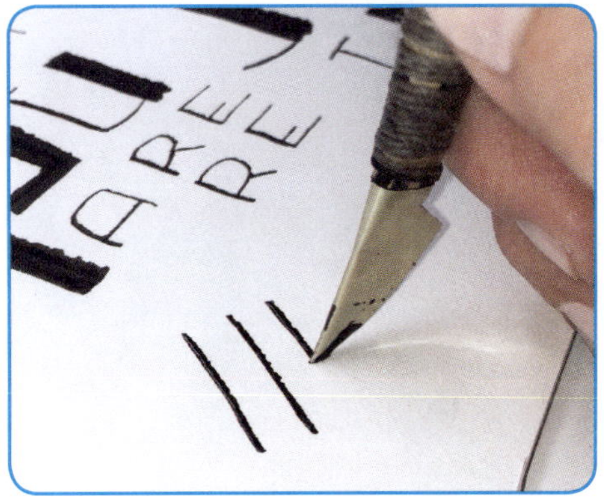

Für die dünnen Striche stelle die Feder auf die Spitze.

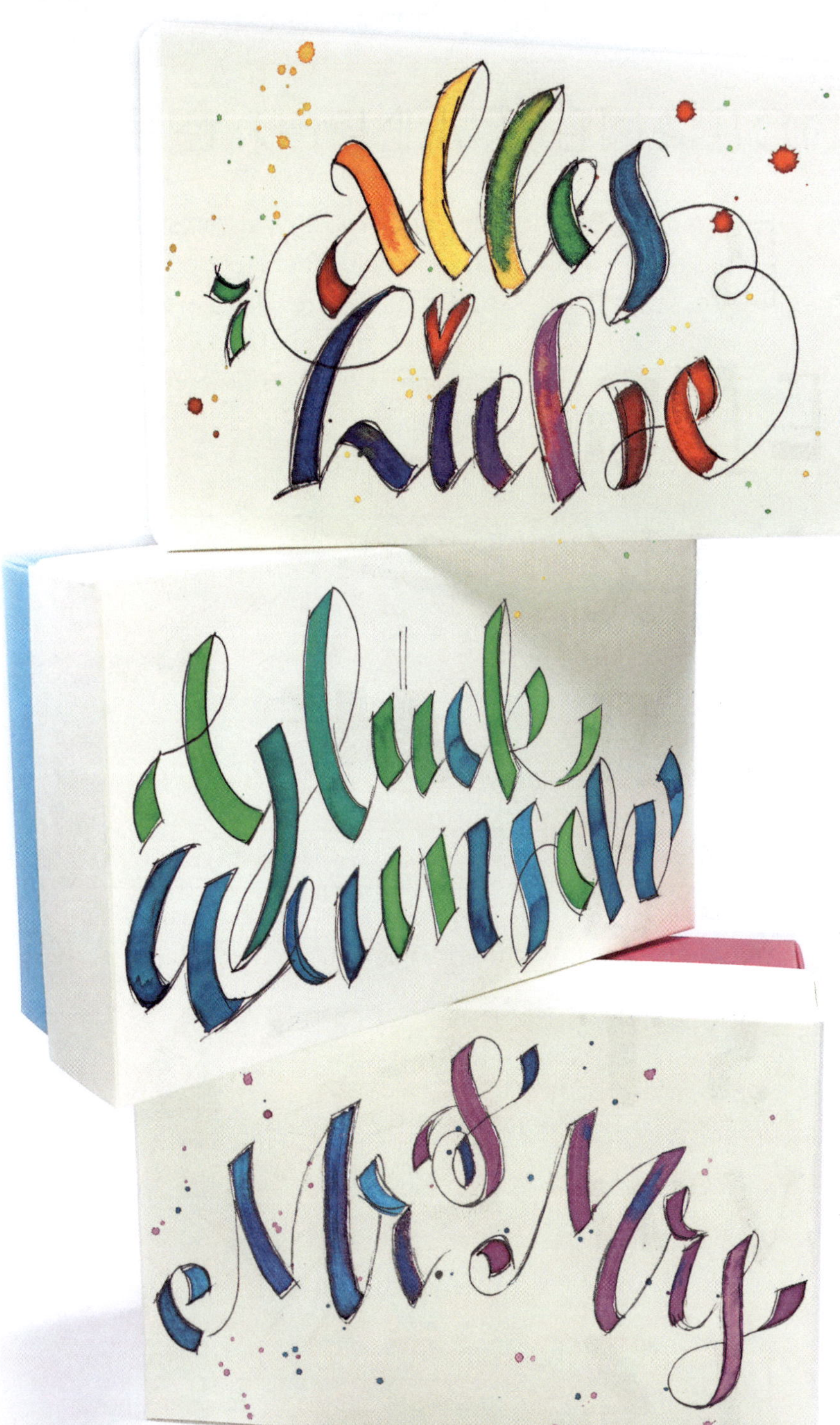
Alles Liebe
Glückwunsch
Mr & Mrs

FARBIGE TINTENSCHRIFT

Schreibe deinen Text mit einem Bleistift vor. Ein 3H-Bleistiftstrich lässt sich auch unter der Farbe gut mit einem kautschukfreien Radiergummi wegradieren.

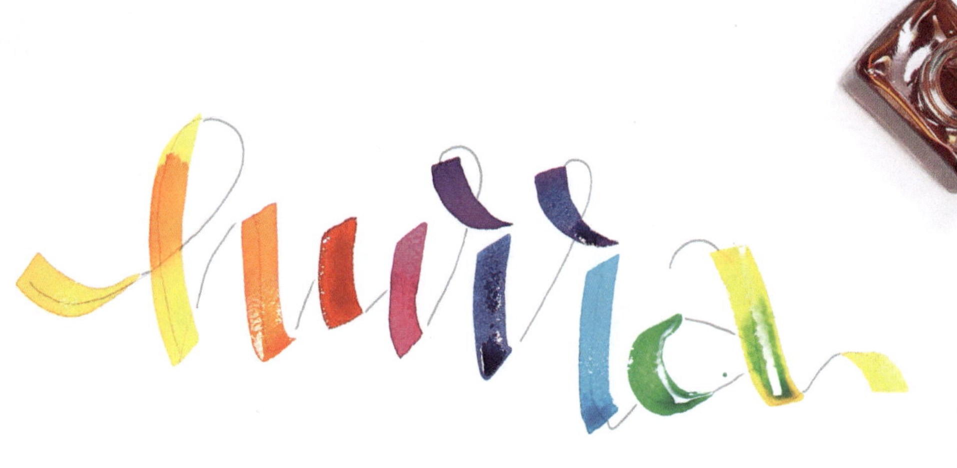

Ziehe alle Abstriche mit der Plakatfeder nach. Wähle für jeden Strich eine andere Tintenfarbe.

Aa Bb Cc
Dd Ee Ff
Gg Hh Ii Jj
Kk Ll Mm
Nn Oo Pp
Tt Qq Rr
Uu Vv Ww Ss
Xx Yy
Zz

Projekte mit dieser Schrift findest du auf den Seiten 5, 62 und 172.

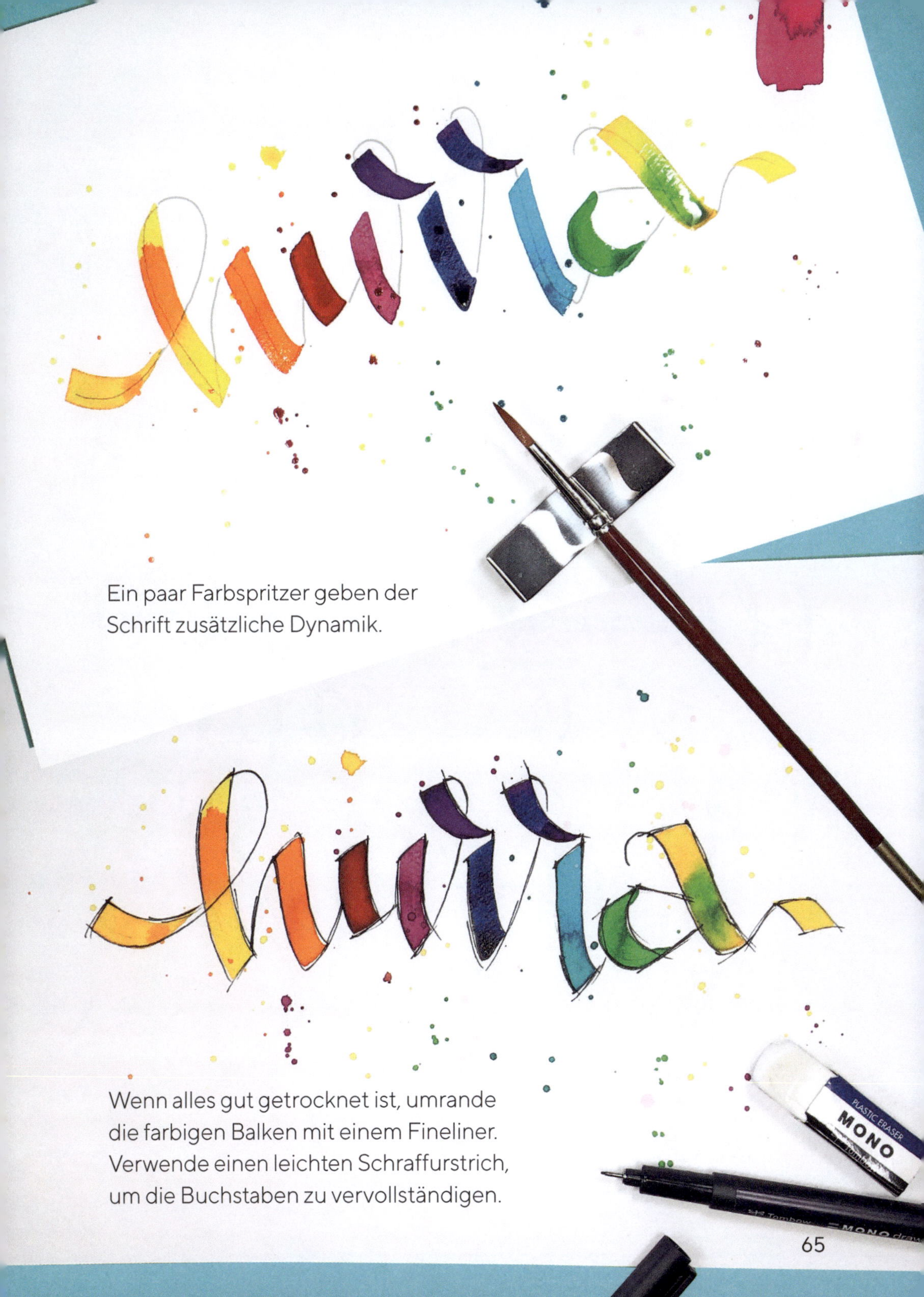

Ein paar Farbspritzer geben der Schrift zusätzliche Dynamik.

Wenn alles gut getrocknet ist, umrande die farbigen Balken mit einem Fineliner. Verwende einen leichten Schraffurstrich, um die Buchstaben zu vervollständigen.

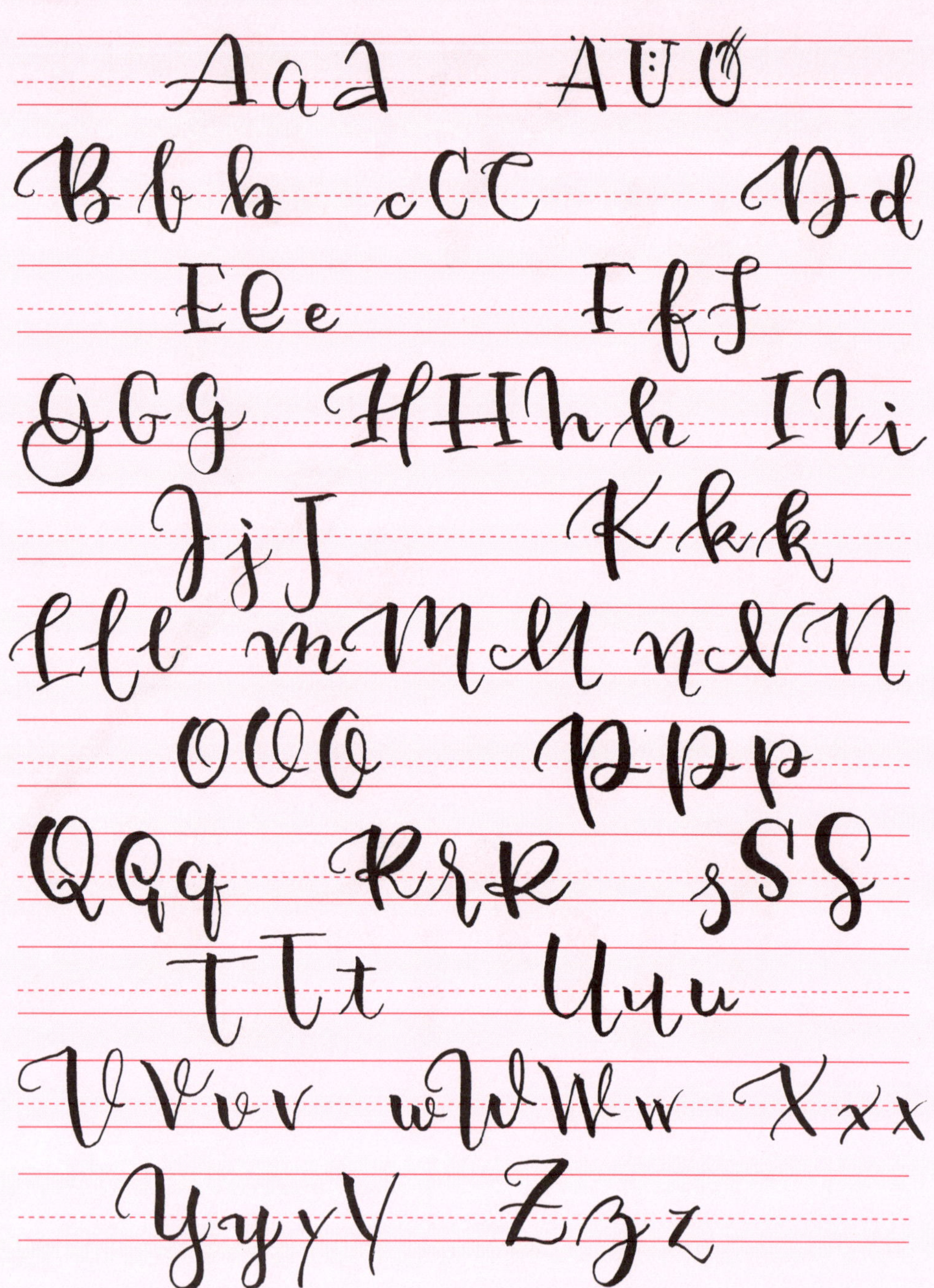

Projekte mit diesem Brush-Lettering-Mix findest du auf den Seiten 33, 110, 116 und 152.

BRUSH-LETTERING-MIX

Eine Mischung aus Schreibschrift, Blockschrift, Groß- und Kleinbuchstaben verleiht einzelnen Wörtern und kurzen Texten einen ganz besonderen Charme. Mit zwei kleinen Tricks bekommt der Buchstaben-Mix ein einheitliches Schriftbild und einen zusammenhängenden Charakter:

Trick 1: Das Herabsetzen der x-Linie legt den Buchstabenschwerpunkt dichter an die Grundlinie. Die x-Linie beschreibt die Mittellänge eines Buchstabens, sowie die Linie der Querstriche in den Buchstaben, wie z.B. A, B, E, F, G, H, K, P und R.

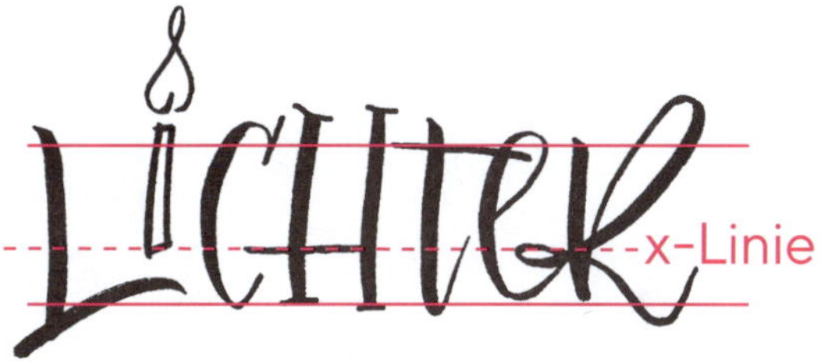

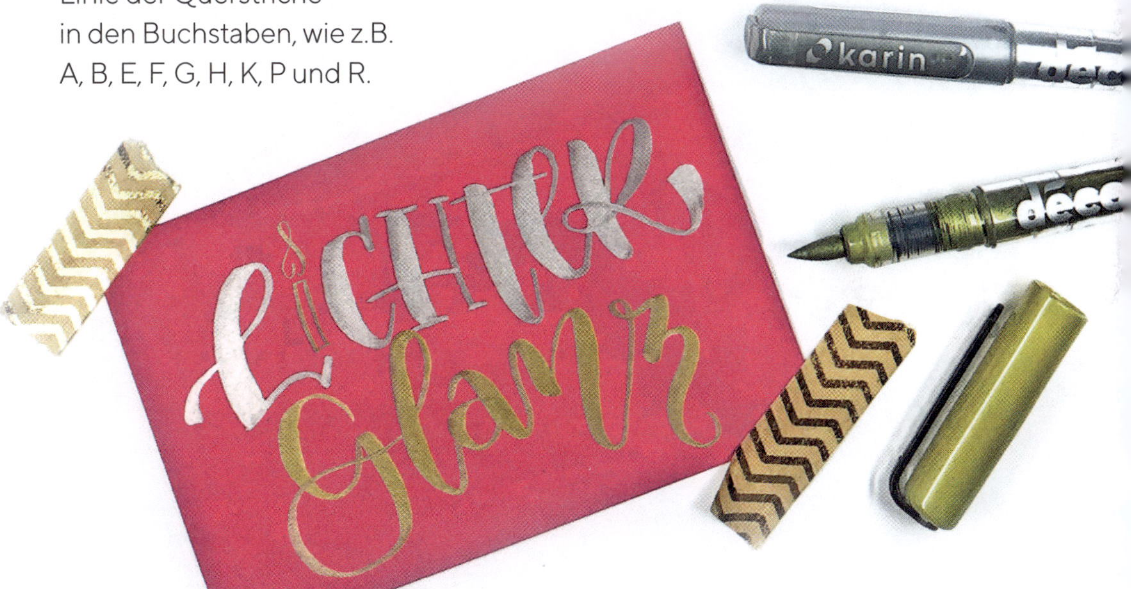

x-Linie

Trick 2: Lettere die geschwungenen Buchstaben aufrecht, nicht kursiv. So harmonieren sie besser mit den Blockbuchstaben und der Groß-/Kleinschreibung.

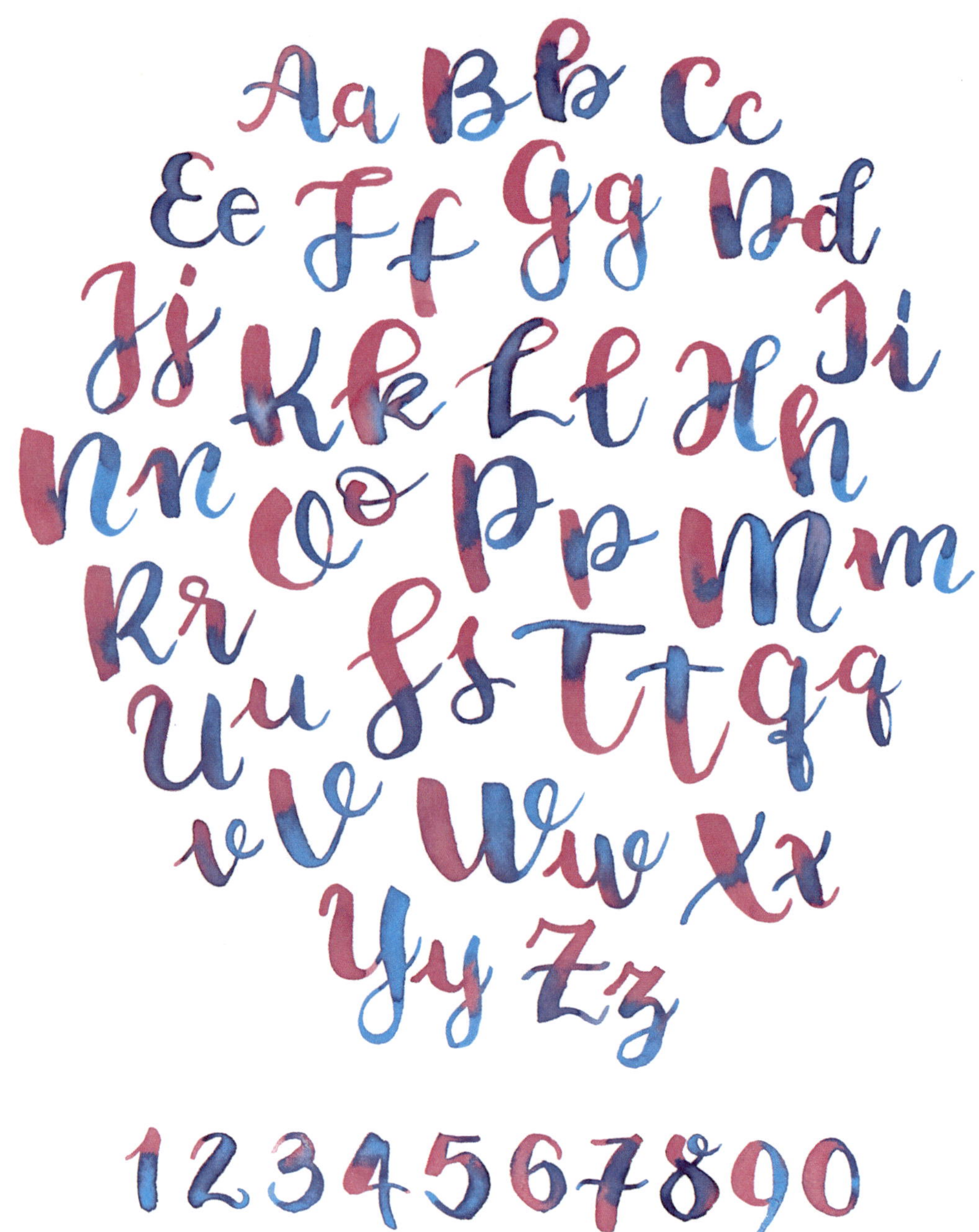

Projekte mit dieser Pinselschrift findest du auf den Seiten 87, 123 und 134.

PINSEL-SCHREIBSCHRIFT

Diese zweifarbige Buchstabenschreibschrift ist ein richtiger Hingucker. Ich verwende dazu gerne zwei Rundpinsel der gleichen Größe, um mir das Auswaschen nach jedem Buchstaben zu sparen. Am besten fließen die Farben auf einem Aquarellpapier ineinander.

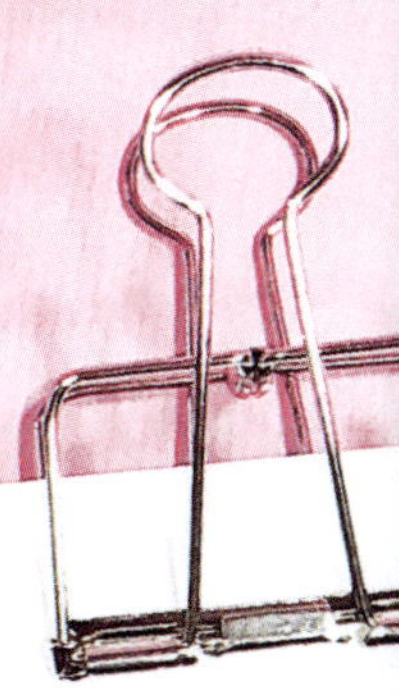

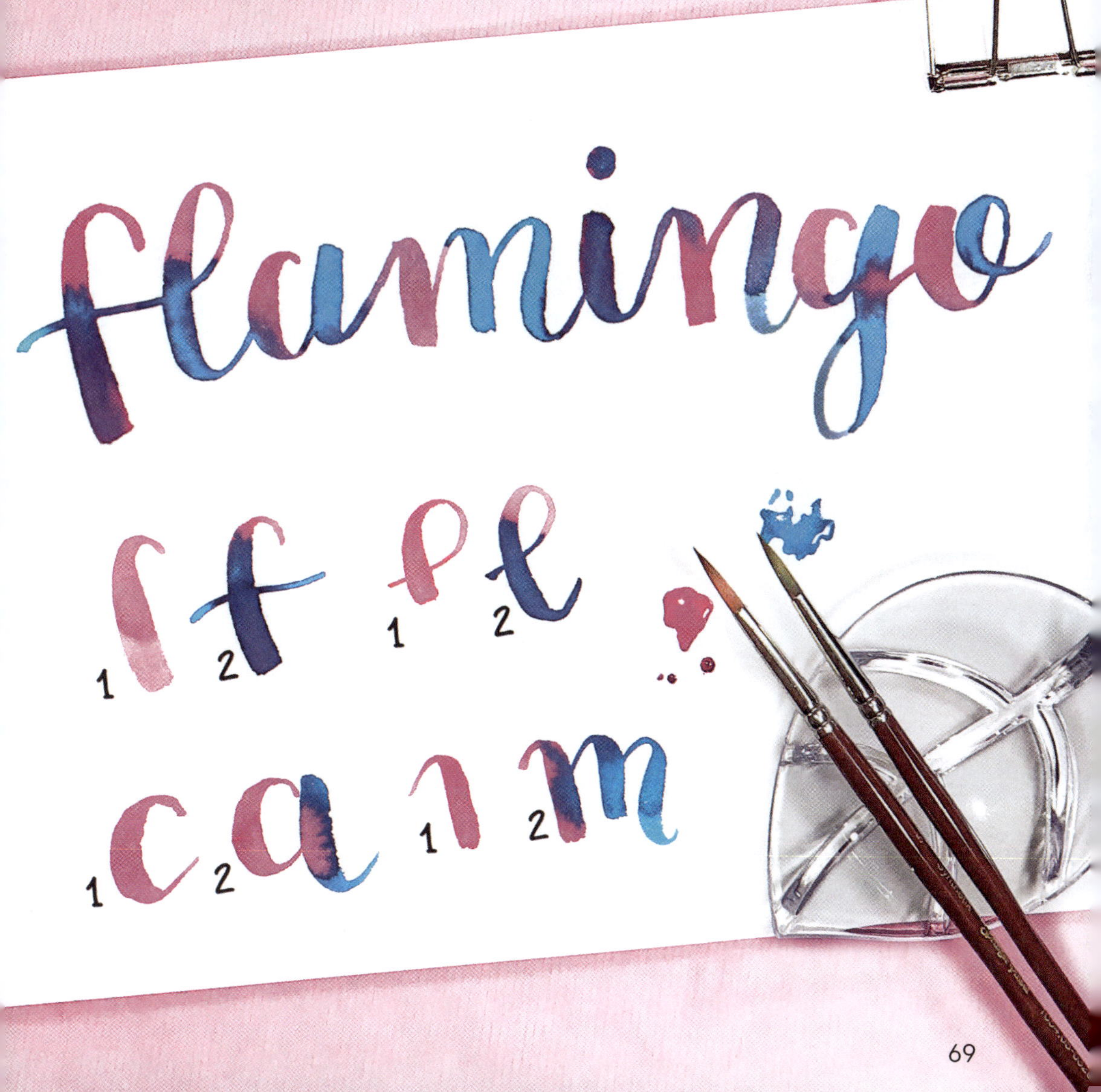

Als Serifen bezeichnet man die Linie, die wie kleine Füßchen am Buchstabenstamm sitzen. Eine Serifenschrift nennt man auch Antiqua.

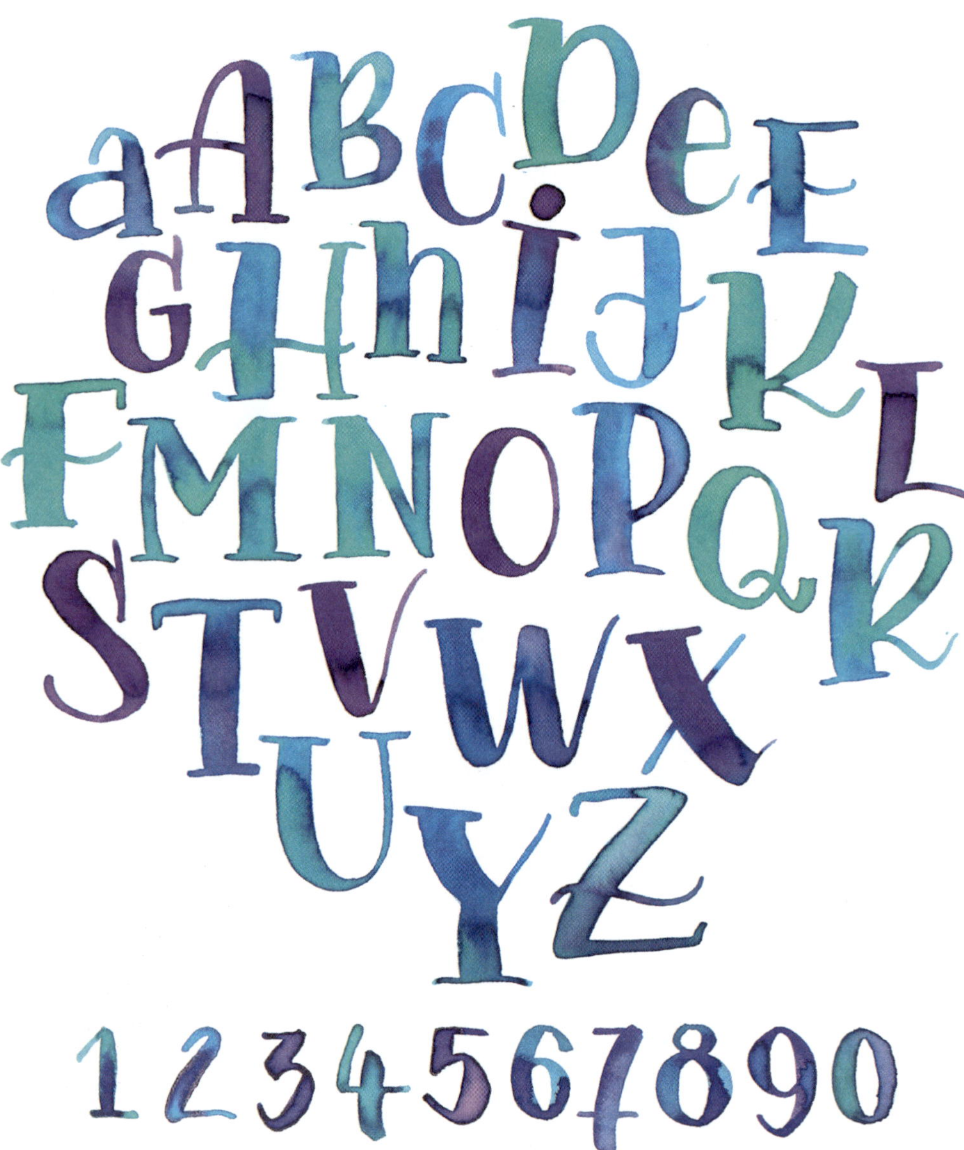

Eine Sternzeichenkarte mit dieser Pinselschrift findest du auf der Seite 102.

PINSEL-BLOCKSCHRIFT

Diese Blockbuchstaben mit Serifen habe ich mehrfarbig gestaltet. Verwendet habe ich Türkis, Blau und Lila.

Schreibe einen Buchstaben in einer Farbe und tupfe mit der Farbe für den folgenden Buchstaben in den vorherigen, solange er noch feucht ist. So mischen sich in jedem Buchstaben zwei Farben. Mit diesem kleinen Trick harmonieren alle Buchstaben farblich miteinander.

TRÄUM
SCHÖN

TIPP

Lege einen wassergetränkten Schwamm in die Palette. So kannst du den Pinsel zwischen den Farbwechseln reinigen.

KAPITEL 3

SÜSSES & TEEPAUSE

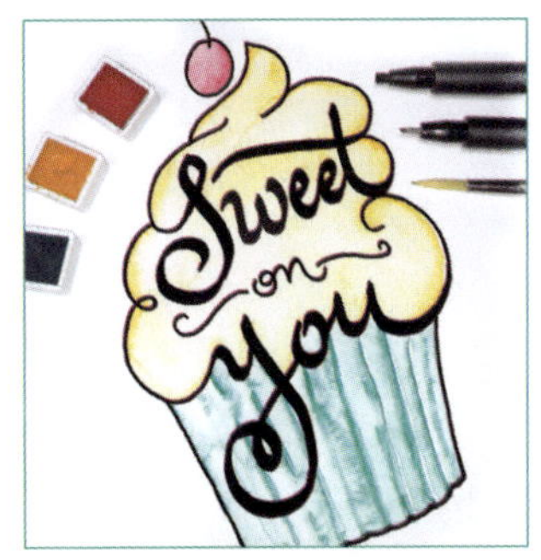
Sweet
on
you

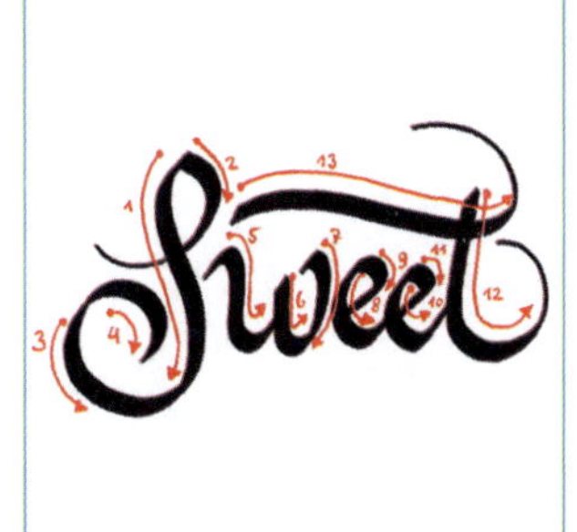
Sweet

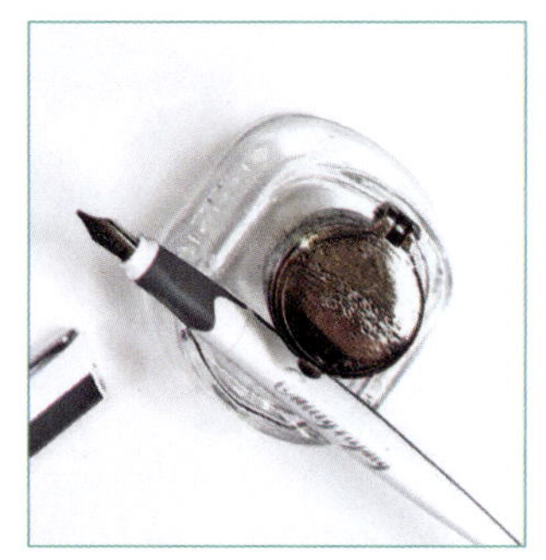

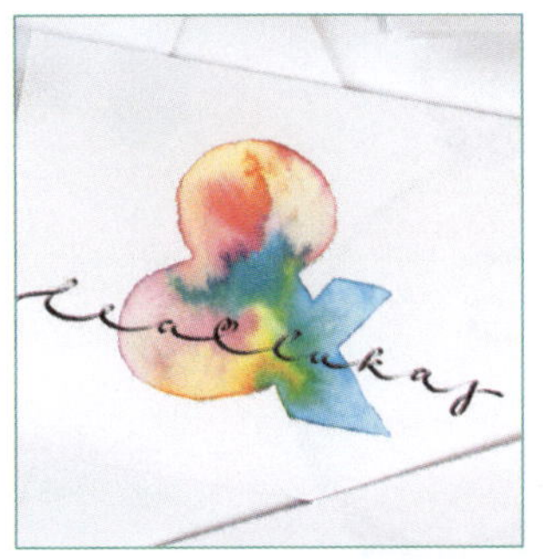

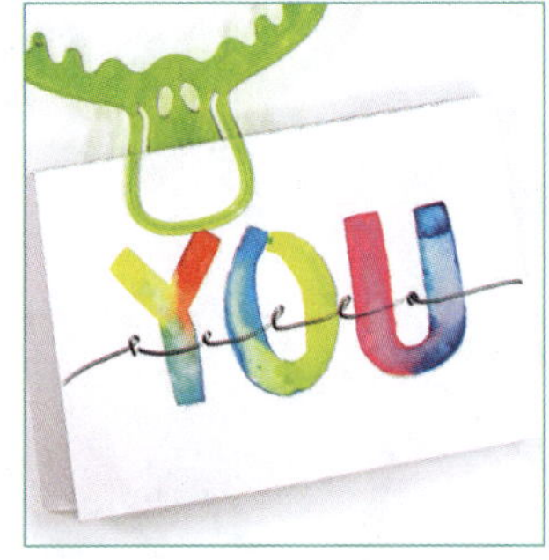
YOU

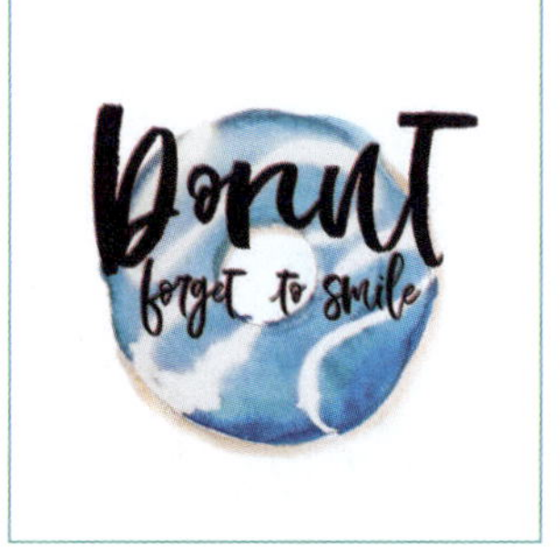
Donut
forget to smile

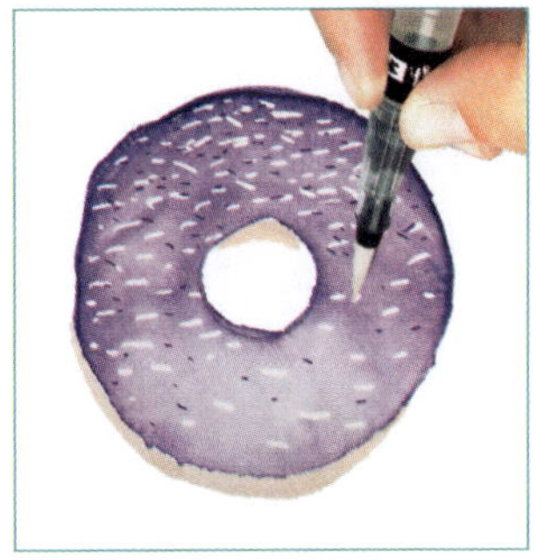

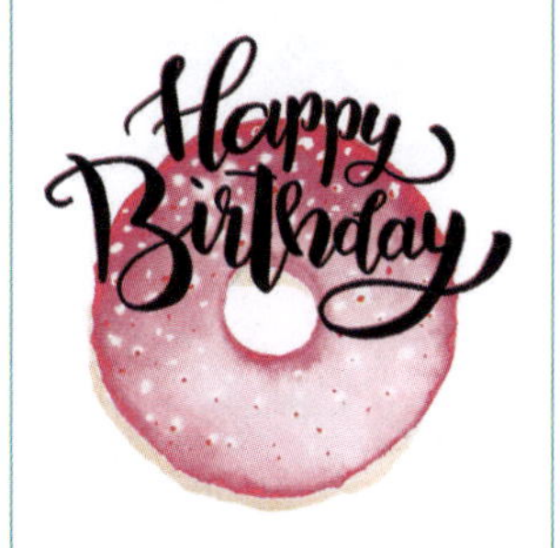
Happy
Birthday

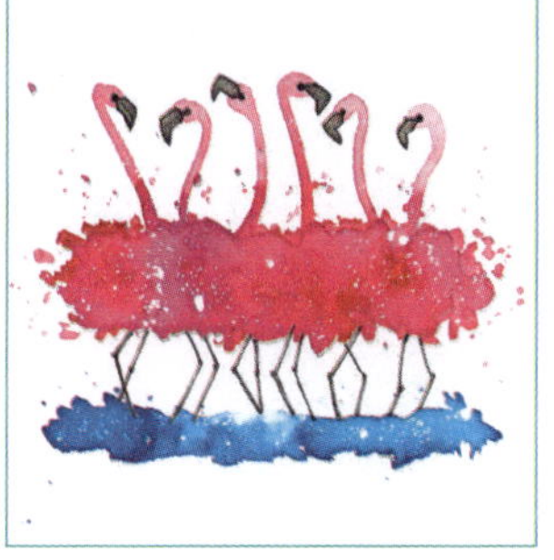

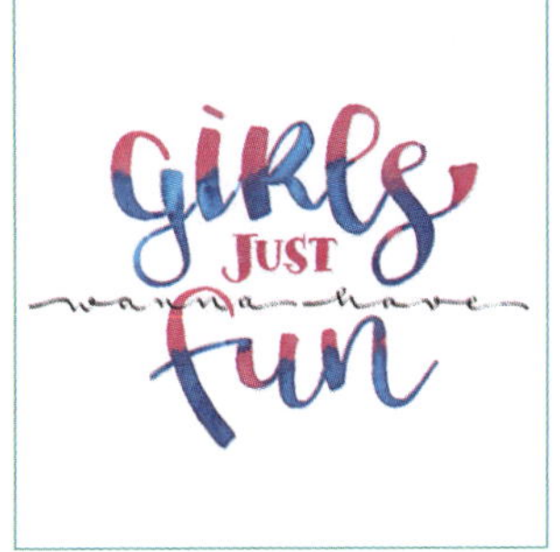
girls
JUST
wanna have
fun

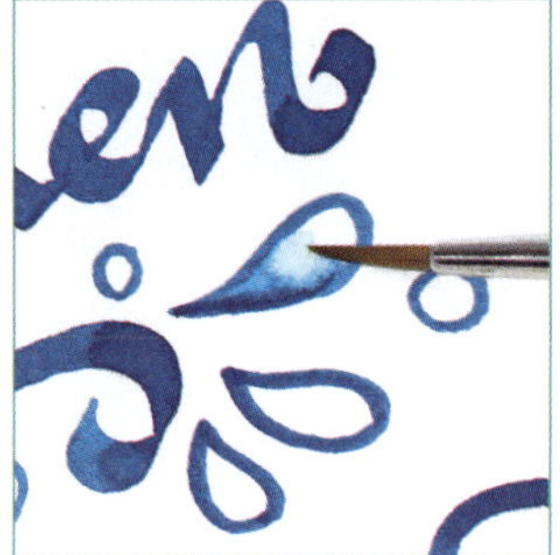

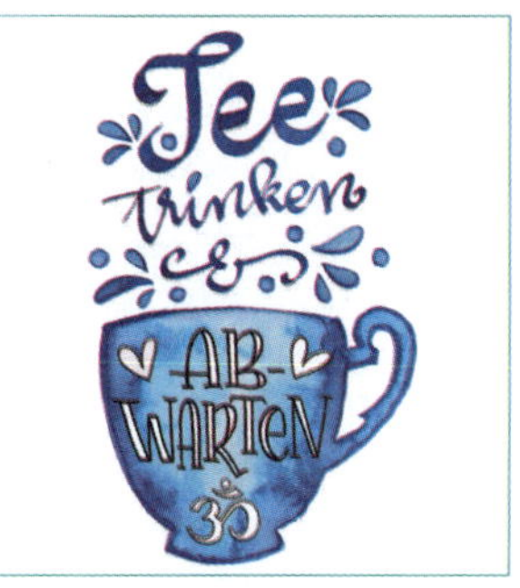
Tee
trinken
&
AB-
WARTEN

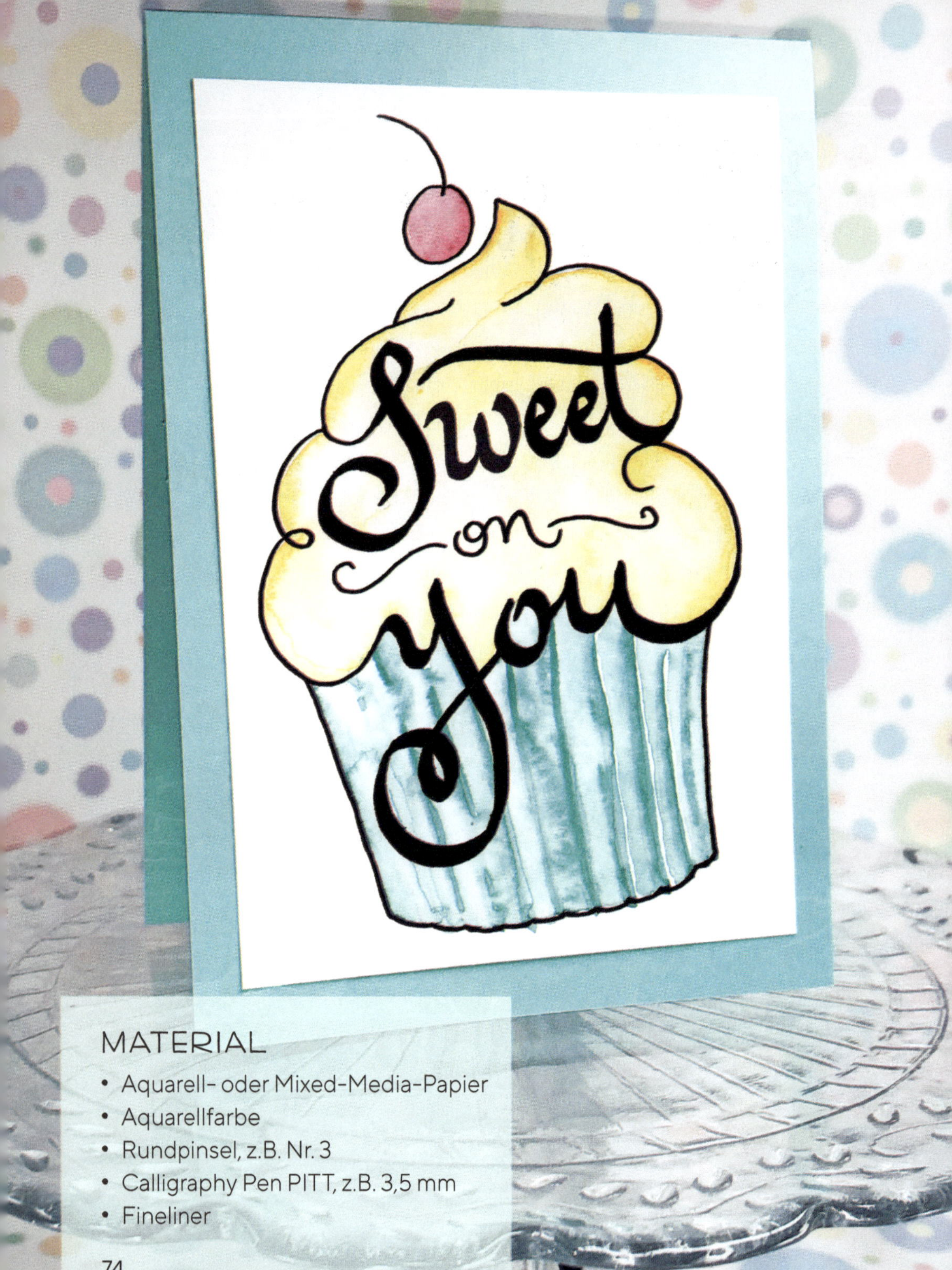

MATERIAL

- Aquarell- oder Mixed-Media-Papier
- Aquarellfarbe
- Rundpinsel, z.B. Nr. 3
- Calligraphy Pen PITT, z.B. 3,5 mm
- Fineliner

CUPCAKE

Du bist so toll, wie die Kirsche auf dem Cupcake. »sweet on you« ist eine Redewendung, die sich bildlich richtig hübsch umsetzen lässt, findest du nicht auch?

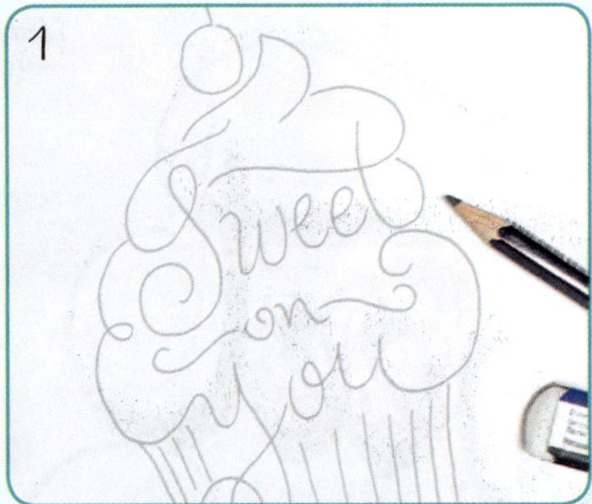

Übertrage die Vorlage auf das Papier. Verwende Grafitpapier oder zeichne freihand.

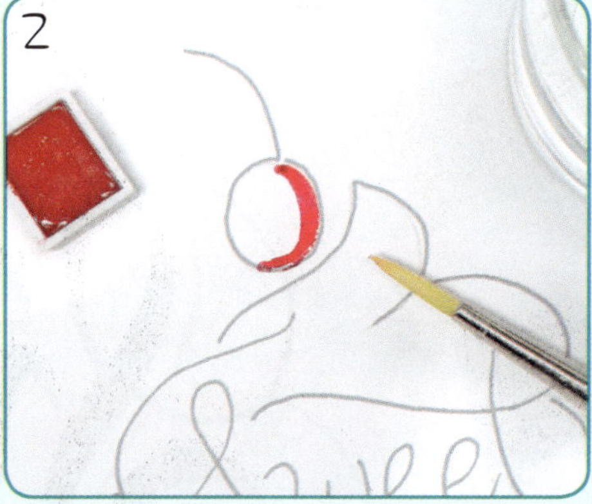

Beginne mit dem Rand der Kirsche; male sie auf der Unterseite rot.

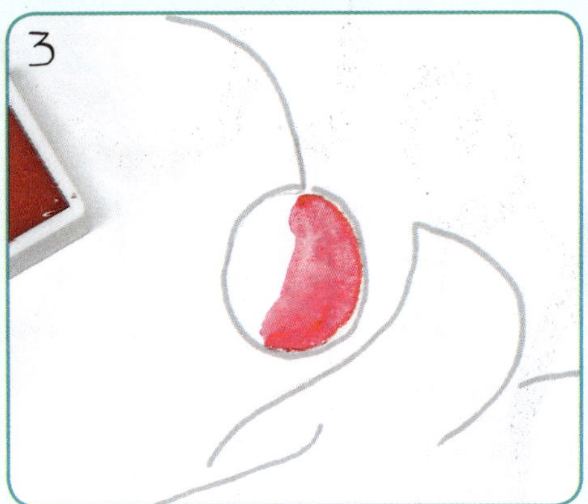

Wasche den Pinsel aus und vermale die Kirsche mit Wasser, ohne weitere Farbe aufzunehmen.

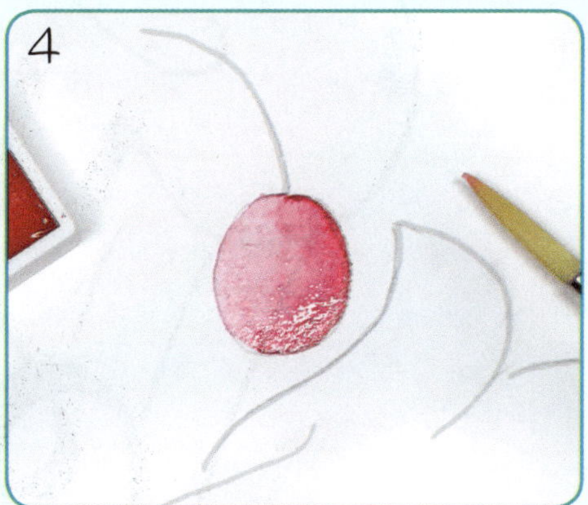

So bekommst du einen Farbverlauf mit Licht- und Schattenseite.

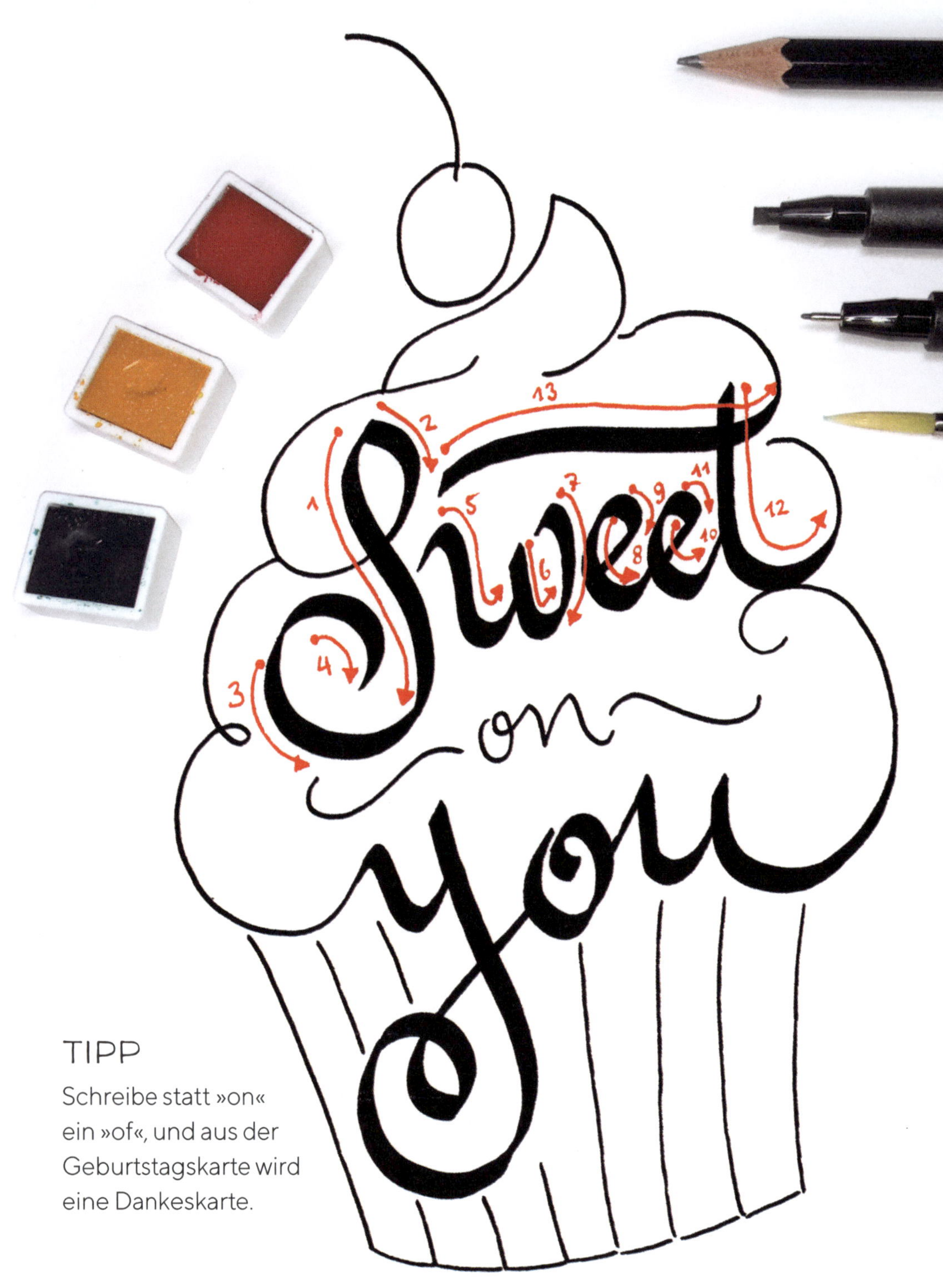

TIPP

Schreibe statt »on« ein »of«, und aus der Geburtstagskarte wird eine Dankeskarte.

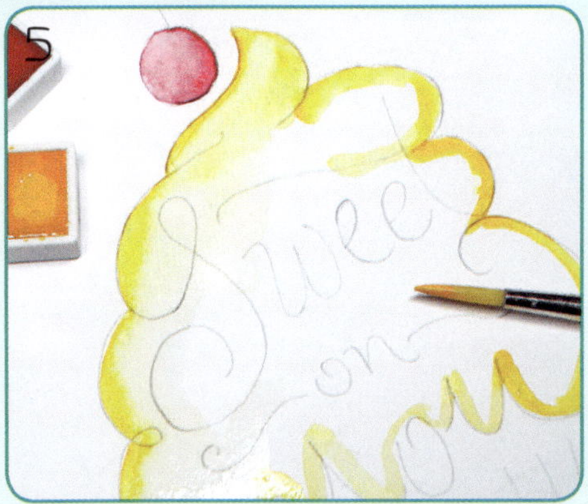

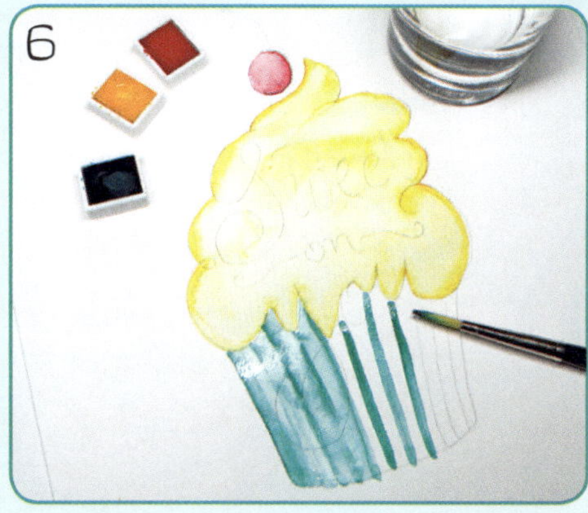

Ziehe beim Topping immer Stück für Stück den Rand mit Aquarellfarbe nach und vermale die Farbe mit Wasser, solange sie noch feucht ist.

Verfahre beim Becher genauso wie beim Topping: ziehe zuerst die Streifen mit Aquarellfarbe und vermale anschließend die Zwischenräume mit Wasser.

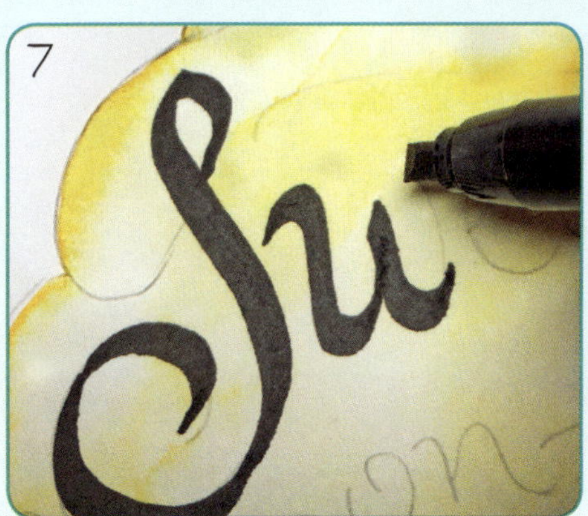

Wenn alles gut getrocknet ist, schreibe die Wörter **sweet** und **you** mit dem Calligraphy Pen PITT. Male mit dem Fineliner das Wort **on**, umrande das Törtchen und verbinde den Text mit der Sahnehaube.

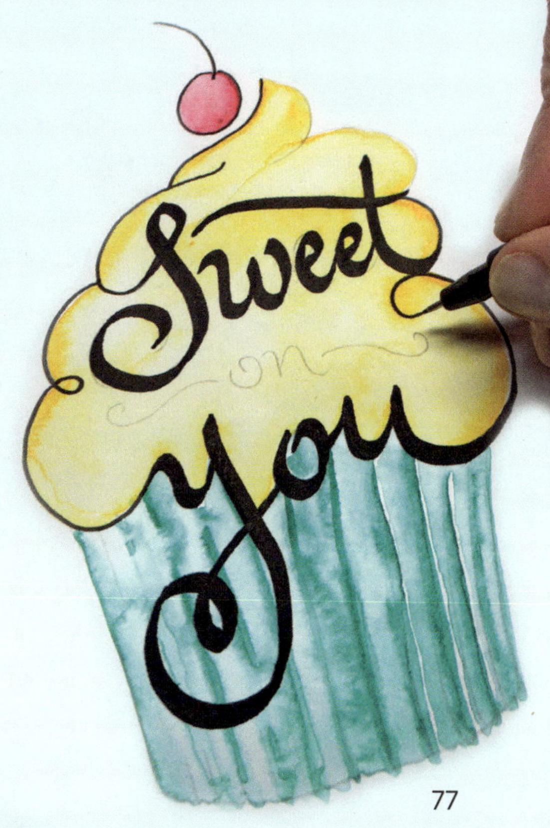

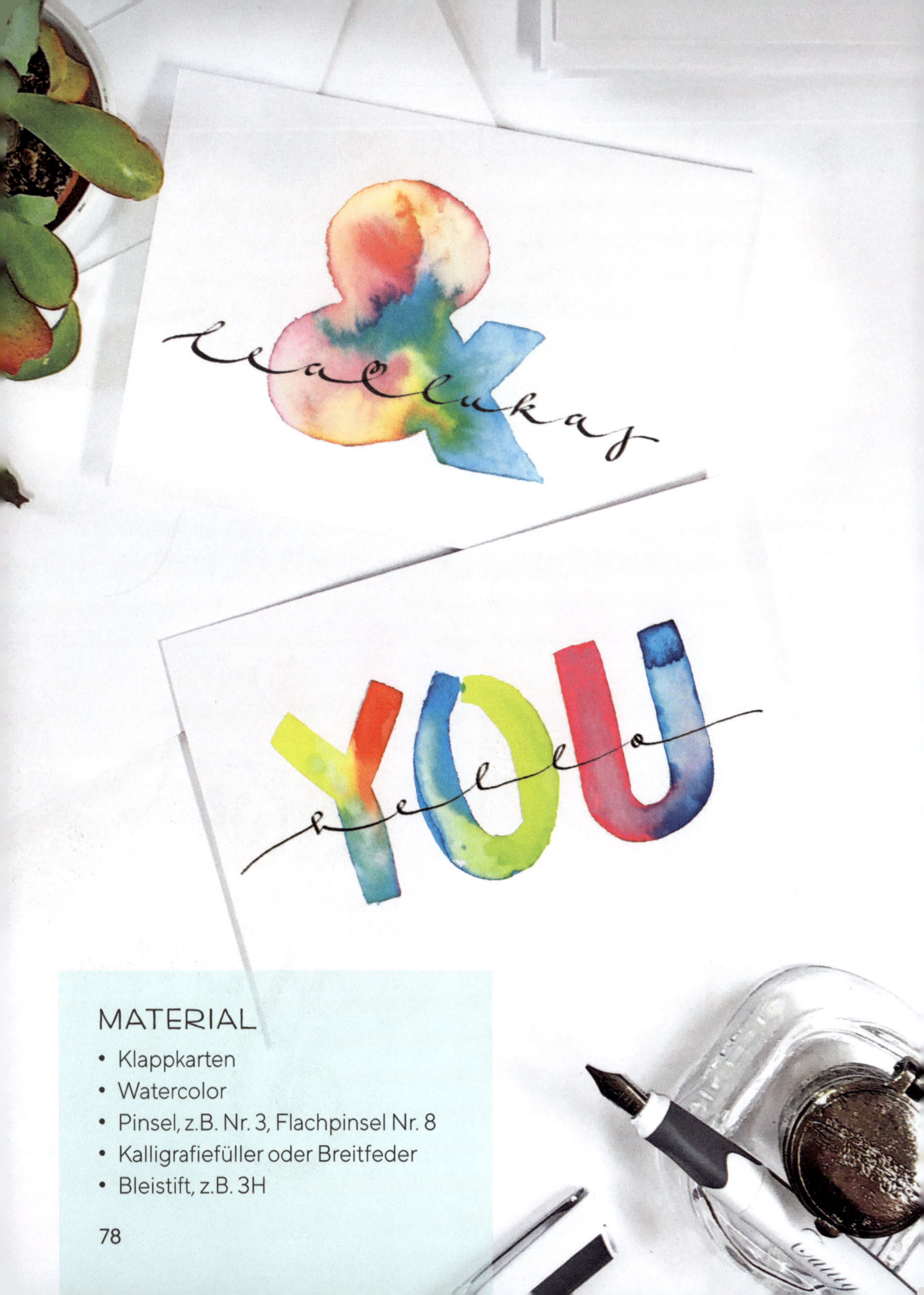

MATERIAL

- Klappkarten
- Watercolor
- Pinsel, z.B. Nr. 3, Flachpinsel Nr. 8
- Kalligrafiefüller oder Breitfeder
- Bleistift, z.B. 3H

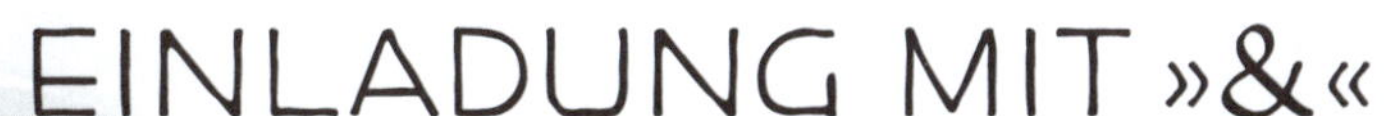

EINLADUNG MIT »&«

Farbige Großbuchstaben und der Buchstabe »&« sehen mit der Nass-in-Nass-Technik (Seite 27) in Kombination mit der gezogenen Schrift besonders kunstvoll aus. Zeichne den oder die Buchstaben mit einem Bleistift vor und tupfe die Farben in die nasse Fläche.
Nicht vermalen!

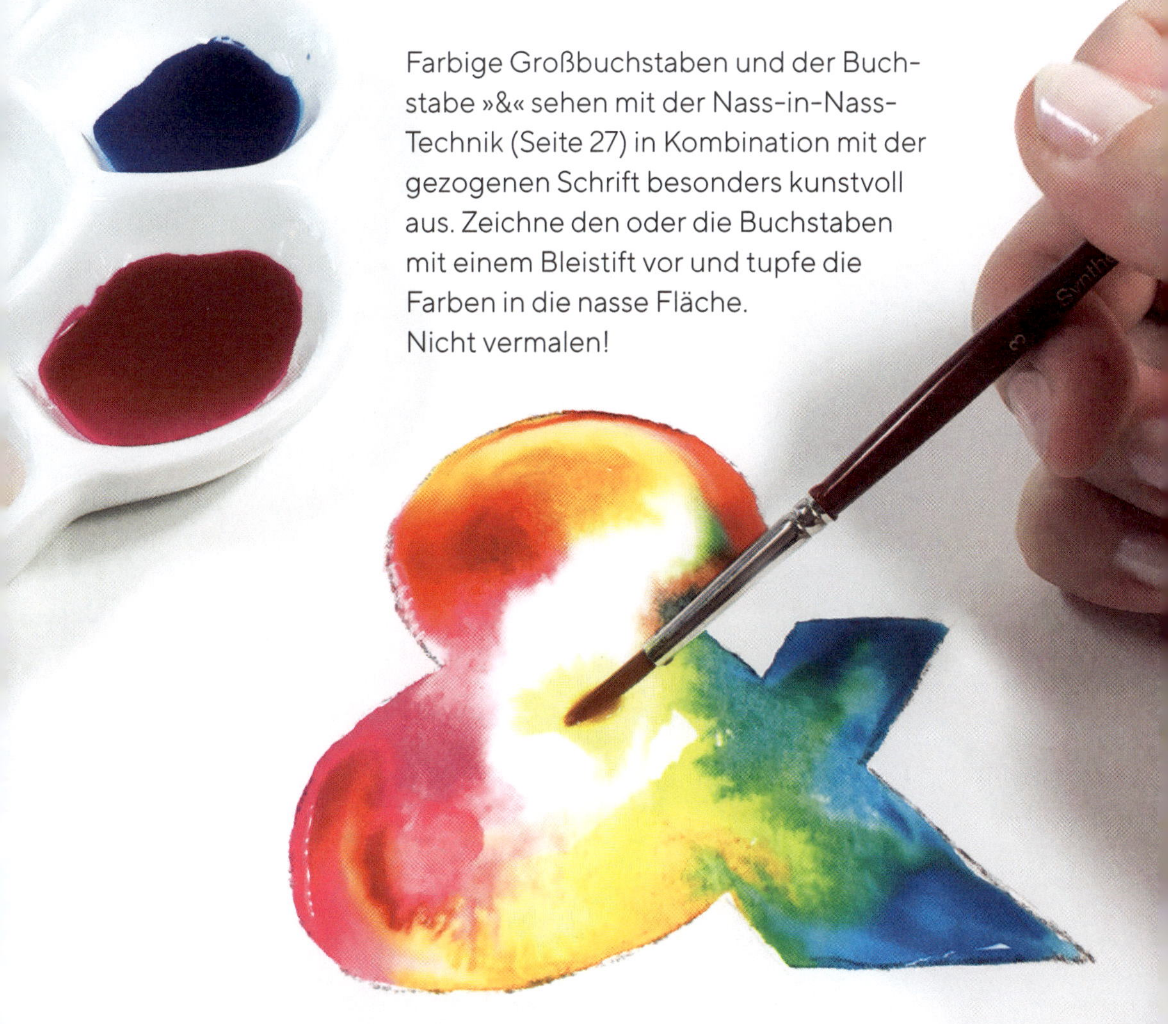

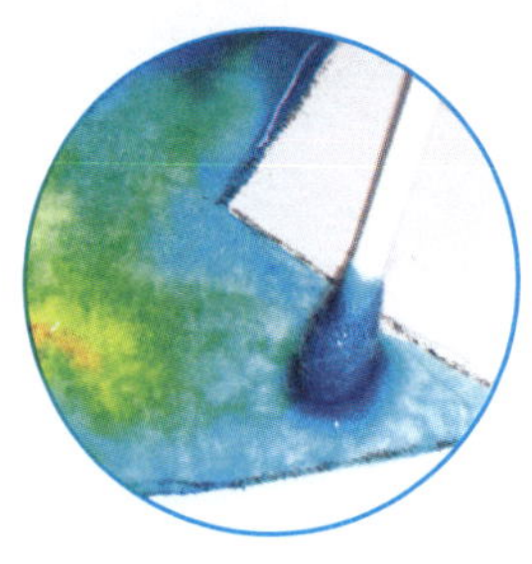

TIPP

Mit einem Wattestäbchen lassen sich die kleinen Pfützen auf dem Papier und zu dunkle Stellen ganz leicht »absaugen«.

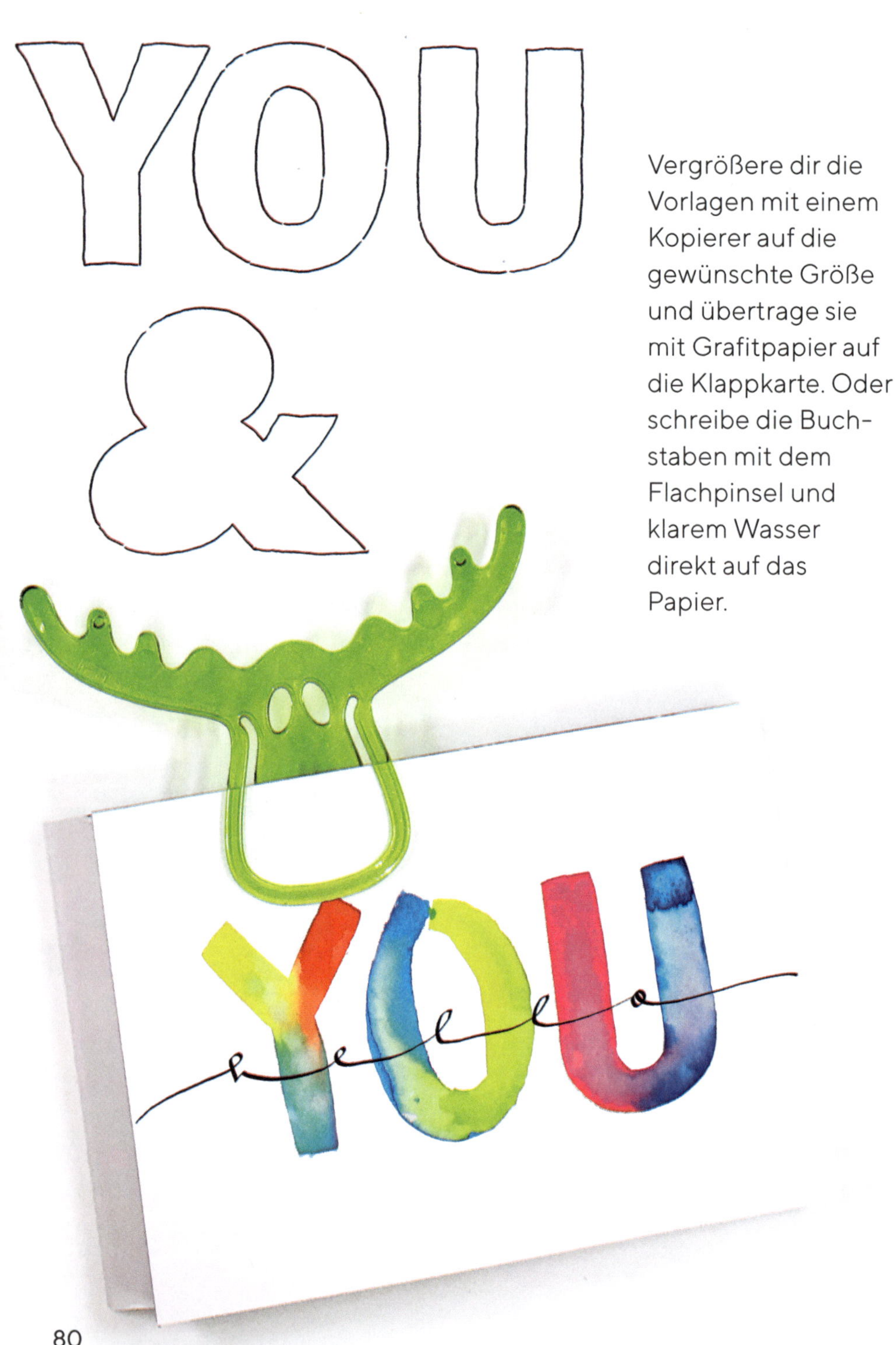

Vergrößere dir die Vorlagen mit einem Kopierer auf die gewünschte Größe und übertrage sie mit Grafitpapier auf die Klappkarte. Oder schreibe die Buchstaben mit dem Flachpinsel und klarem Wasser direkt auf das Papier.

Wenn alles gut getrocknet ist, kannst du die Bleistiftlinien ausradieren. Verwende die gezogene Schreibschrift, wie auf Seite 49 beschrieben, oder versuche es einfach freihand. Ich übe immer erst auf einem Skizzenpapier, dann klappt es auf dem Original besser.

Die Einladungskarten habe ich mit einem Kalligrafiefüller mit auswechselbaren Federaufsätzen beschriftet.

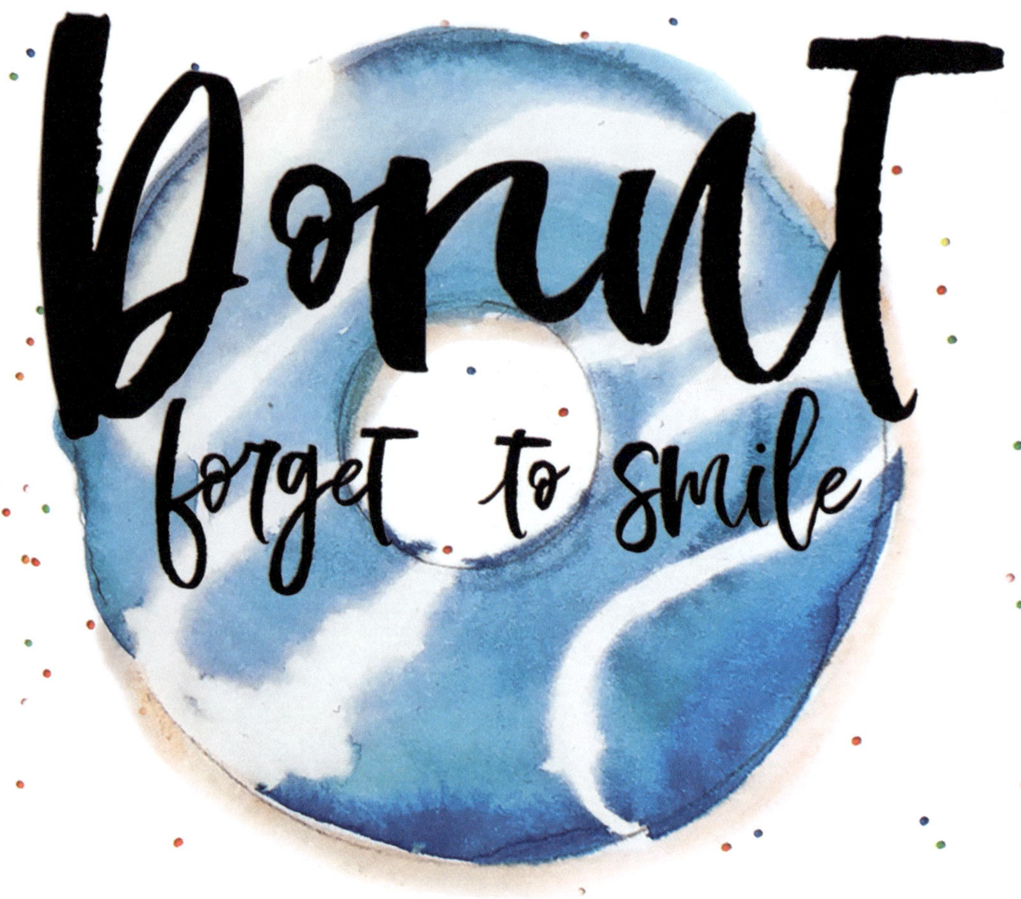

MATERIAL

- Mixed-Media- oder Aquarellpapier
- wasserlösliche Brush Pens in verschiedenen Farben
- Rundpinsel, z.B. Nr. 4
- brushEX®-Löschpinselstift oder Deckweiß

DONUT

Die meisten Brush Pens sind wasserlöslich und eignen sich hervorragend zum Aquarellieren. Diese Technik nennt man auch scherzhaft Tombowrell. Gerne verwende ich die Stifte, die durch häufiges Verwenden keine geschlossene Spitze mehr haben (also ausgefranst sind), und arbeite damit direkt auf Aquarellpapier. Dort lassen sie sich mit einem Pinsel und etwas Wasser wunderbar vermalen.

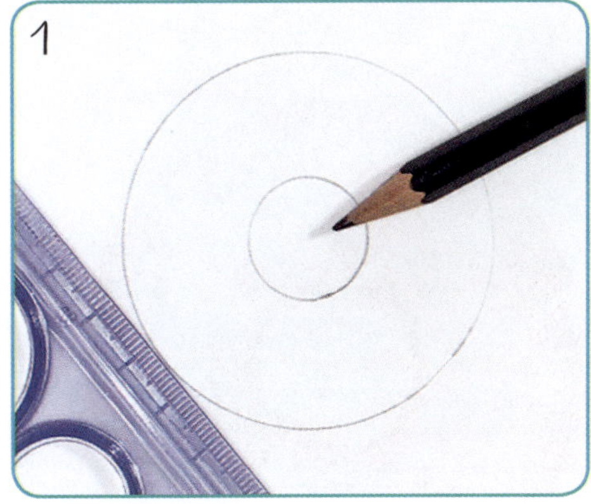

Zeichne einen Kreis mit einem Innenkreis.

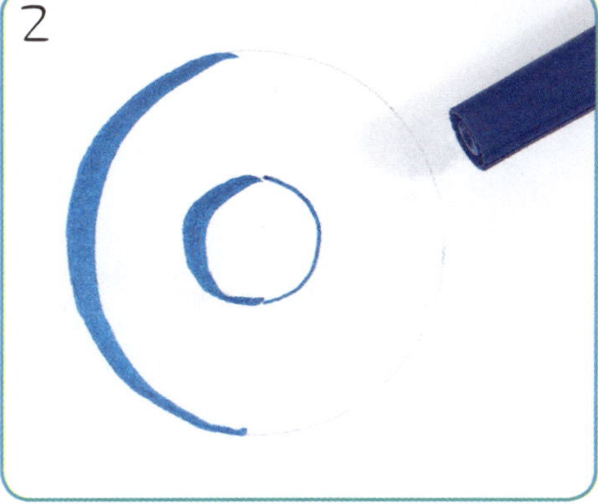

Starte mit dem dunkelsten Blauton und lege so die Schattenseite fest.

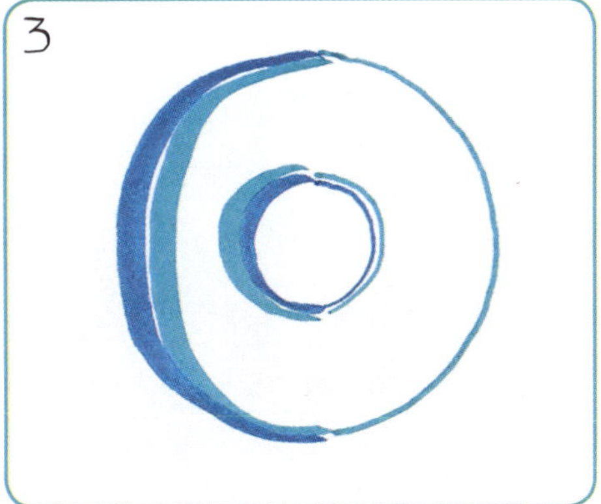

Nimm den nächsthelleren Stift und umfahre den Rand.

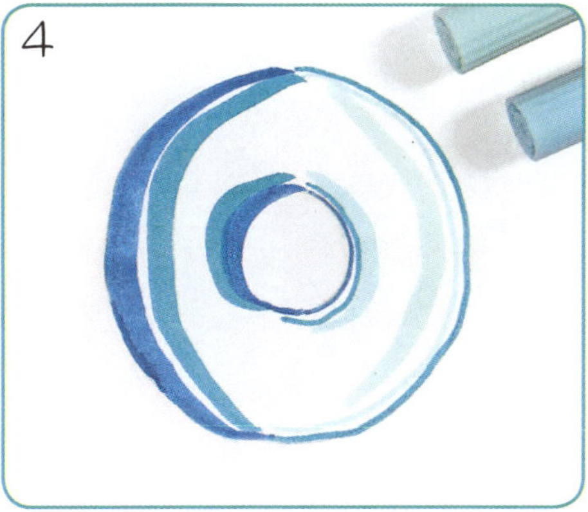

Male den Donut mit Pastellfarben und wenigen Strichen aus.

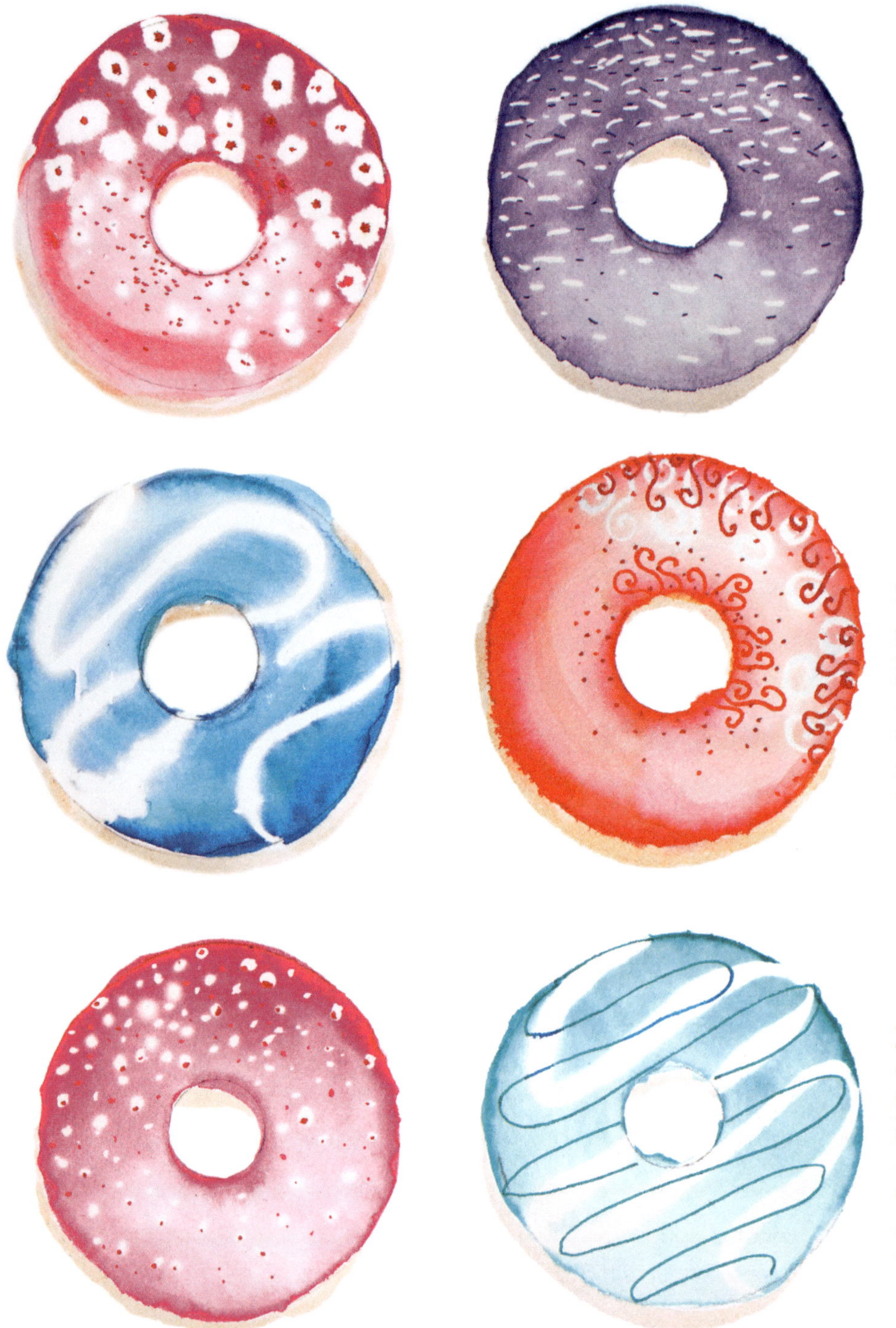
Letter Party Girl @lookforrosa
Letter Party Girl @schaf.das

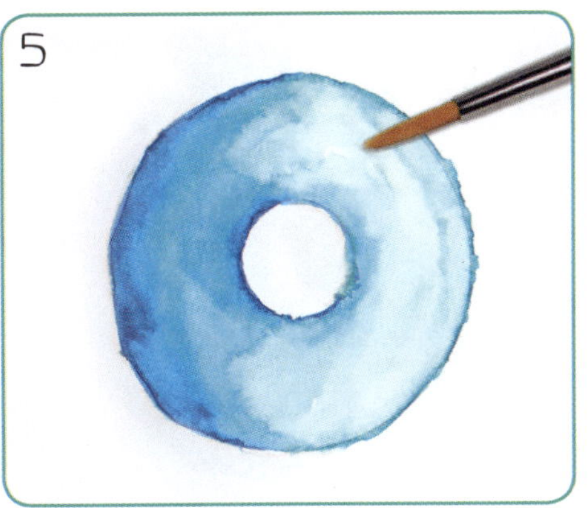

Vermale die Brush-Pen-Linien mit einem Pinsel und Wasser.

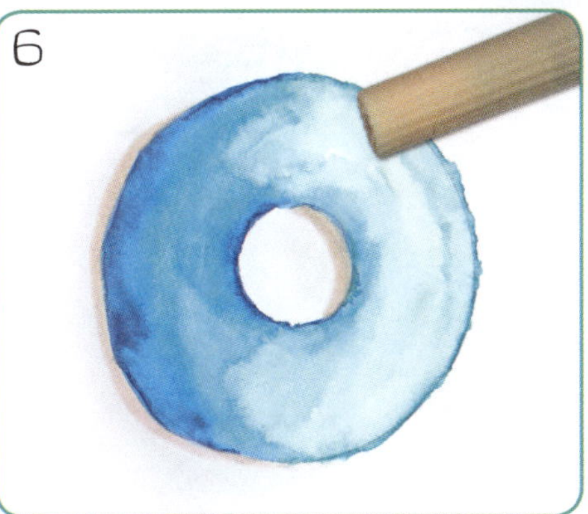

Zeichne mit einem hellbraunen Brush Pen den Teigrand.

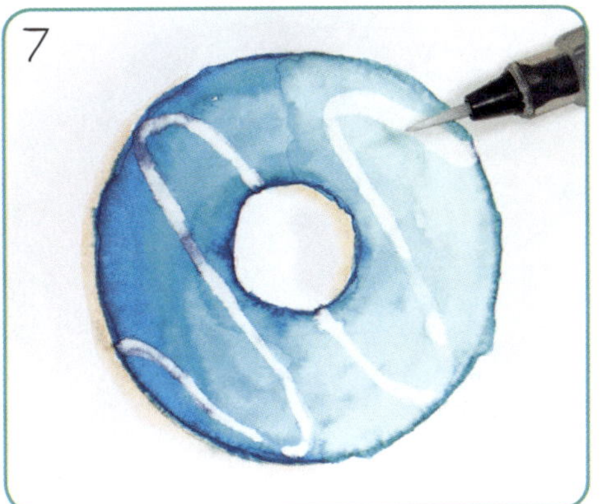

Wenn alles gut getrocknet ist, kommt der Zuckerguss! Du kannst ihn mit Deckweiß aufmalen, besonders »lecker« wird er mit einem brushEX®-Löschpinselstift.

TIPP

Verwende knallige Farben und probiere Zuckergussvarianten aus. Aber Vorsicht: Donuts malen kann süchtig machen!

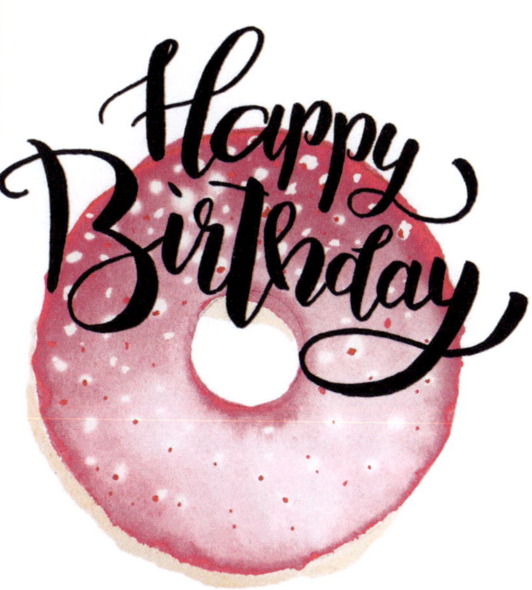

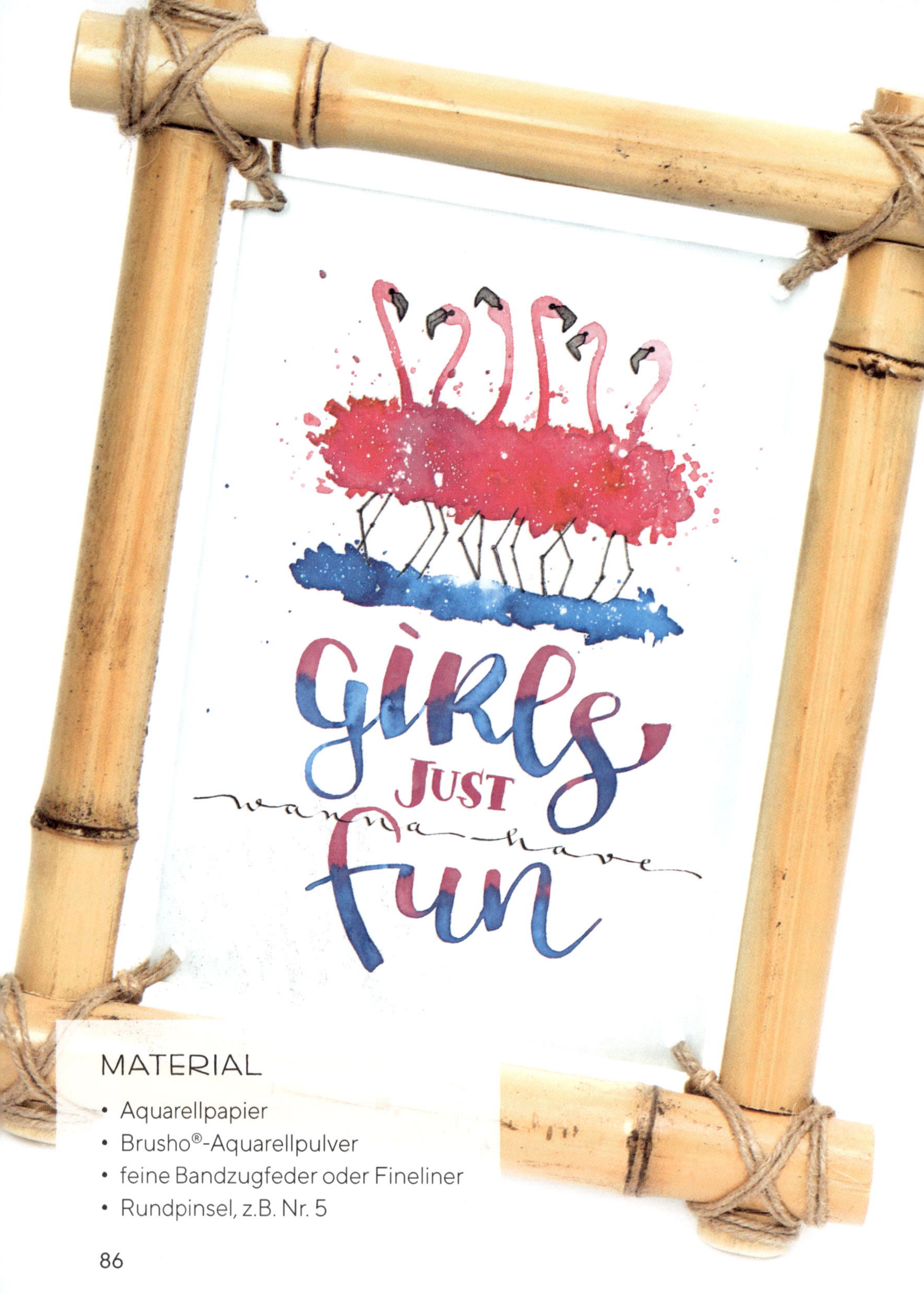

MATERIAL

- Aquarellpapier
- Brusho®-Aquarellpulver
- feine Bandzugfeder oder Fineliner
- Rundpinsel, z.B. Nr. 5

FLAMINGOS

Ein Flamingoschwarm hat mich am Strand als Handtuchmotiv angelacht. Bei dem Motiv musste ich sofort an den Song aus den 80ern denken und habe eine Lettergrafie daraus gemacht.

1

Skizziere die Bildanordnung ganz zart, mit einem harten Bleistift, auf dem Papier. Für jedes »Girl« ein Oval, fünf bis sechs Flamingos sind optimal.

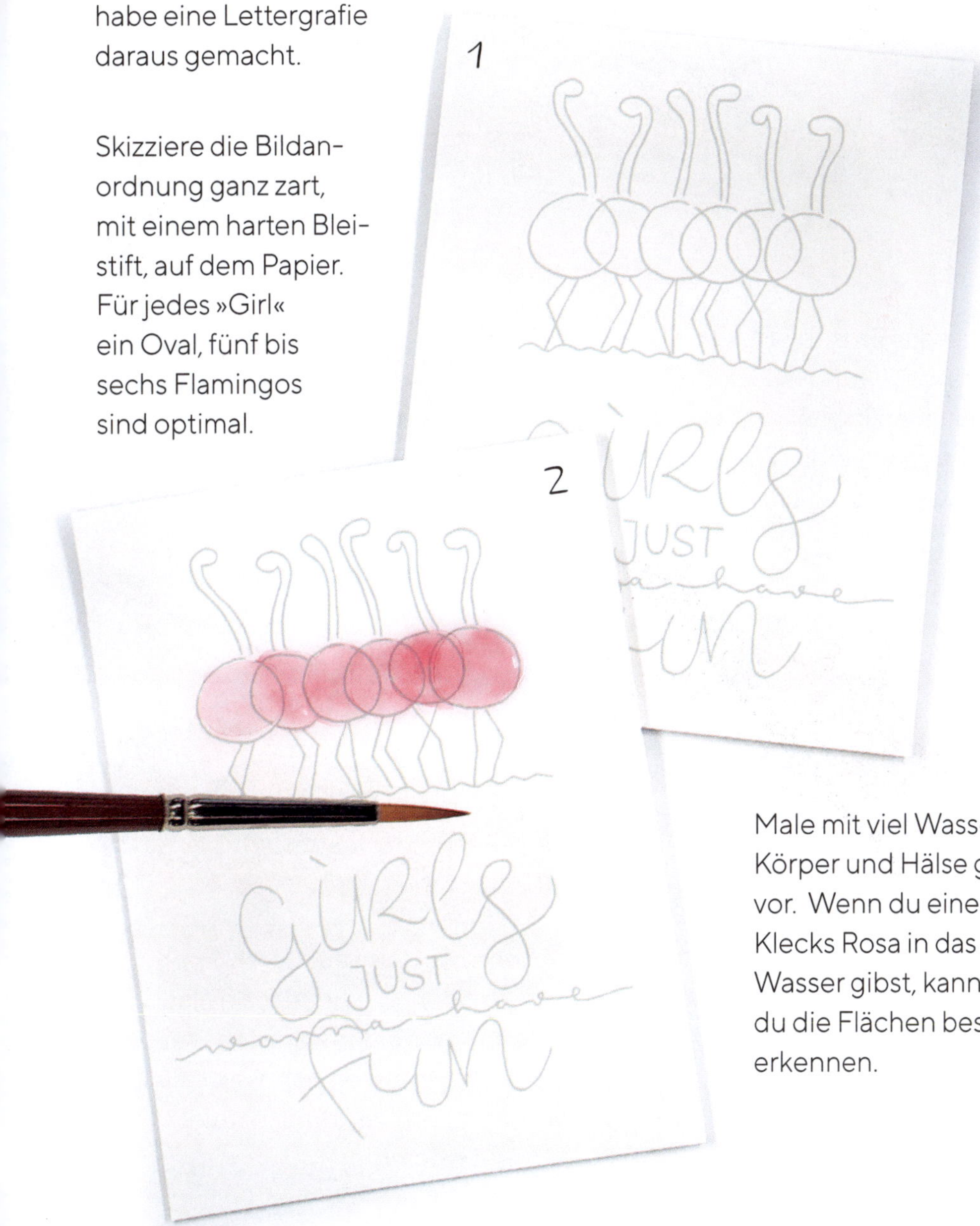

2

Male mit viel Wasser Körper und Hälse grob vor. Wenn du einen Klecks Rosa in das Wasser gibst, kannst du die Flächen besser erkennen.

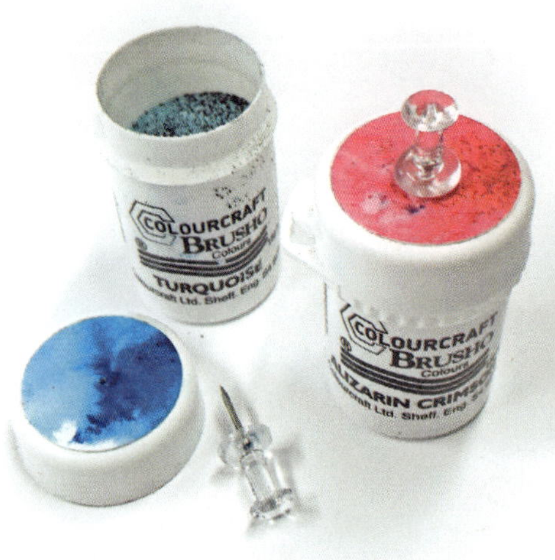

TIPP

Wenn ein paar Körnchen neben die nasse Fläche fallen, einfach liegen lassen und nach dem Trocknen abkehren, abschütteln oder pusten. Nicht mit der Hand abstreichen!

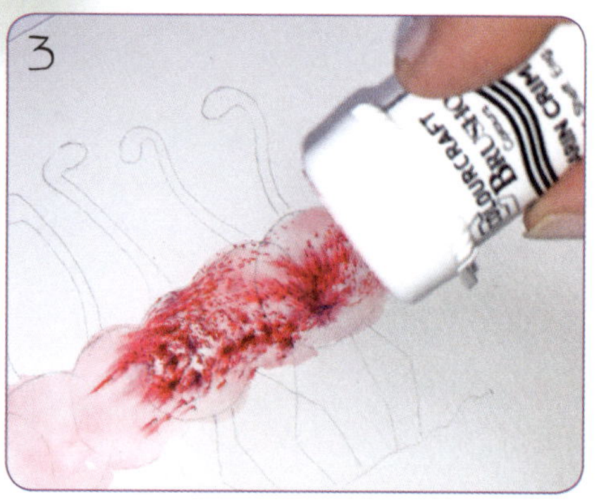

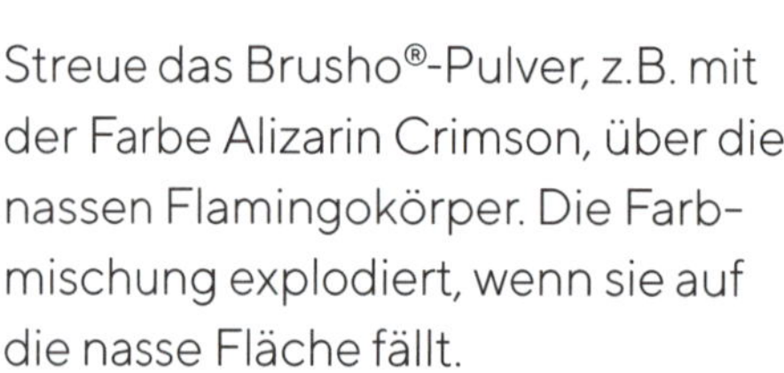

Streue das Brusho®-Pulver, z.B. mit der Farbe Alizarin Crimson, über die nassen Flamingokörper. Die Farbmischung explodiert, wenn sie auf die nasse Fläche fällt.

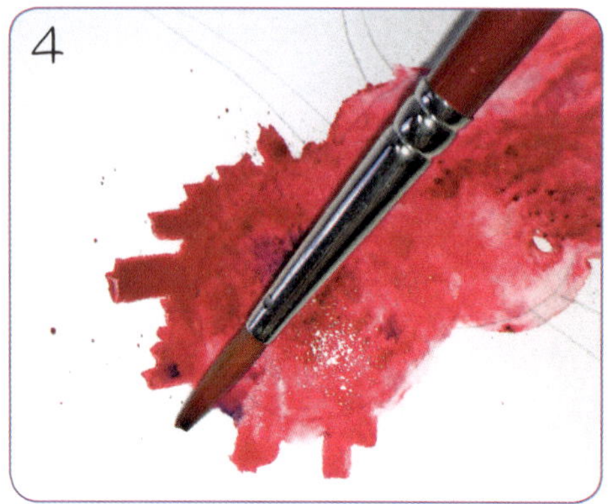

Wenn Stellen schon zu trocken sind oder du die Kontur nacharbeiten möchtest, tupfe mit einem Pinsel und Wasser auf das Papier.

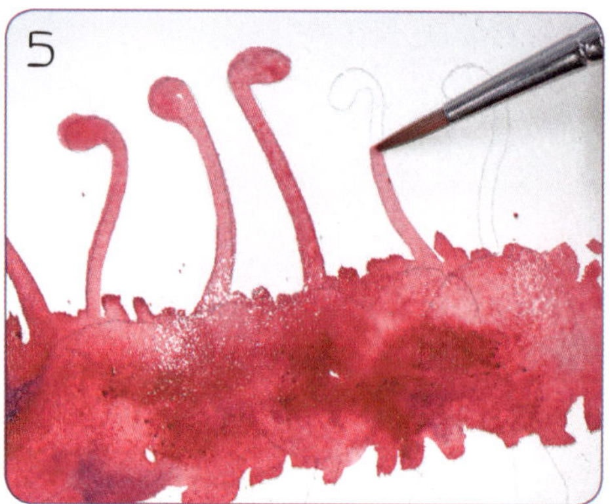

Ziehe die Hälse aus den Körpern nach oben. Am Ende male einen Halbkreis für den Kopf. Die Bleistiftstriche lassen sich, wenn alles gut getrocknet ist, auch unter der Farbe wegradieren.

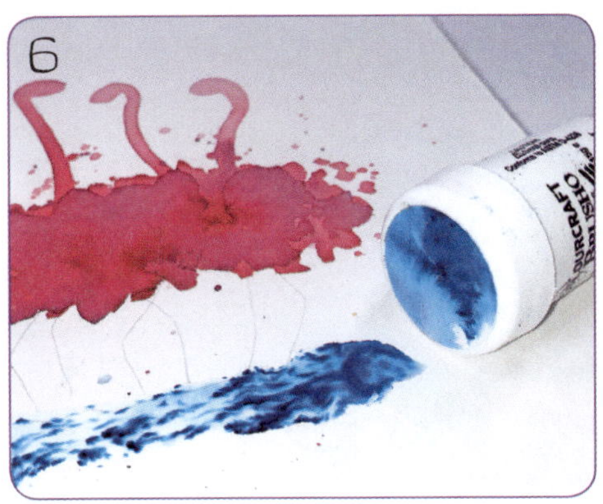

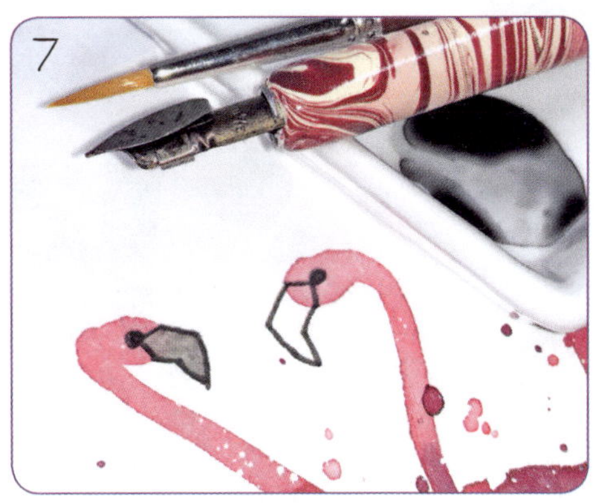

Lasse etwas Abstand für die Flamingobeine und gestalte das Wasser wie vorher die Flamingokörper. Verwende die Farbe Brusho® Turquoise.

Die Beine und Schnäbel kannst du mit der feinen Breitfeder oder einem Fineliner einzeichnen. Male die Schnäbel grau aus.

1 2

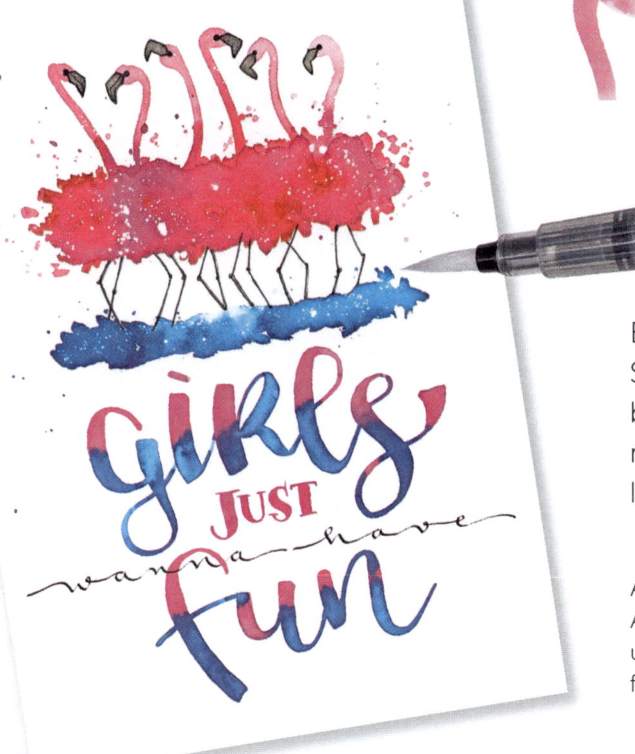

Ein paar zusätzliche Spritzer Farbe und brushEX® watercolor machen das Bild noch lebendiger.

Auf Seite 69 findest du die Anleitung zur Pinselschrift und auf Seite 48 ein Alphabet für die gezogene Schrift.

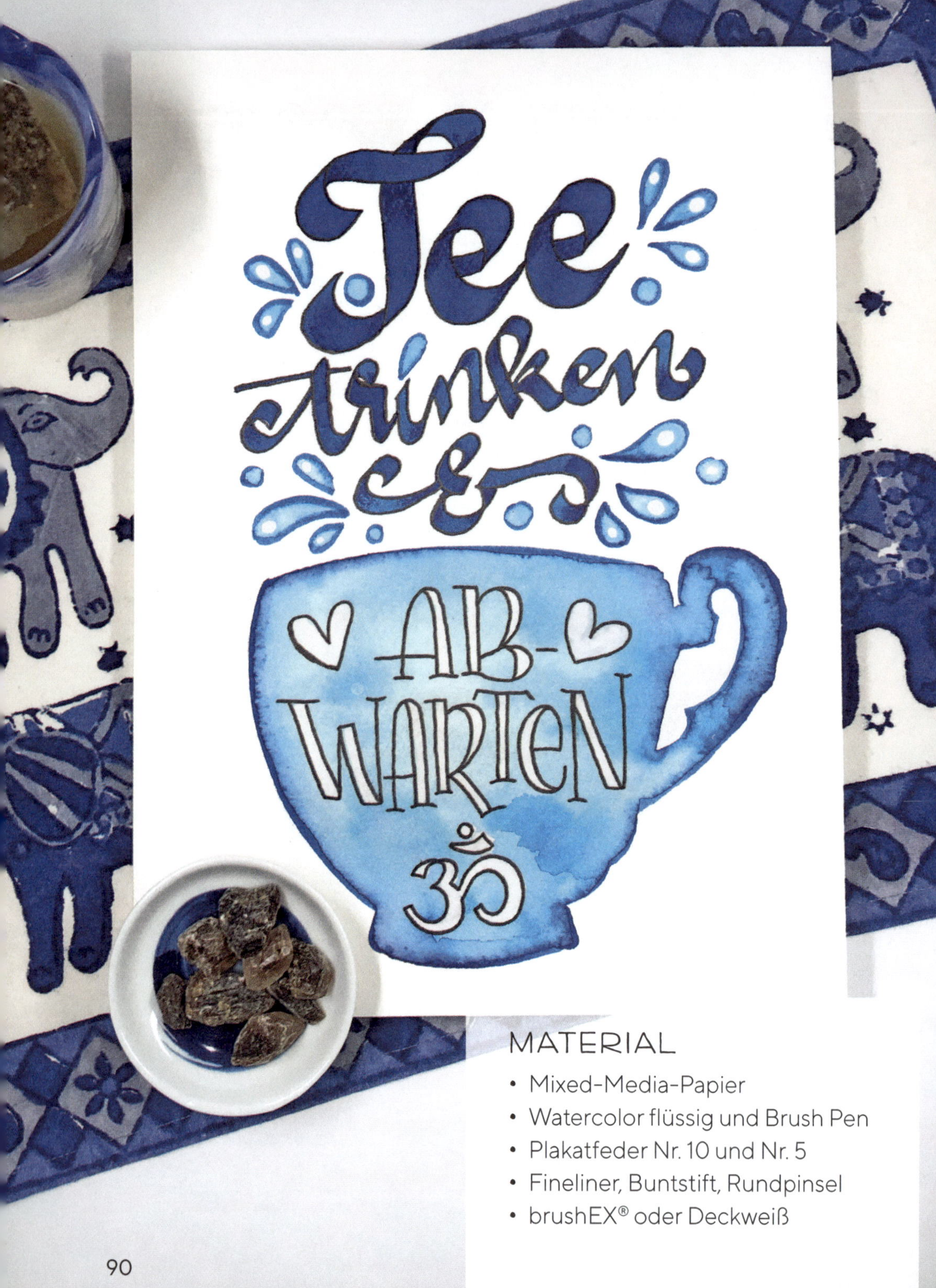

MATERIAL

- Mixed-Media-Papier
- Watercolor flüssig und Brush Pen
- Plakatfeder Nr. 10 und Nr. 5
- Fineliner, Buntstift, Rundpinsel
- brushEX® oder Deckweiß

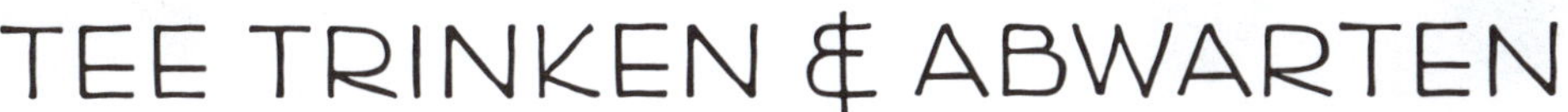

TEE TRINKEN & ABWARTEN

Wenn ich sage: »Ich bin mal Tee trinken und abwarten«, weiß der Rest der Familie, dass ich mich an ein ruhiges Plätzchen zurückziehe, die Seele baumeln lasse und auf gar keinen Fall gestört werden möchte.

Übertrage die Vorlage auf dein Papier. Wenn du ein Lightpad hast, kannst du ohne Vorskizze mit der Schleifenschrift beginnen.

Ziehe anschließend die Konturen der Teetasse und der Tropfen mit einem Brush Pen nach.

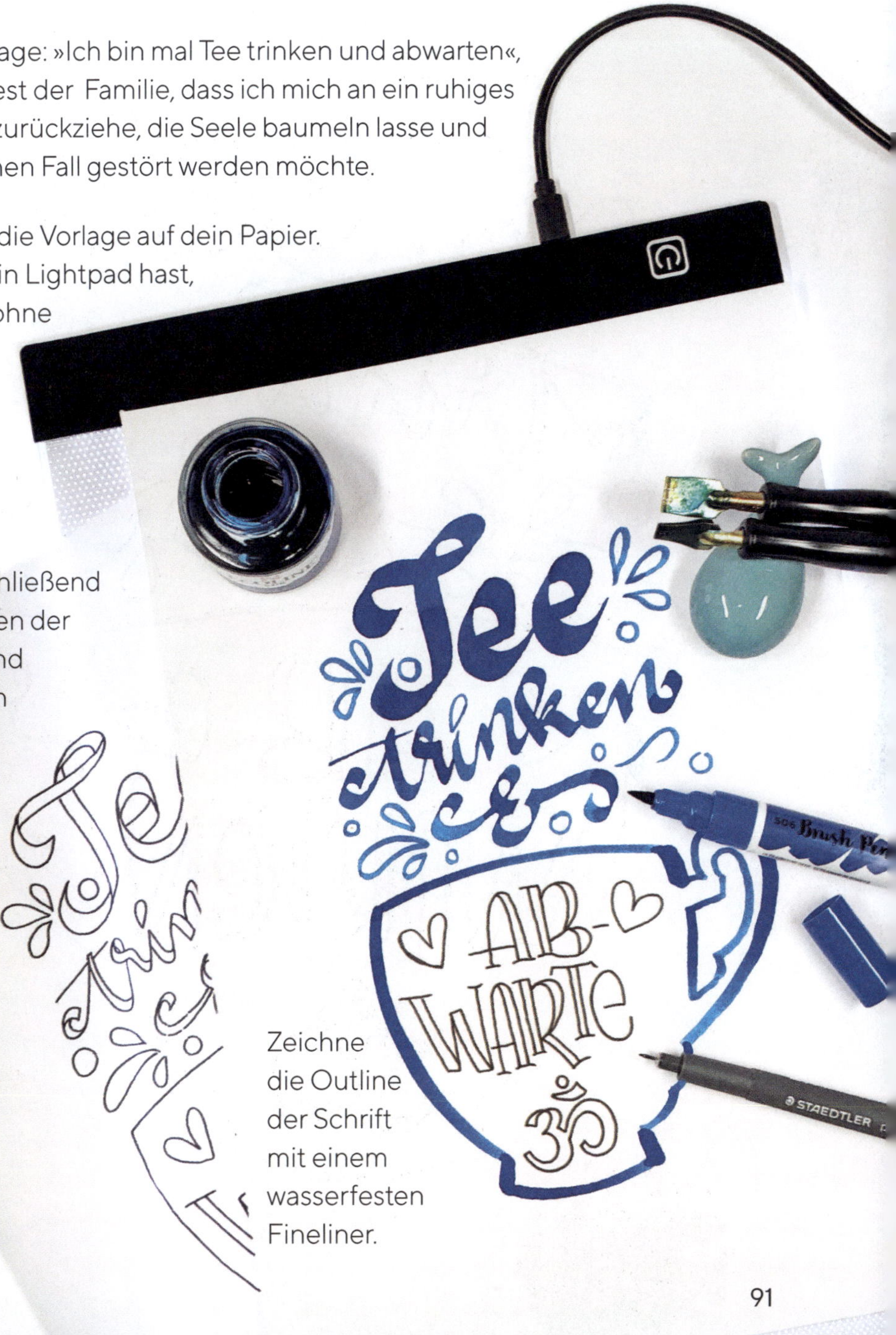

Zeichne die Outline der Schrift mit einem wasserfesten Fineliner.

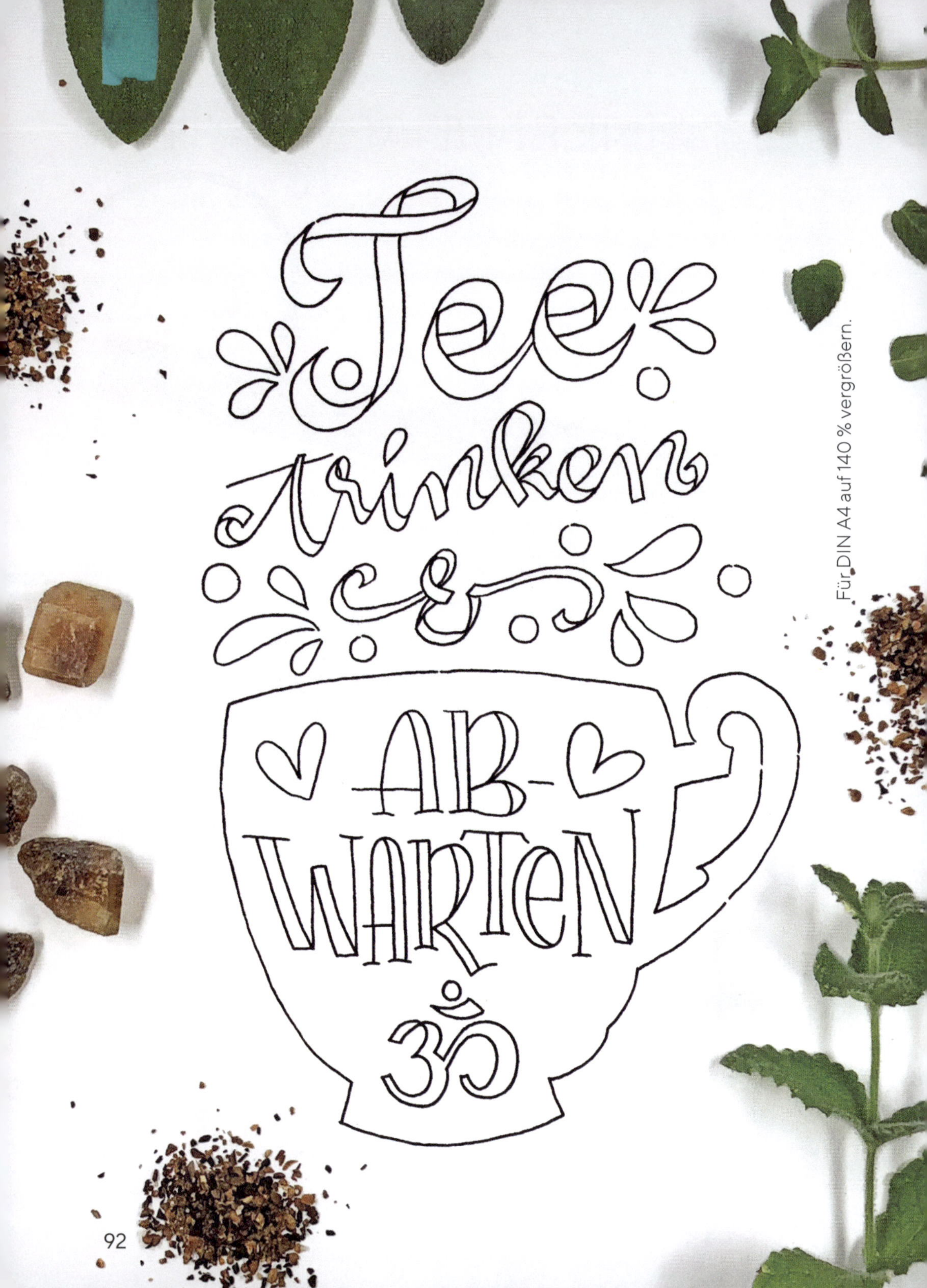

Für DIN A4 auf 140 % vergrößern.

Vervollständige die Schleifenschrift mit einem Fineliner und einem Buntstift, wie auf Seite 55 beschrieben.

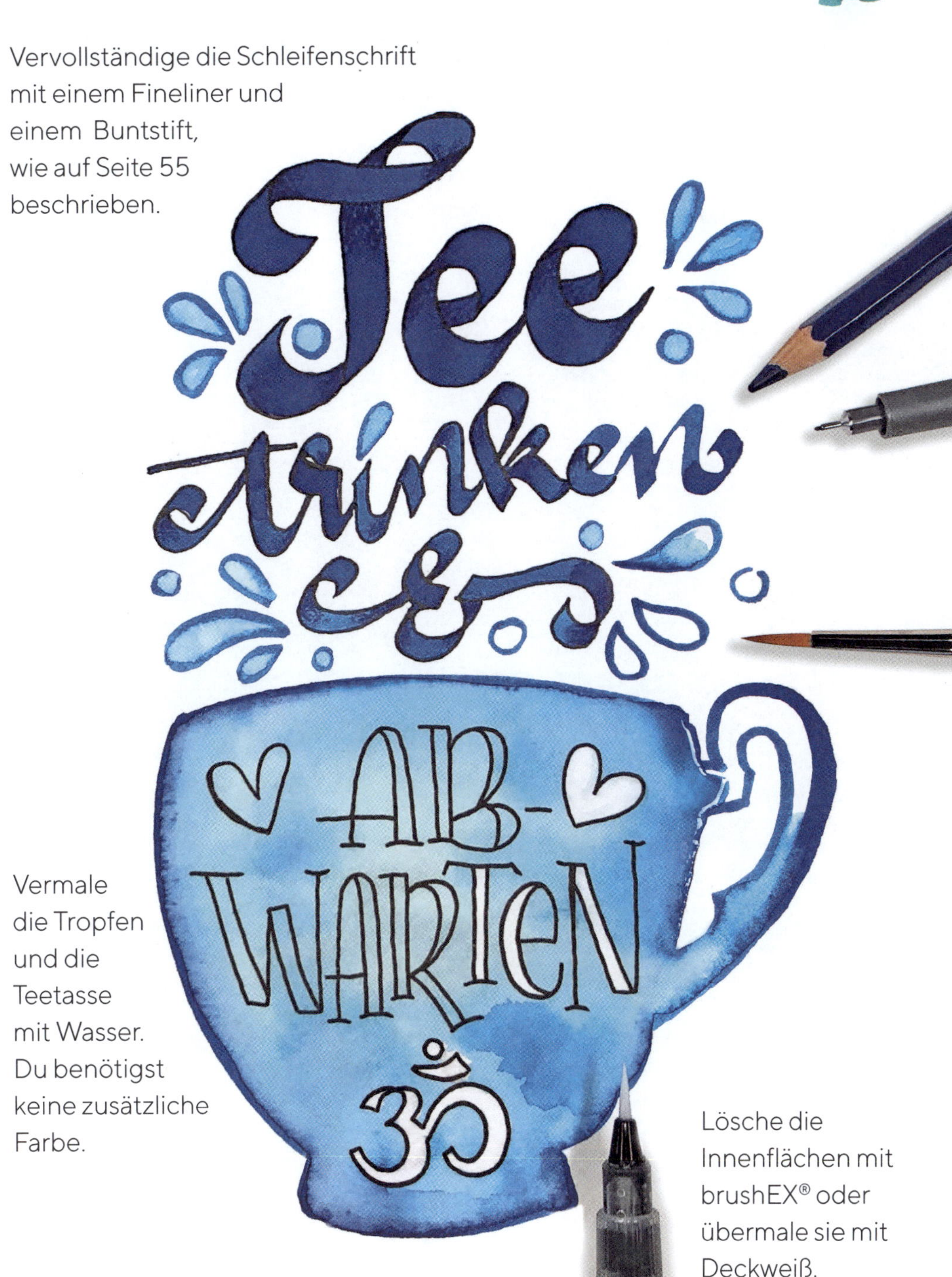

Vermale die Tropfen und die Teetasse mit Wasser. Du benötigst keine zusätzliche Farbe.

Lösche die Innenflächen mit brushEX® oder übermale sie mit Deckweiß.

KAPITEL 4

GALAXIEN, MONDE & STERNZEICHEN

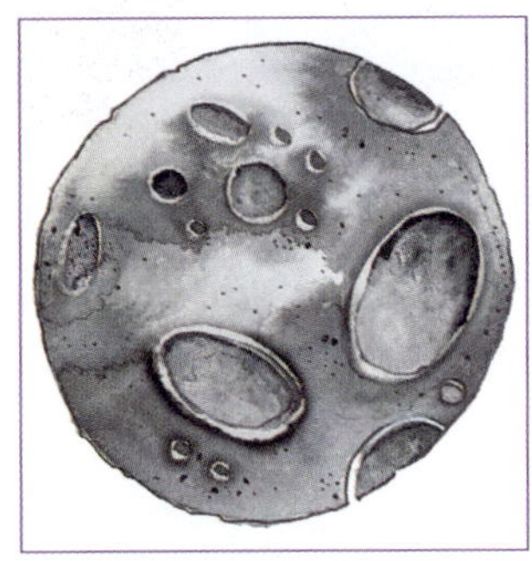

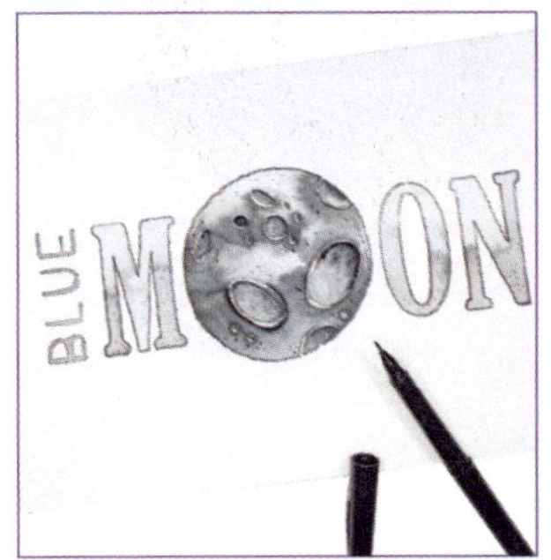
BLUE MOON

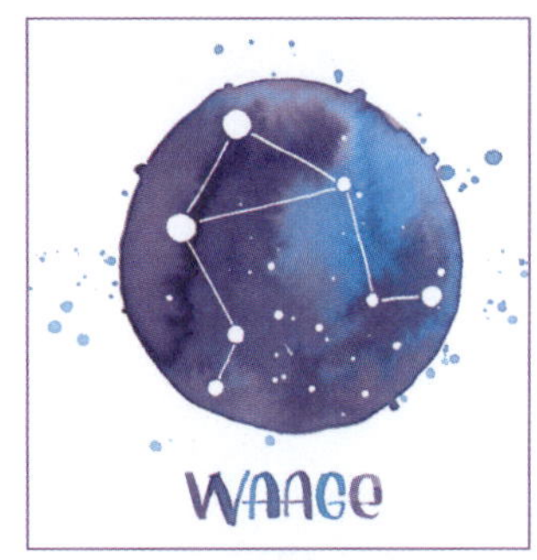
WAAGE

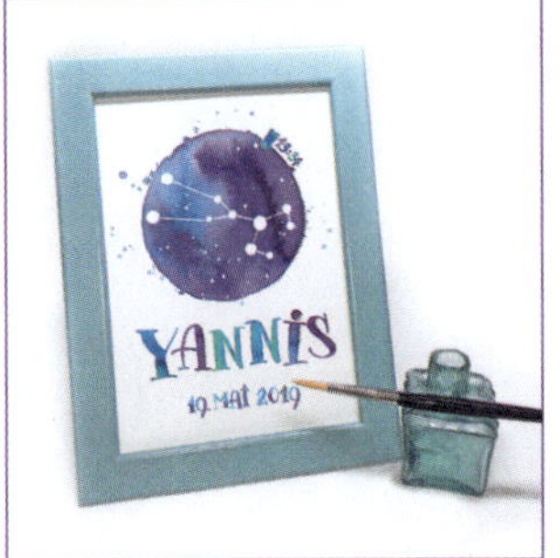
YANNIS
19. MAI 2019

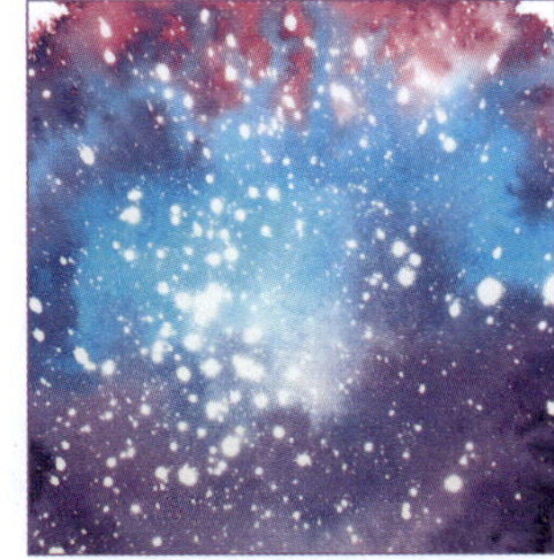

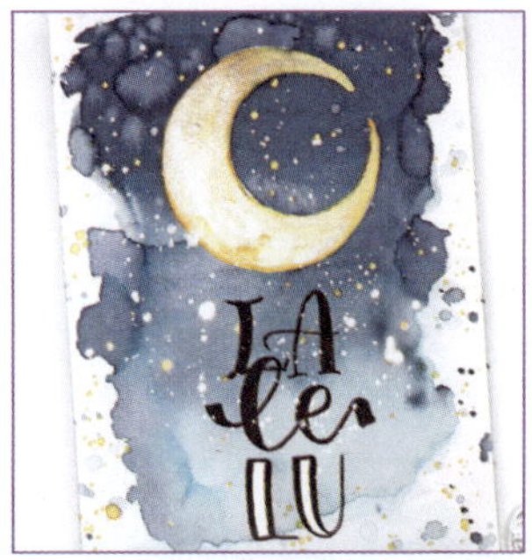
LA
le
LU

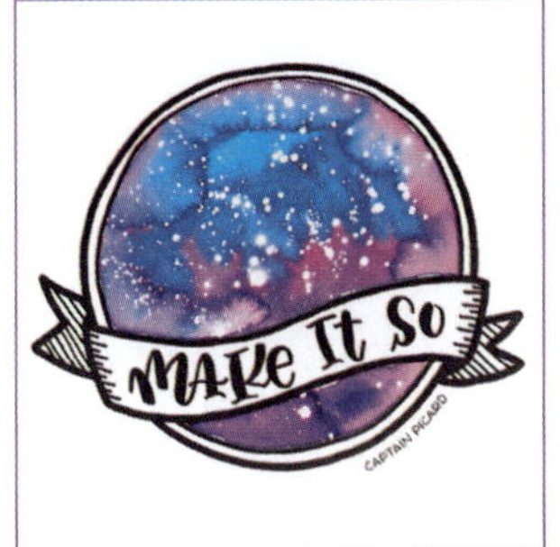
MAKE IT SO
CAPTAIN PICARD

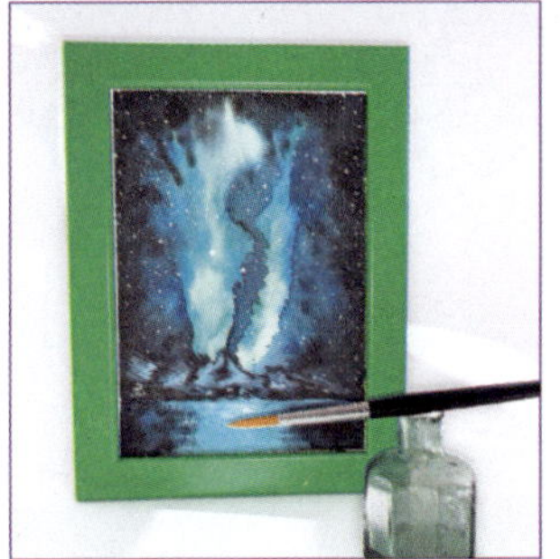

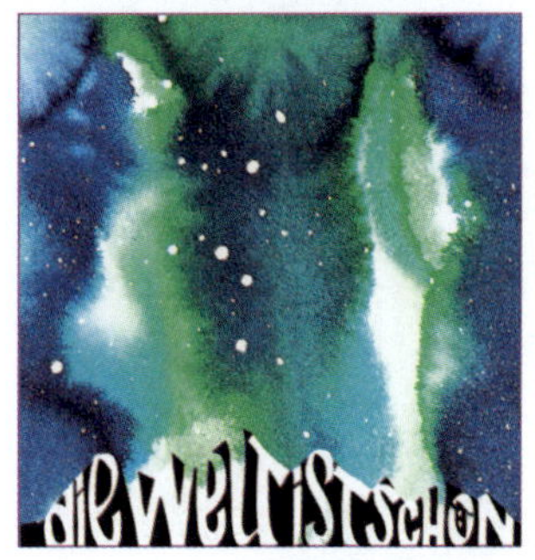
DIE WELT IST SCHÖN

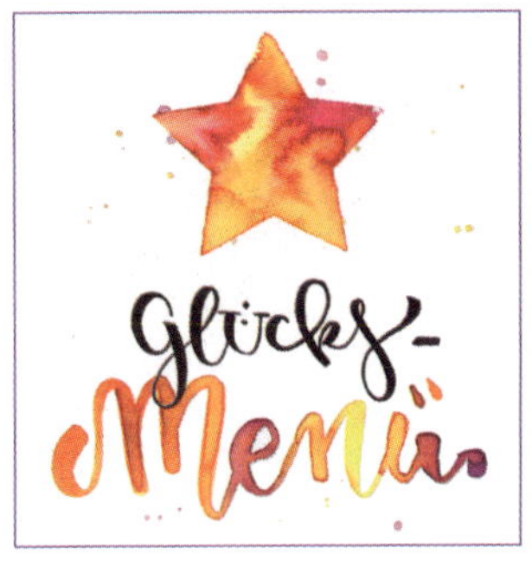
Glücks-
Menü

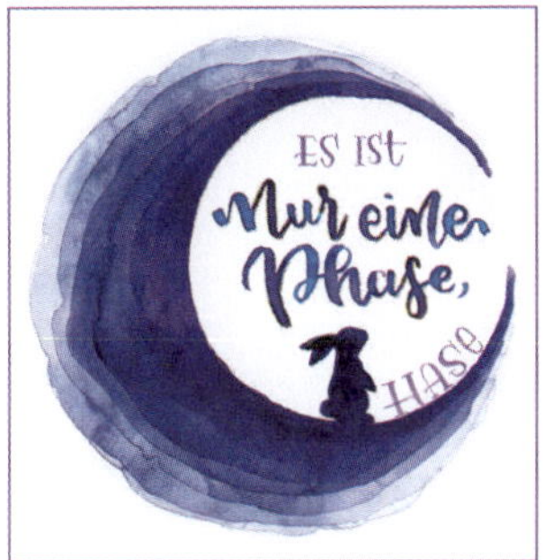
ES IST
Nur eine
Phase,
HASE

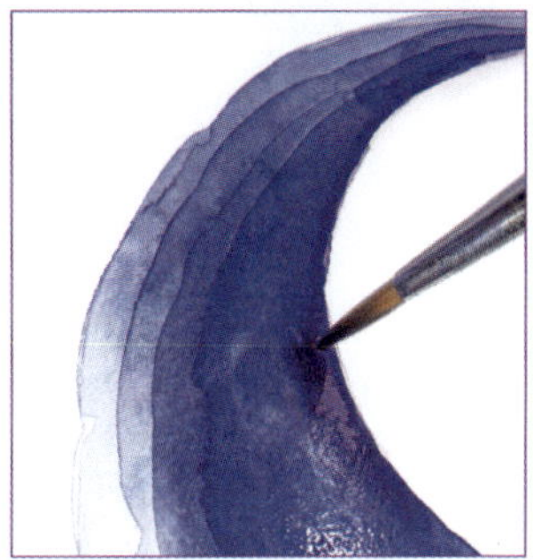

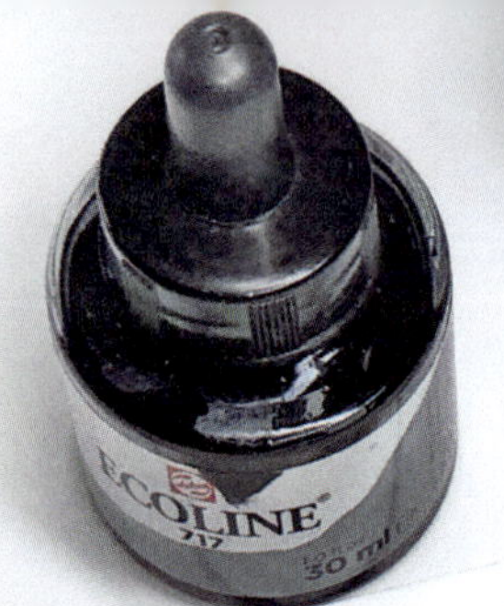

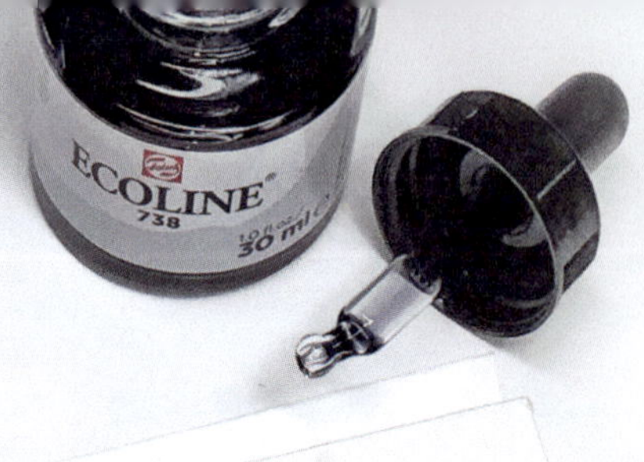

MATERIAL

- Aquarellpapier, 4-seitig verleimt
- Rundpinsel, z.B. Nr. 3 und Nr. 5
- Watercolor, z.B. Ecoline 717
- Masking Fluid, z.B. Molotow™ Grafx Pump Marker

BLUE MOON

Als Blue Moon bezeichnet man den zweiten Vollmond innerhalb eines Monats. Es ist etwas sehr Seltenes und wirkt vielleicht deshalb so magisch auf uns.

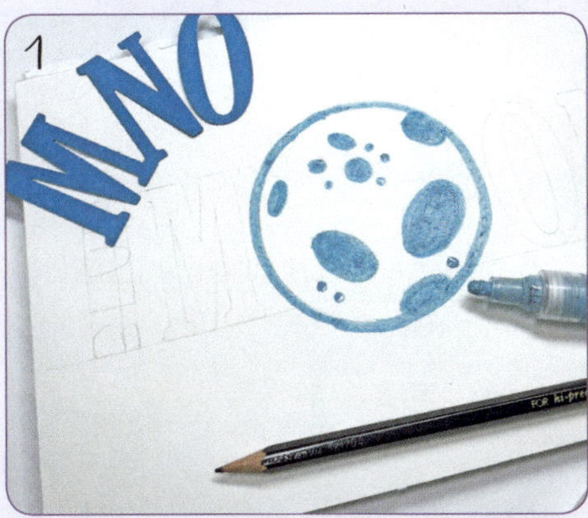

Zeichne das Motiv auf das Papier. Verwende die Vorlage oder Stanzbuchstaben. Male den Mond und die Krater mit Masking Fluid.

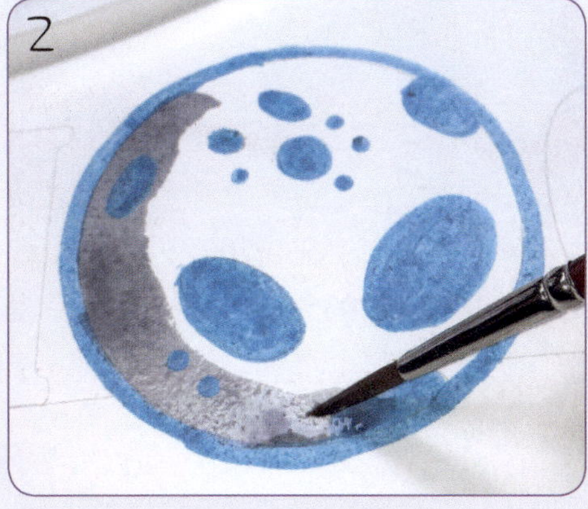

Mische dir drei Grautöne und trage das Mittelgrau auf der Mondunterseite auf. So kommt das Licht von rechts oben.

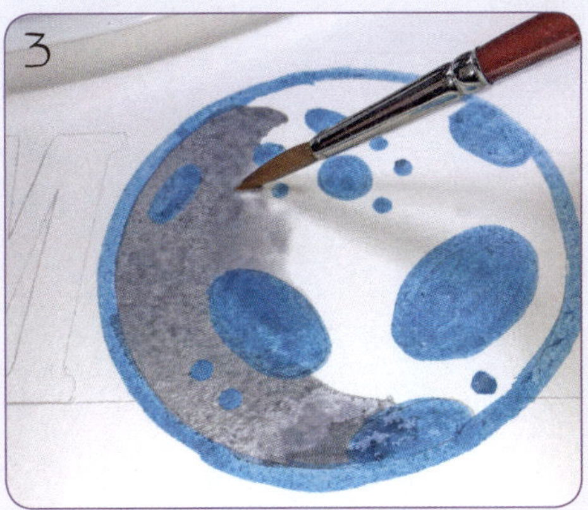

Vermale die Farbe nur mit Wasser nach oben heller werdend. Sieh dir dazu auch auf Seite 21 die Anleitung zur Laviertechnik an.

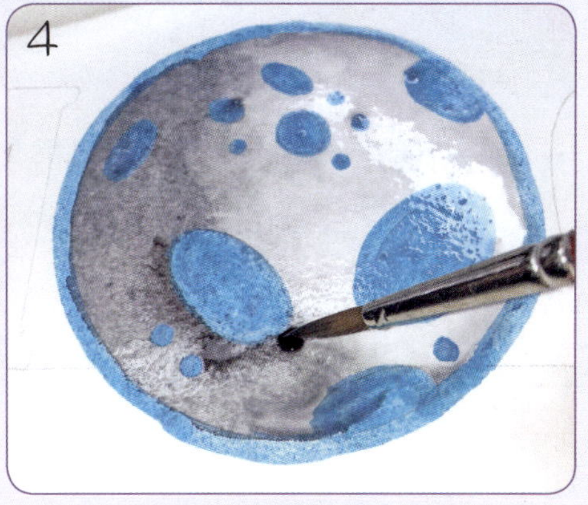

Gib den Mondkratern links unten mit dem dunkelsten Grau einen Schatten. Tupfe in die noch feuchte Fläche.

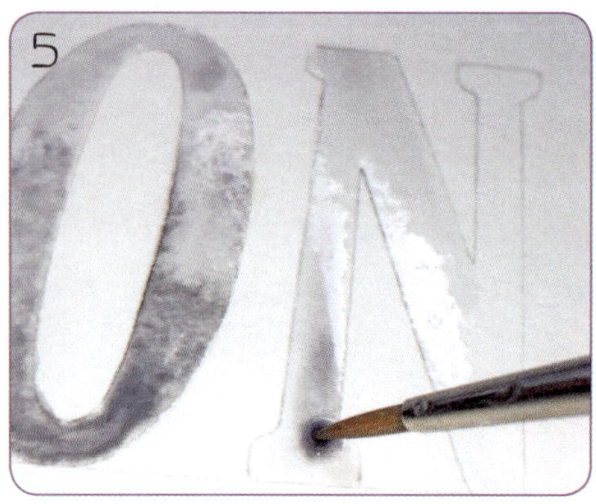

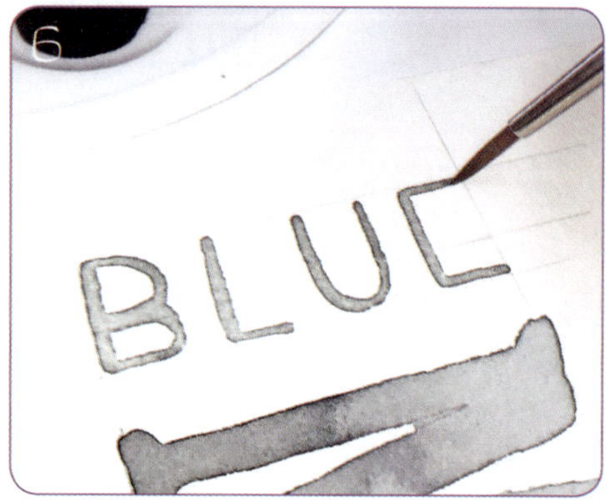

Fülle die Buchstaben mit Wasser und tupfe etwas Grau hinein.

Schreibe das Wort BLUE mit dem Rundpinsel.

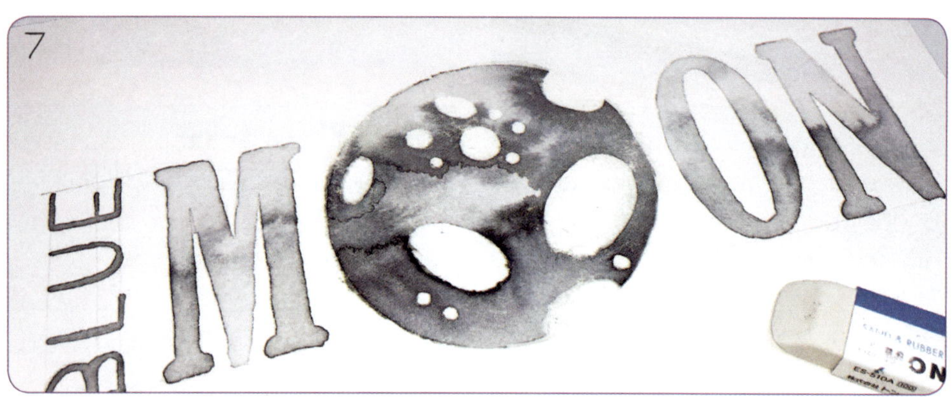

Nach dem Trocknen kannst du das Masking Fluid vorsichtig abrubbeln oder radieren.

Vorlage zum Kopieren

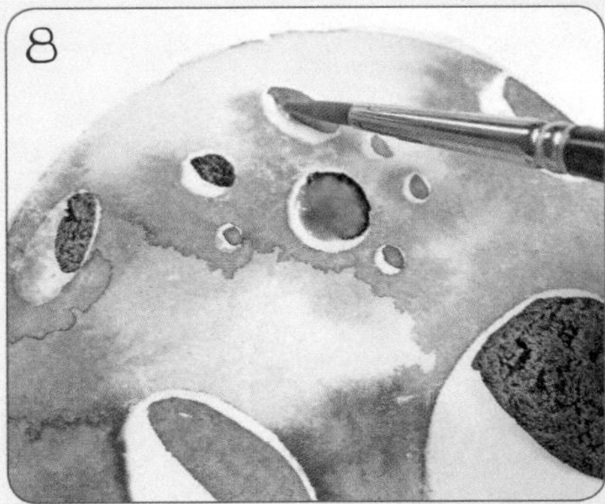

In den Mondkratern sind die Lichtverhältnisse spiegelverkehrt.
An den hellen Mondstellen ist der Krater dunkel (Schattenseite), und dort, wo die Mondoberfläche dunkel ist, ist der Krater hell.

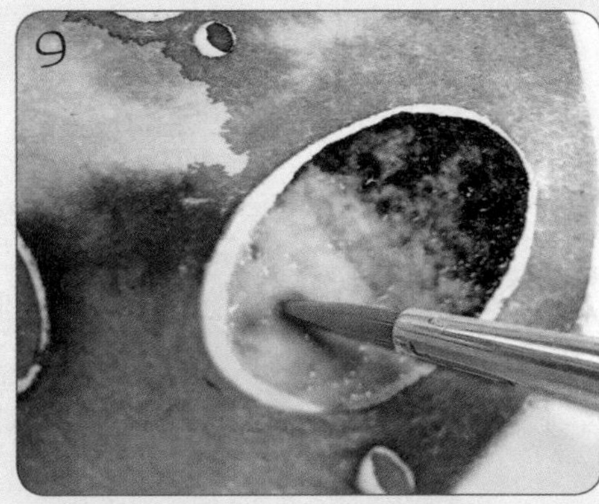

Fülle die Mondkrater auf der Schattenseite zur Hälfte mit Dunkelgrau und vermale die Krater mit Wasser nach unten heller werdend.

10

Alles sehr gut trocknen lassen und die Hilfslinien ausradieren.

TIPP

Umrande die Buchstaben mit einem Fineliner und setze noch ein paar Punkte als Minikrater.

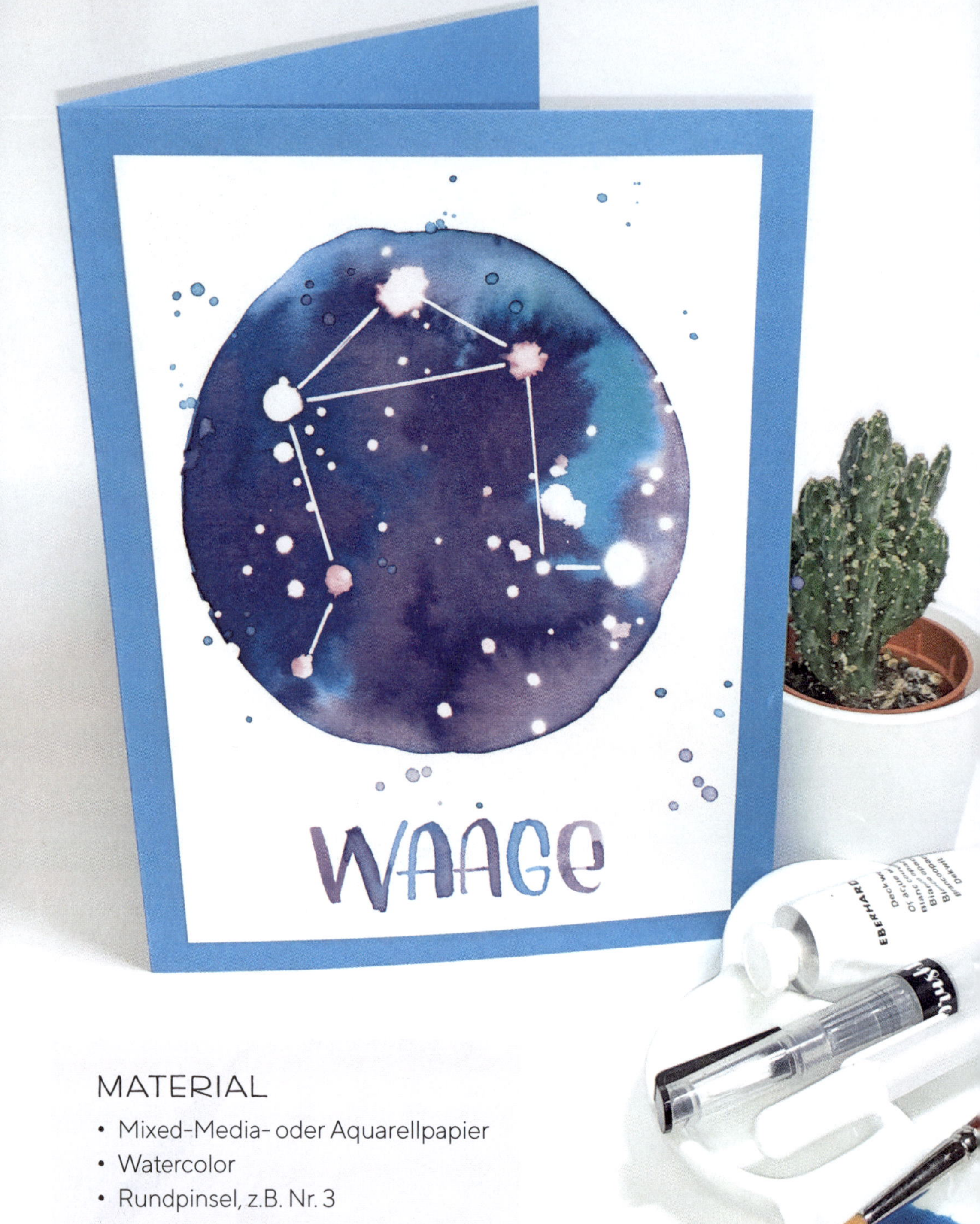

MATERIAL

- Mixed-Media- oder Aquarellpapier
- Watercolor
- Rundpinsel, z. B. Nr. 3
- brushEX®-Löschpinselstift, Gelstift oder Deckweiß

STERNZEICHEN

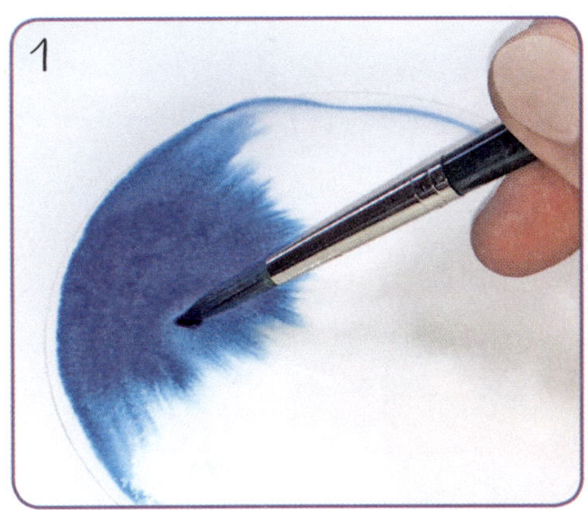

Male einen Kreis mit klarem Wasser aus und fülle ihn mit der Nass-in-Nass-Technik (Seite 27) etwa zur Hälfte mit Farbe aus.

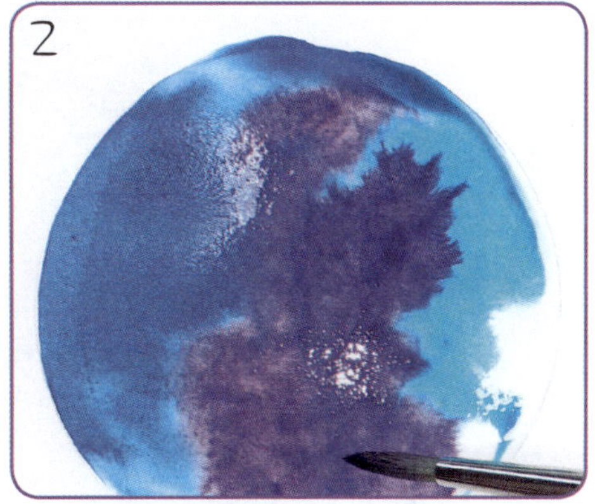

Tupfe ein oder zwei weitere Farben in die Fläche. Vermale die Farben nicht miteinander, sondern lasse sie ineinanderfließen.

3

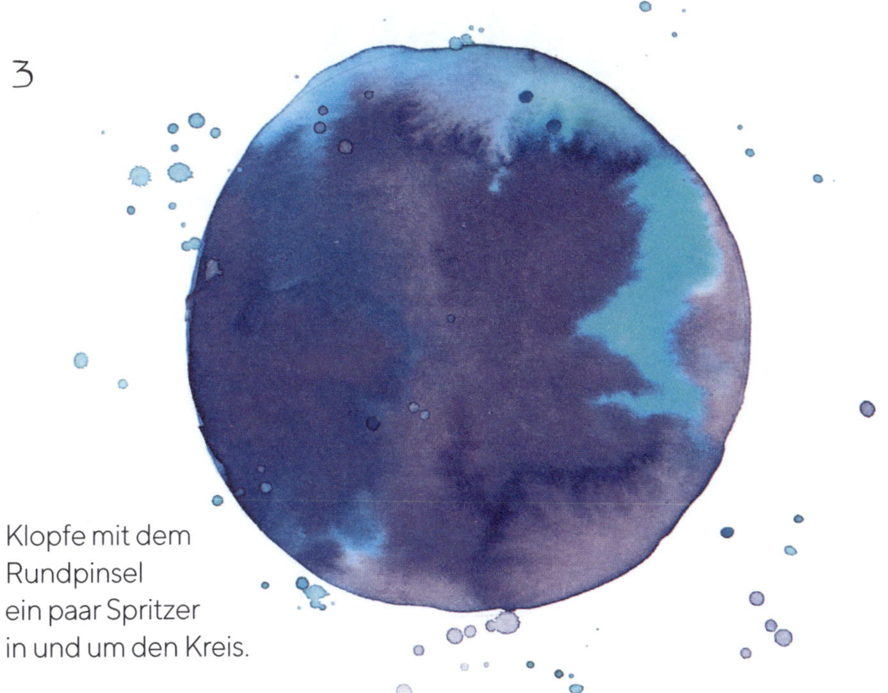

Klopfe mit dem Rundpinsel ein paar Spritzer in und um den Kreis.

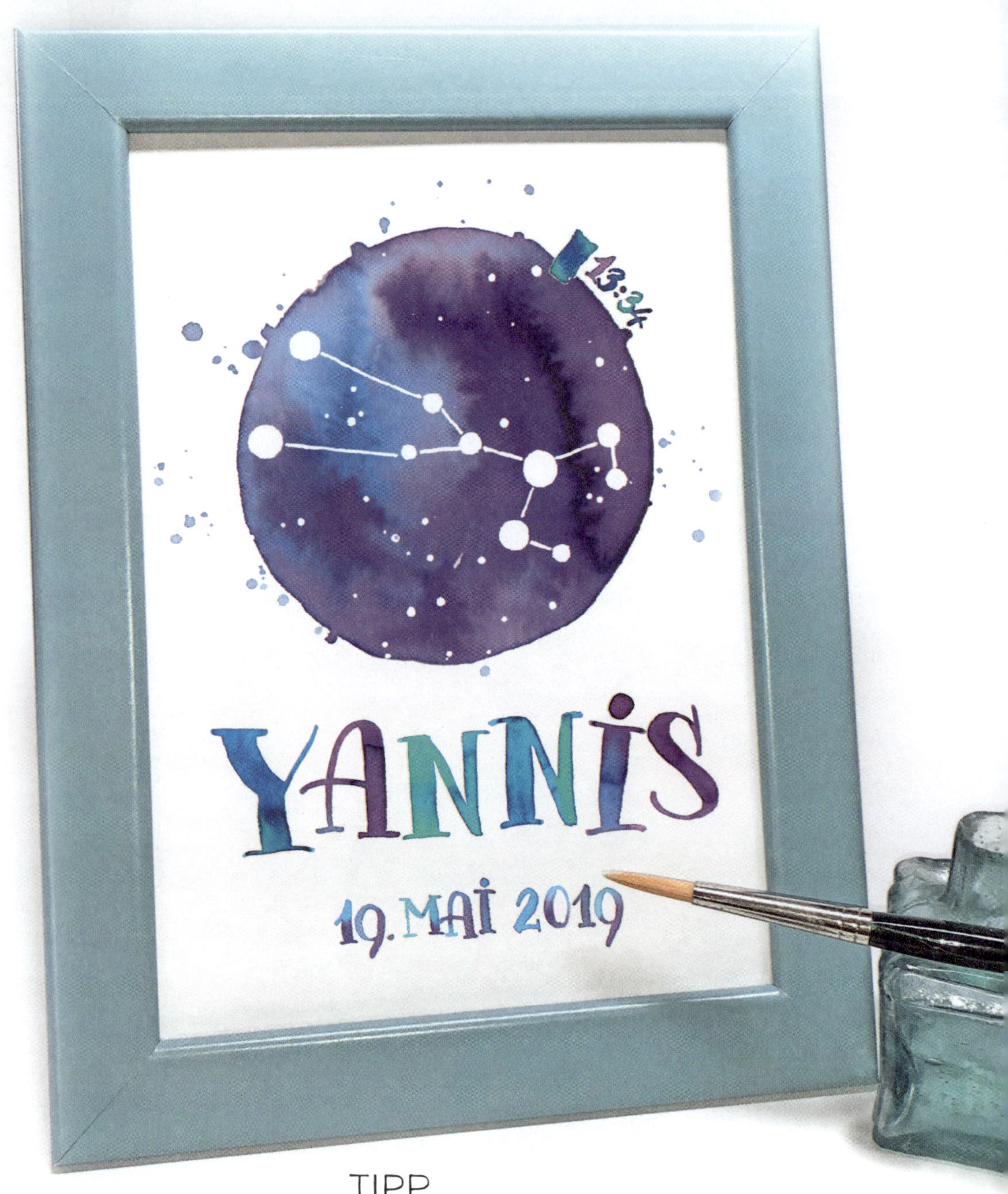

TIPP

Schreibe den Namen, das Geburtsdatum und die Uhrzeit zum Sternkreiszeichen, und schon hast du ein tolles Geschenk zur Geburt.

Wenn alles gut getrocknet ist, übertrage das gewünschte Sternzeichen aus der Vorlage (Seiten 104 bis 105) in den Kreis.

Einen besonderen Glow-Effekt bekommen die Sterne, wenn sie mit dem brushEX®-Löschpinselstift gemalt oder gespritzt werden. Wenn du lieber Deckweiß verwendest, verdünne es nicht zu sehr, damit es gut deckt. Tupfe noch weitere kleine Punkte in den Kreis, damit er wie ein richtiger Sternenhimmel aussieht. Verbinde die Punkte des Sternzeichens mit einer dünnen Gelstiftlinie.

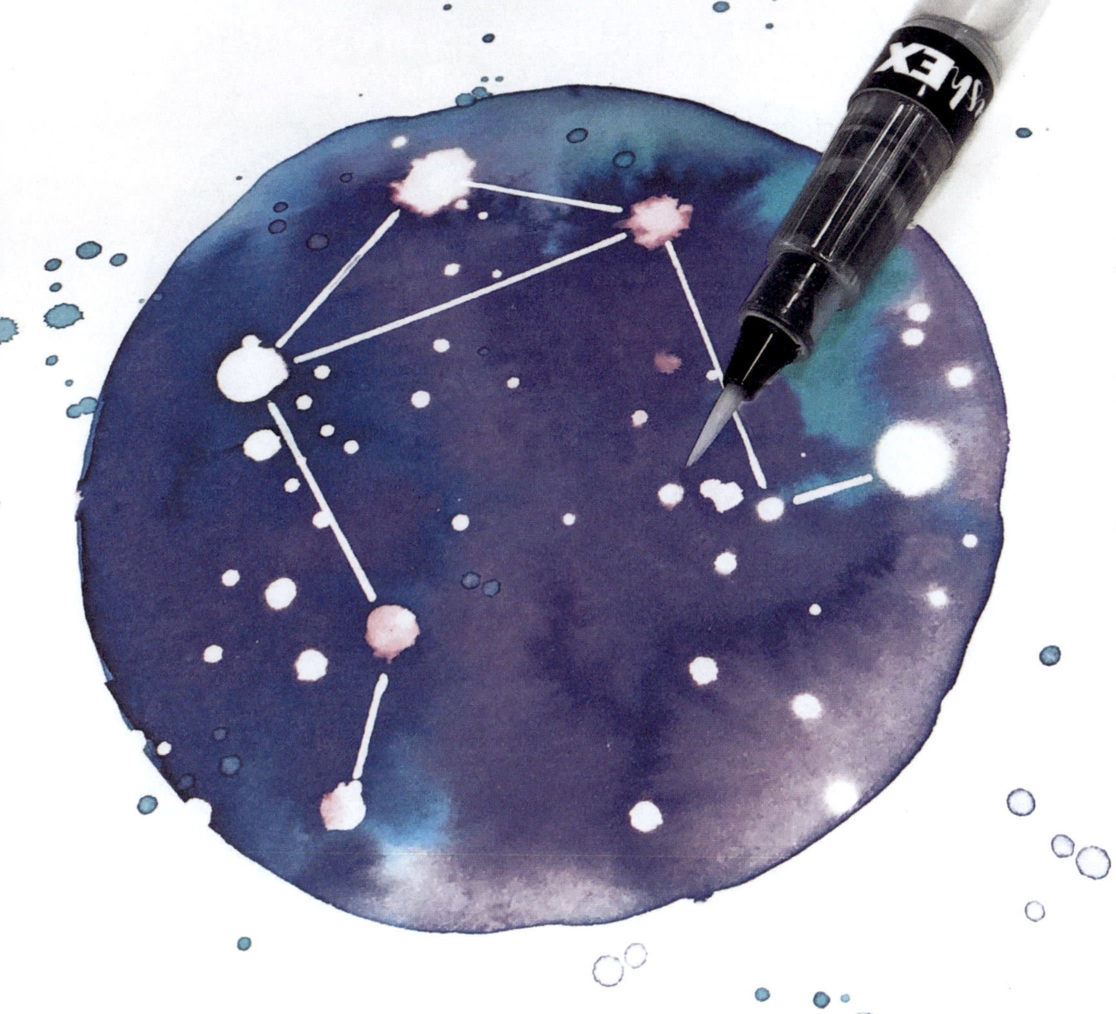

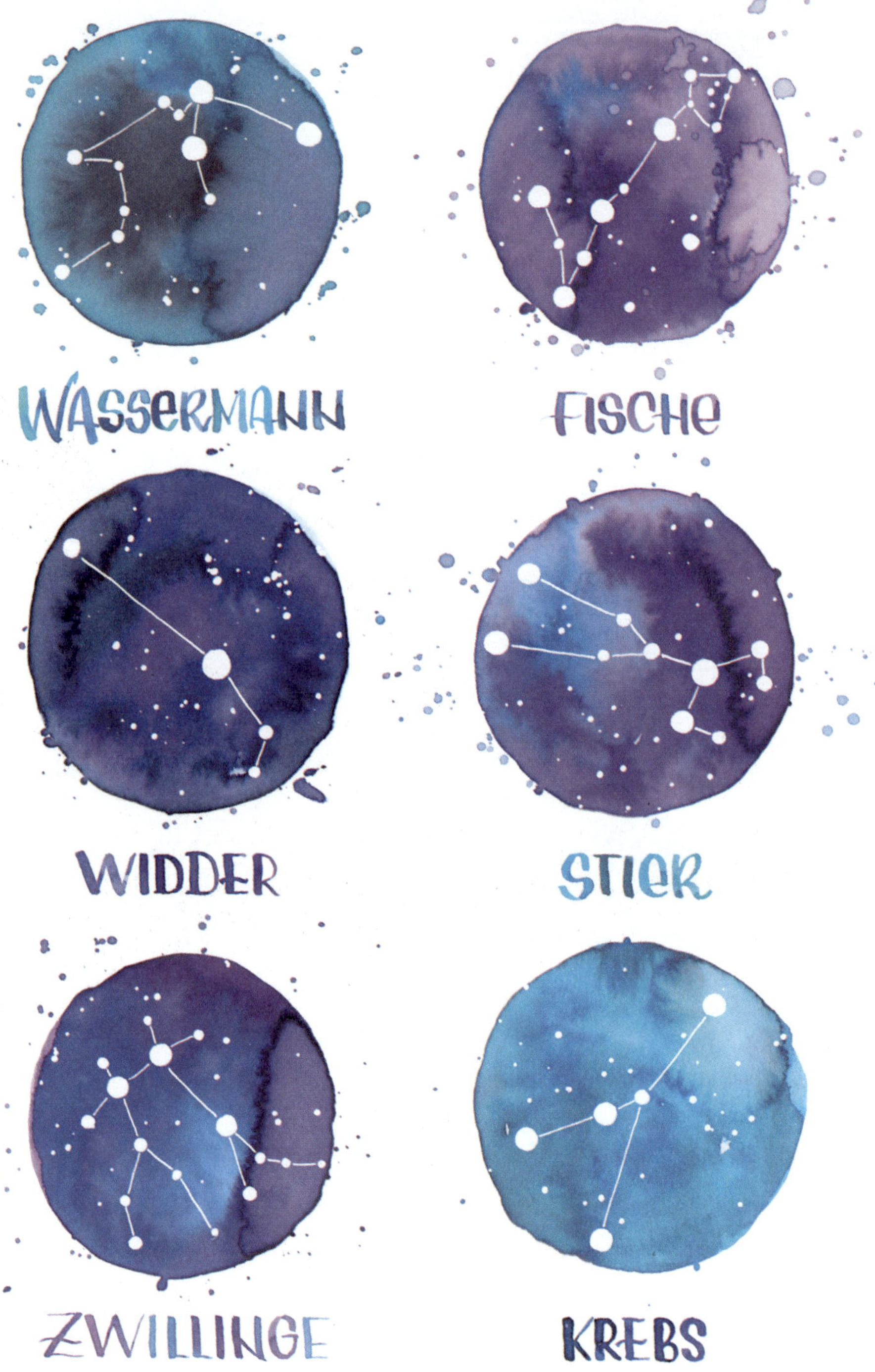
WASSERMANN
FISCHE
WIDDER
STIER
ZWILLINGE
KREBS

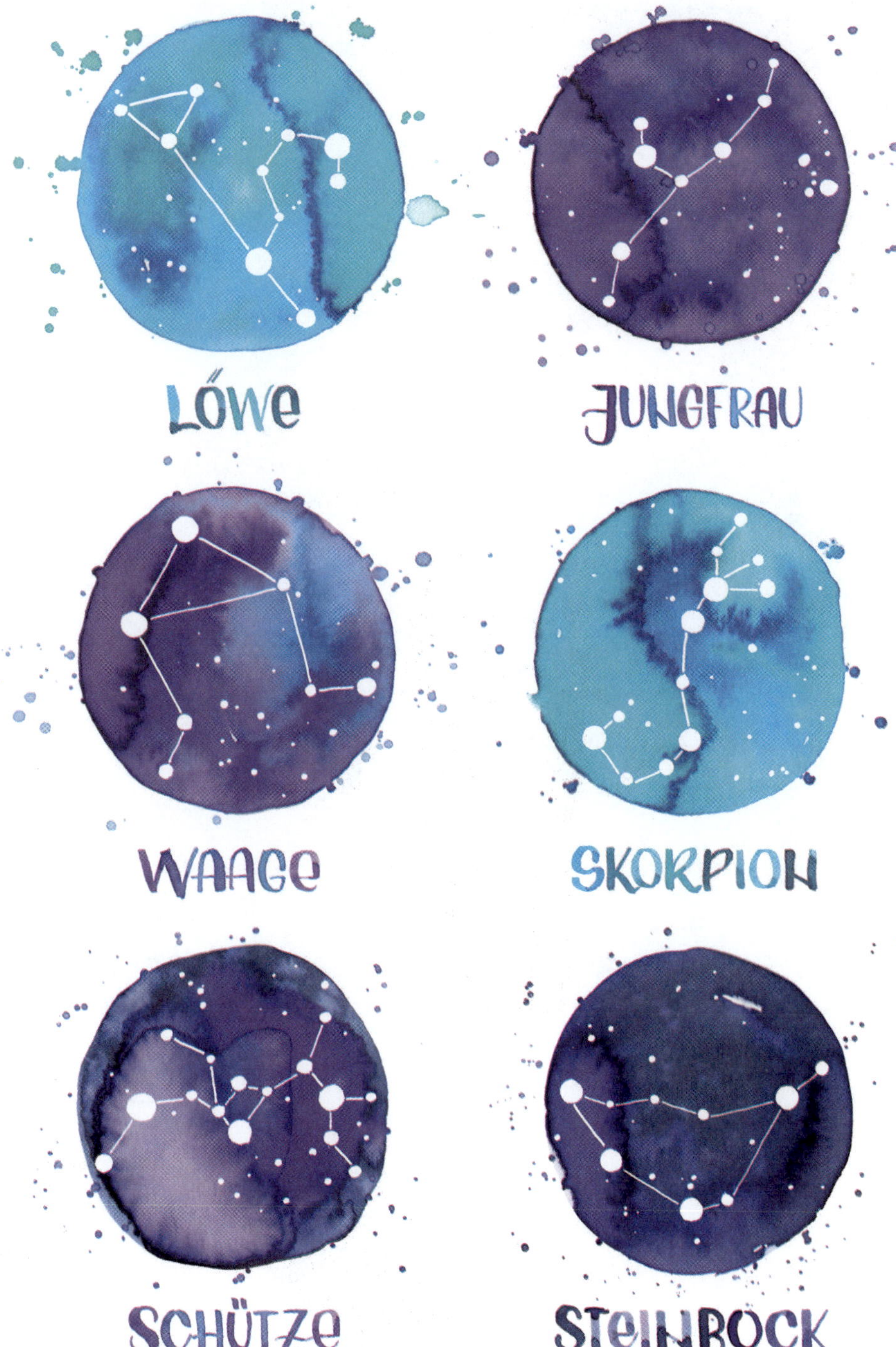
LÖWE
JUNGFRAU
WAAGE
SKORPION
SCHÜTZE
STEINBOCK

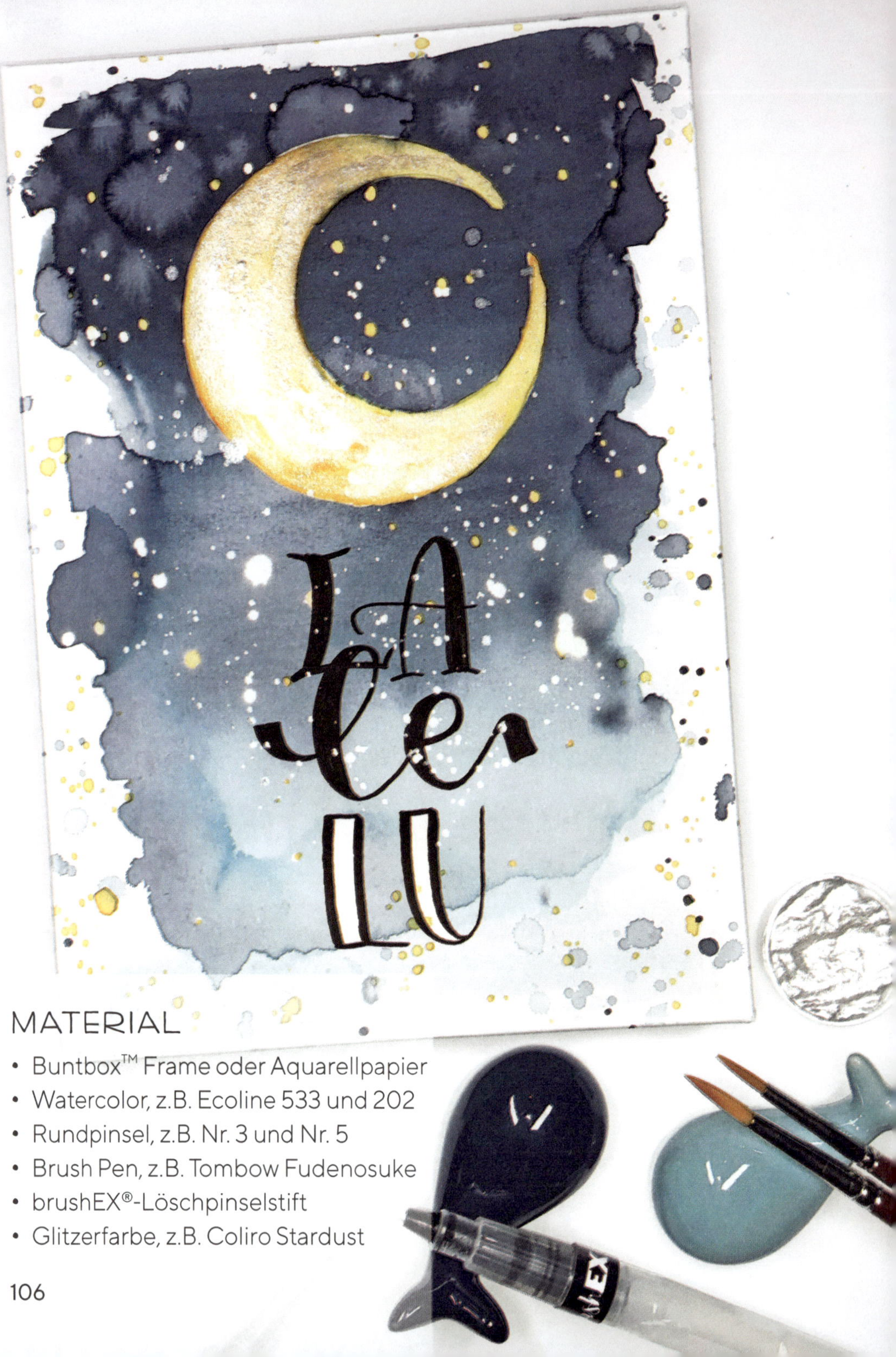

MATERIAL

- Buntbox™ Frame oder Aquarellpapier
- Watercolor, z.B. Ecoline 533 und 202
- Rundpinsel, z.B. Nr. 3 und Nr. 5
- Brush Pen, z.B. Tombow Fudenosuke
- brushEX®-Löschpinselstift
- Glitzerfarbe, z.B. Coliro Stardust

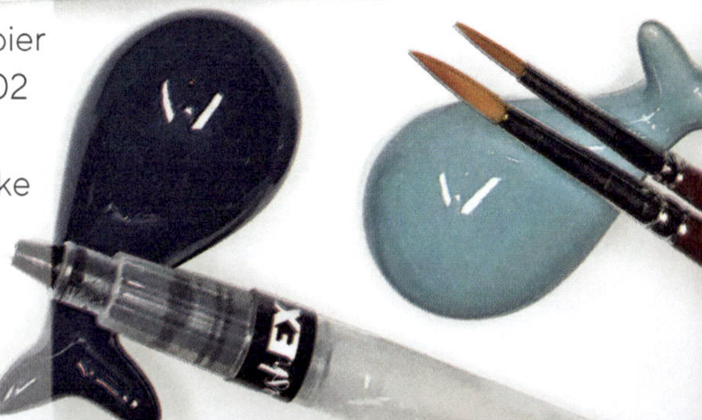

SCHIMMERBILD

»La Le Lu« lädt zum Träumen ein, und ein bisschen Romantik gehört ja bekanntlich in jedes Schlafzimmer. Die Stardust-Glitzerfarbe lässt den Mond schimmern und die Sterne im Licht der Nachttischlampe funkeln.

Lege den Hintergrund in der Verlaufstechnik an (siehe Seite 21).

Bevor der Hintergrund vollständig getrocknet ist, spritze ein paar Tropfen blaue Farbe auf den Rand des Rahmens und ein paar Tropfen klares Wasser auf den Hintergrund. So entstehen die Wolken am Nachthimmel.

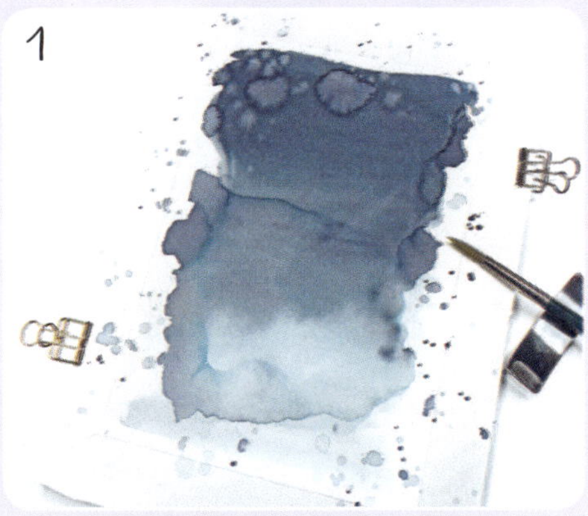

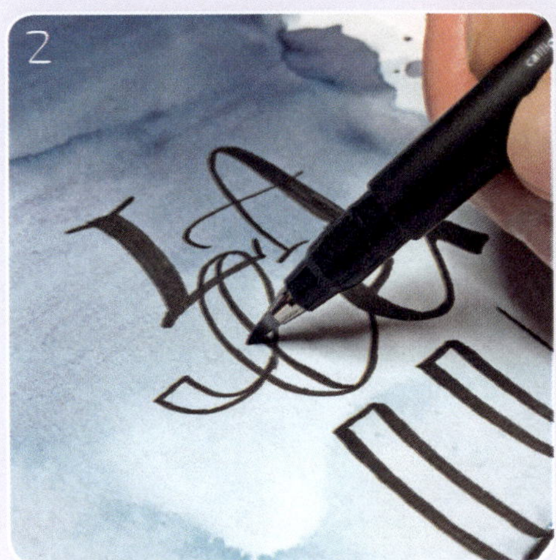

Wenn alles gut getrocknet ist, übertrage die Vorlage auf das Papier, z.B. mit einem wasserfesten Brush Pen (Fudenosuke).

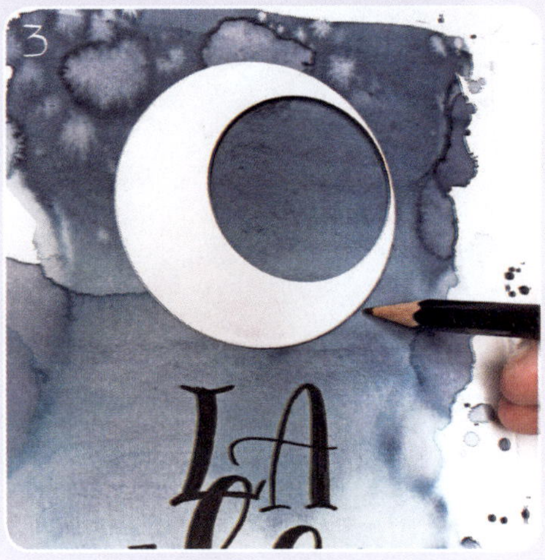

Zeichne den Mond mit einer Papierschablone (zwei Kreise ineinandergestanzt) oder freihand mit Bleistift ein.

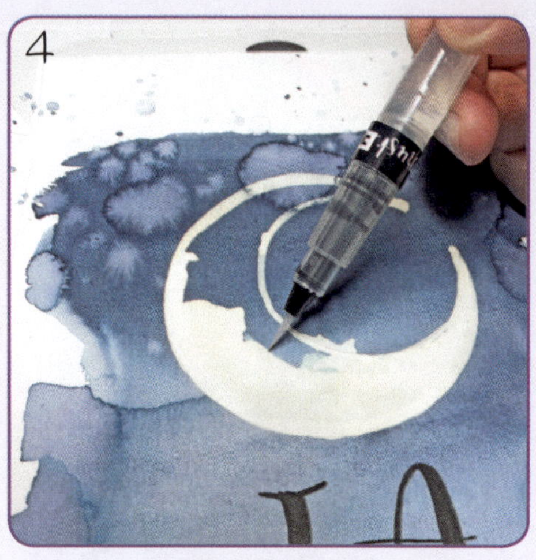

Mit dem brushEX®-Löschpinselstift lässt sich die Farbe aus der Mondfläche löschen, und der Mond wird wieder weiß.

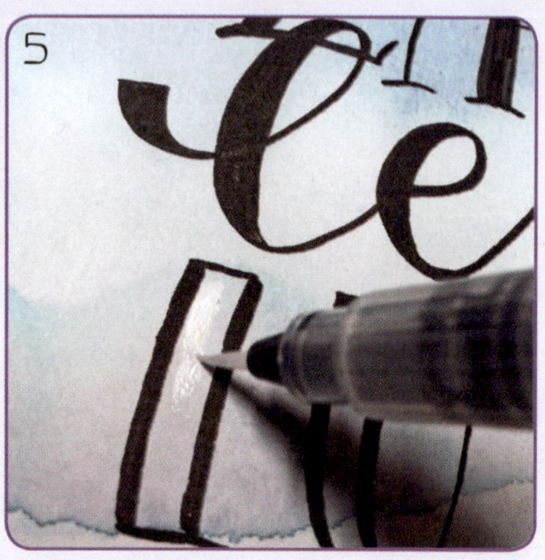

Gelöschte Zwischenräume in der Schrift lassen die Buchstaben scheinbar schweben.

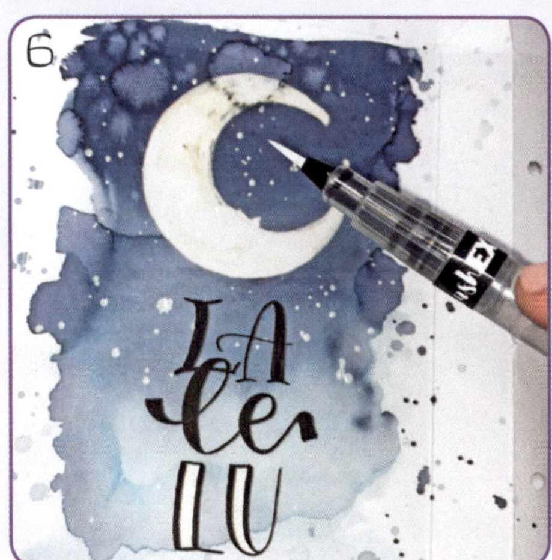

Aus ein paar kleinen Tropfen mit dem brushEX®-Löschpinselstift entsteht ein Sternenhimmel.

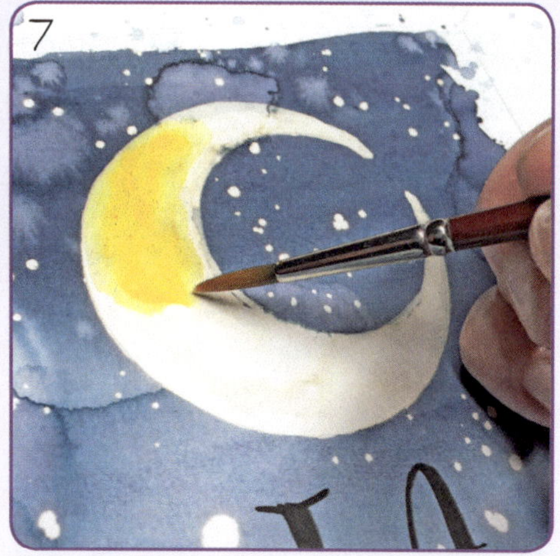

Male nach dem Trocknen den Mond mit Watercolor oder Aquarellfarbe aus.

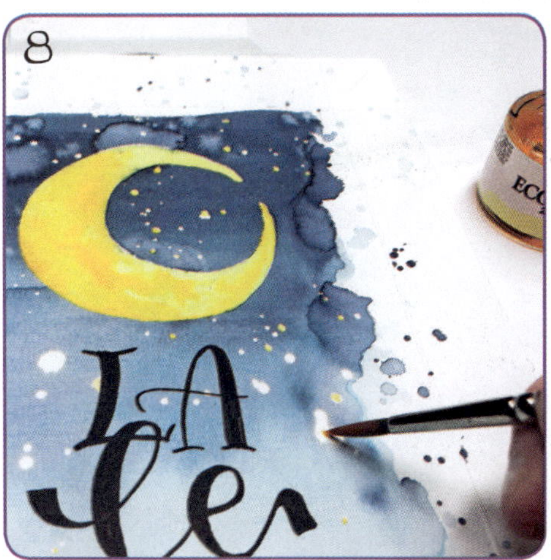

Tupfe in einige der weißen Sterne ebenfalls etwas gelbe Farbe.

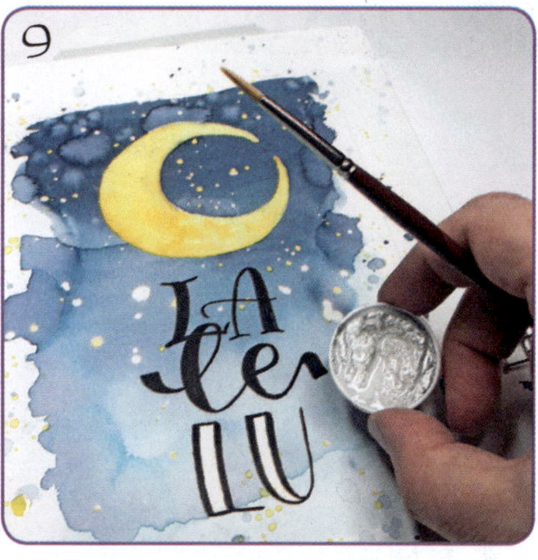

Streiche Glitzerfarbe auf den Mond und auf einzelne Sterne.

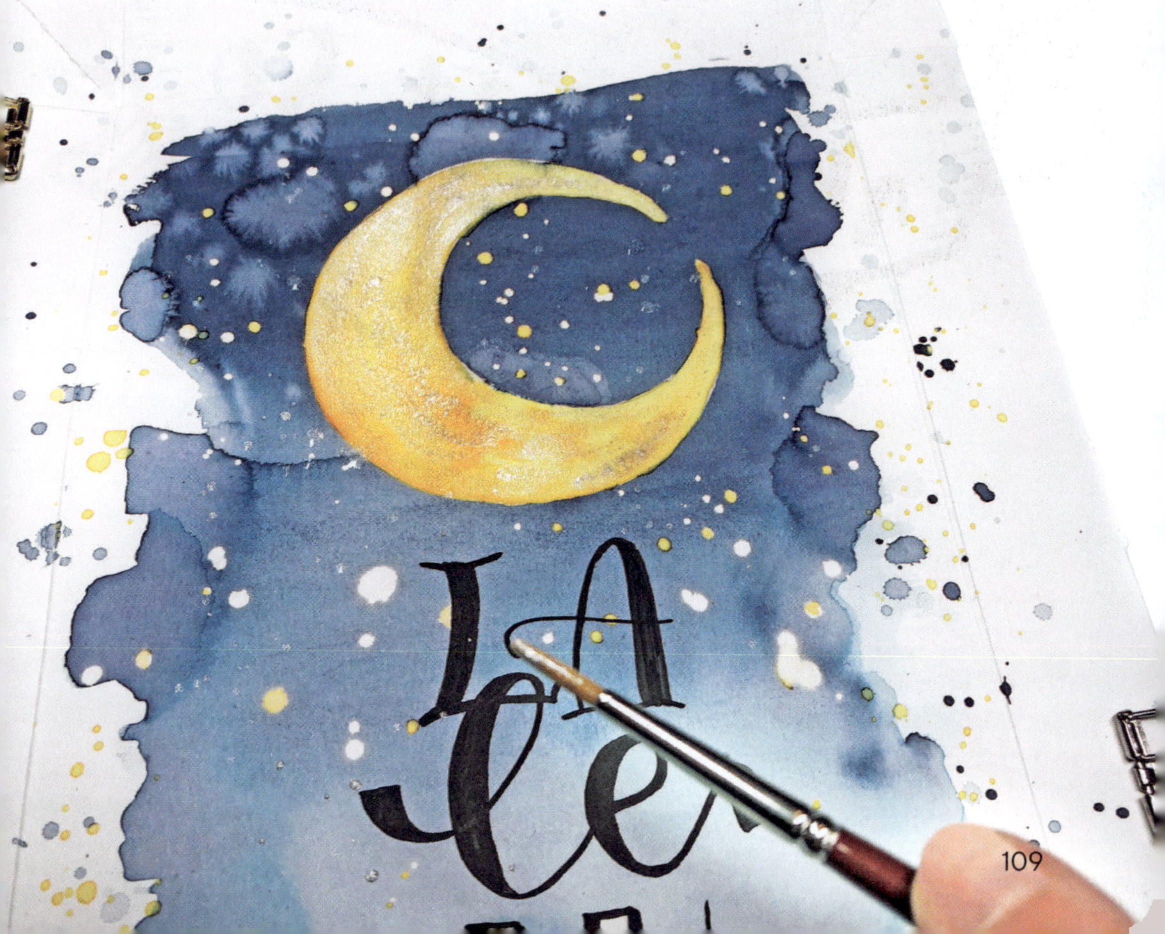

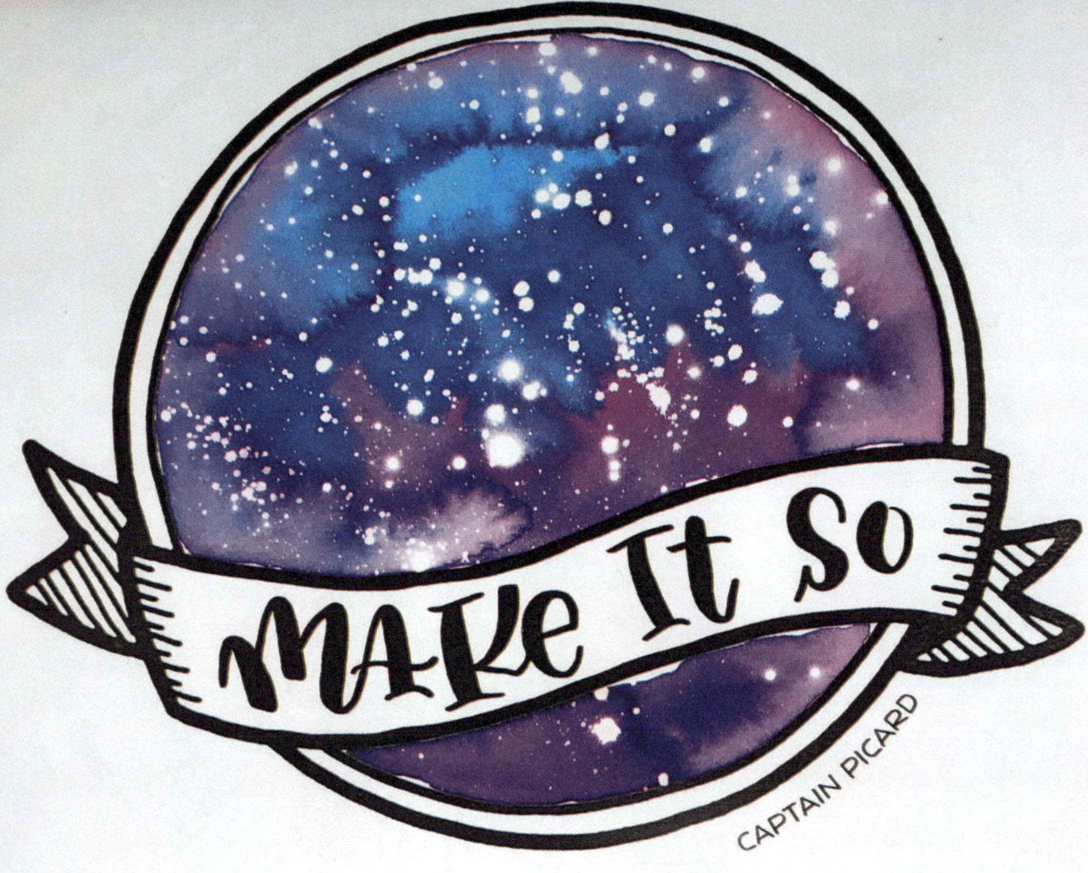

MAKE It So

CAPTAIN PICARD

MATERIAL

- Aquarellpapier
- Watercolor, z.B. Ecoline
- Flachpinsel, z.B. Nr. 8
- Rundpinsel, z.B. Nr. 5
- wasserfester Brush Pen
- brushEX®-Löschflüssigkeit

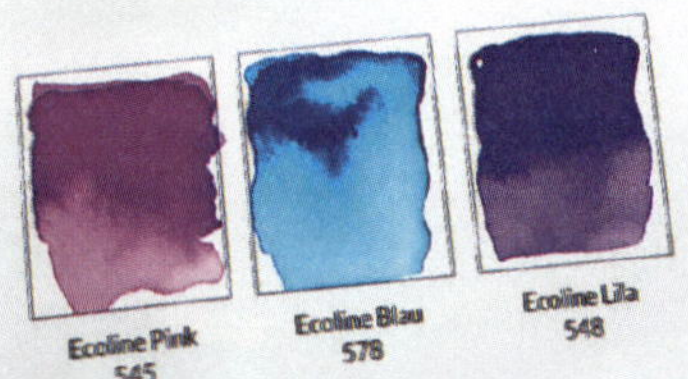

GALAXIE

Der Weltraum, unendliche Weiten. Galaxien, die nie ein Mensch zuvor gesehen hat. Diese Bilder aus dem fiktiven Universum von Star Trek faszinieren uns. Von Jean-Luc Picard, dem Kapitän der USS Enterprise, stammt dieser Satz, den wir alle lieben und gerne zitieren.

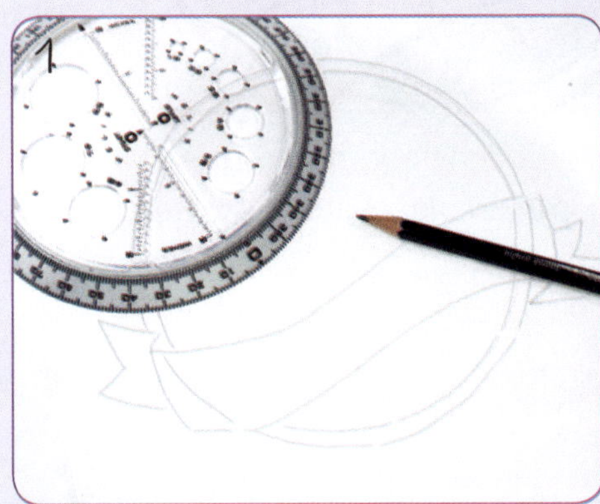

Übertrage den Kreisrahmen und das Banner für den Text mit einem Bleistift (3H) auf einen Aquarellblock.

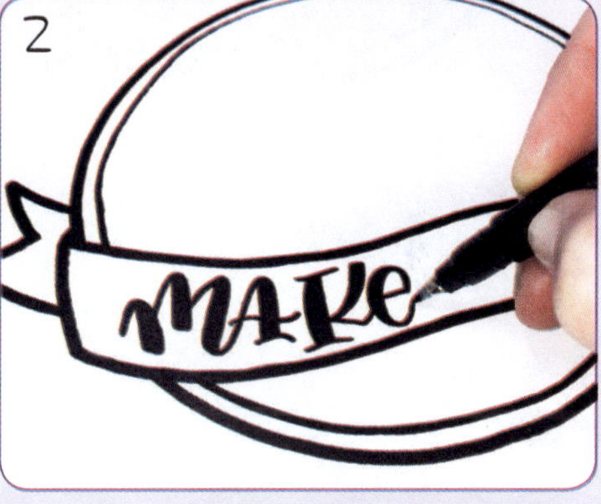

Ziehe die Linien mit einem wasserfesten Brush Pen oder Fineliner nach und schreibe den Text in das Banner.

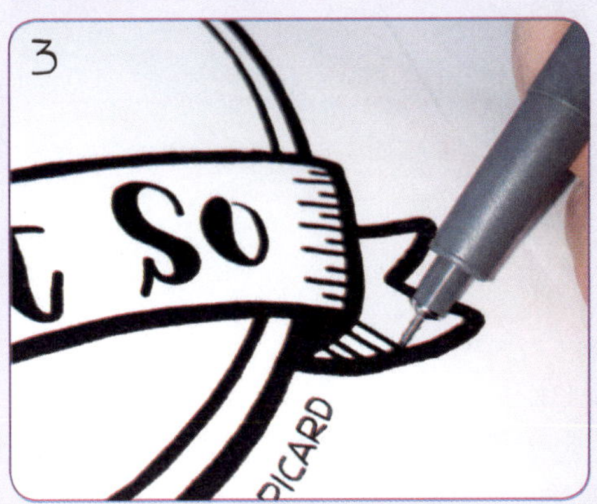

Zeichne die Schattierungen mit einem wasserfesten Fineliner.

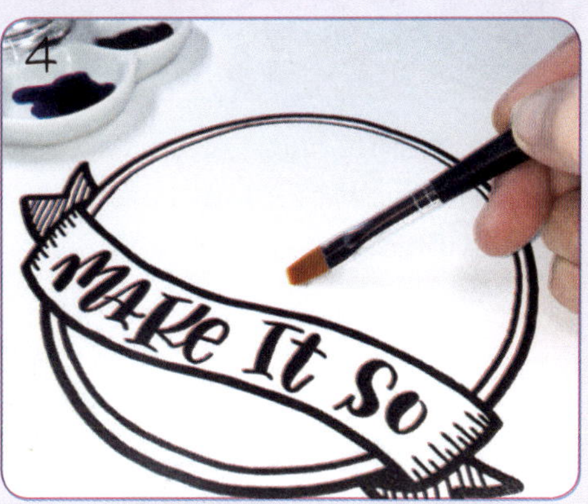

Fülle den Kreis mit klarem Wasser. Spare das Banner aus.

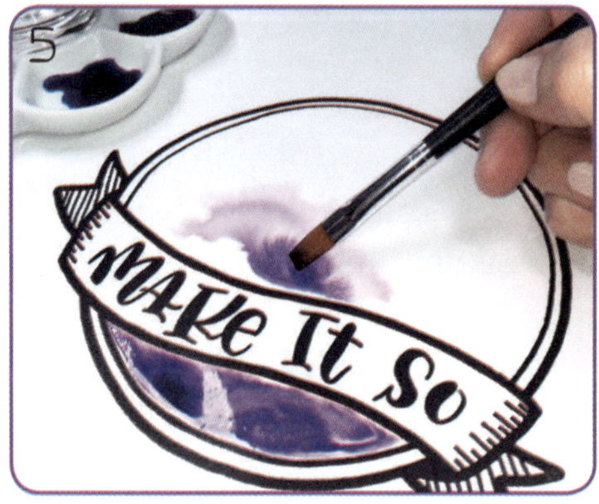

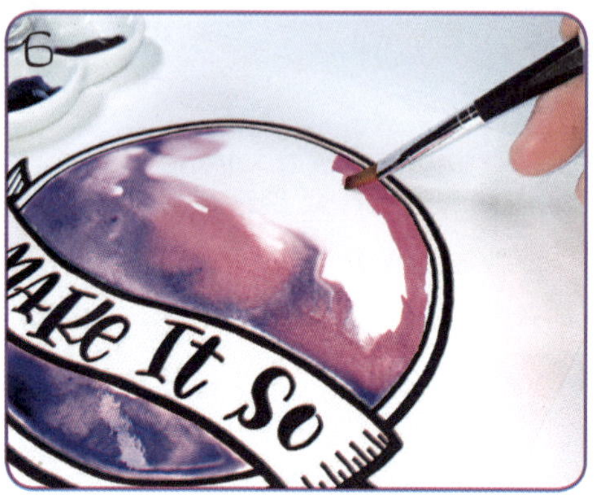

Beginne am unteren Rand des Kreises mit der dunkelsten Farbe. Ich habe hier ein dunkles Lila verwendet.

Tupfe am oberen Rand die zweite Farbe in den Halbkreis, z.B. ein Magenta.

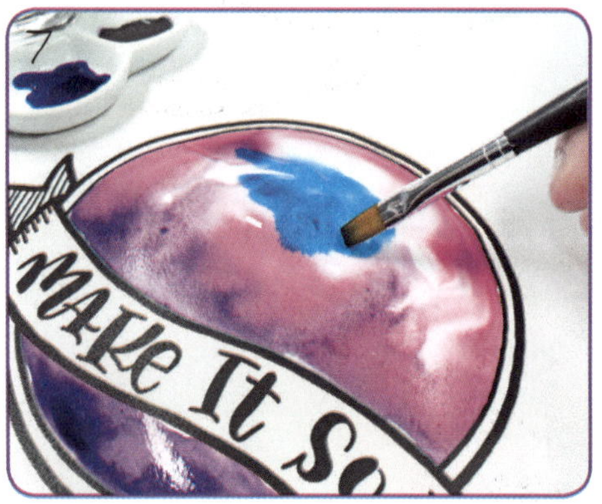

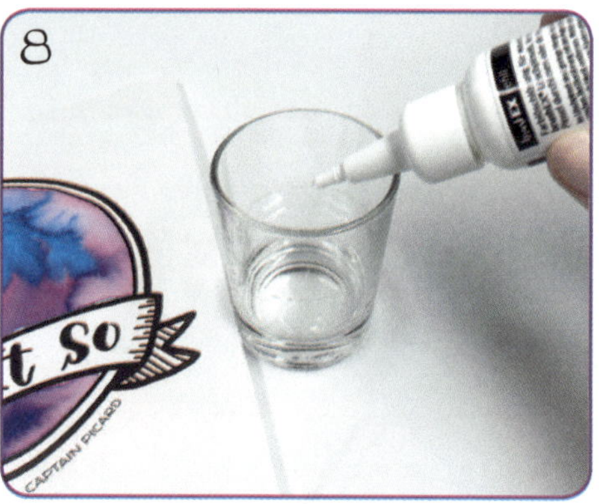

Tupfe die dritte Farbe (Türkis) in den verbliebenen Weißraum. Lasse die Farben ineinanderlaufen.

Fülle für die Sterne etwas brushEX® in ein Glas.

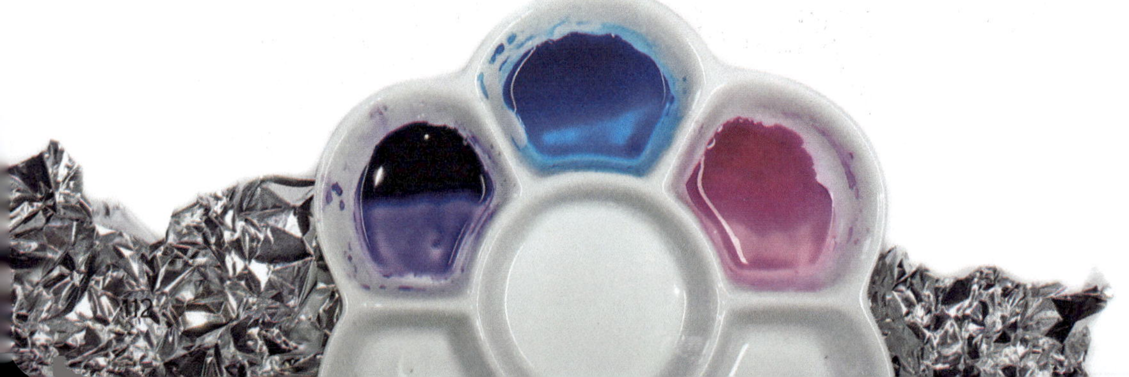

Eine Galaxie lebt von den Sternen, die als unzählige kleine und größere Punkte wie zufällig im Universum schweben. Mit brushEX® gelingt dieser Effekt ohne viel Mühe. Nach ein paar Minuten ist die Farbe gelöscht. Die Sterne sind weiß und haben einen weichen Übergang in den Hintergrund (Glow-Effekt).

9

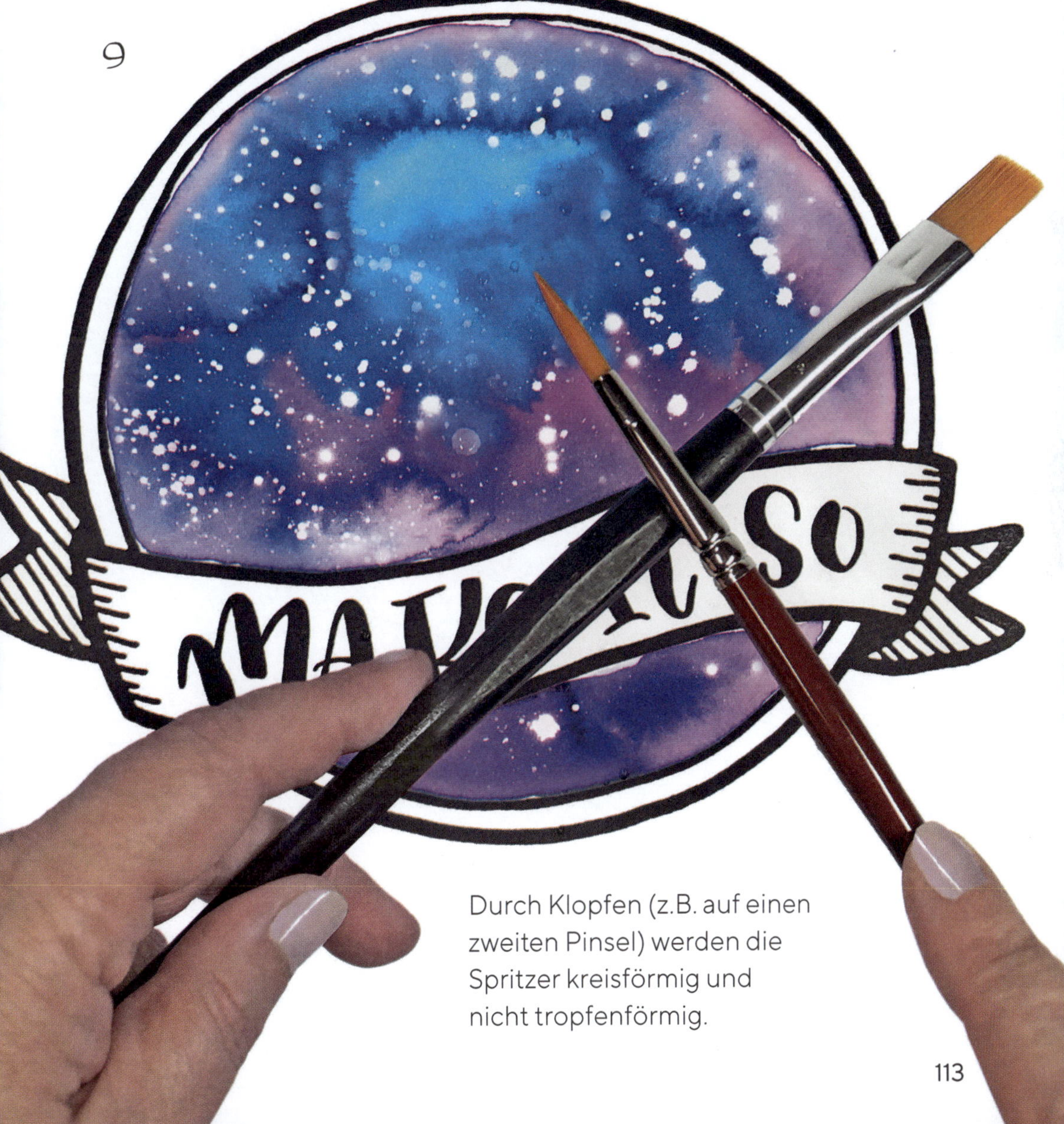

Durch Klopfen (z.B. auf einen zweiten Pinsel) werden die Spritzer kreisförmig und nicht tropfenförmig.

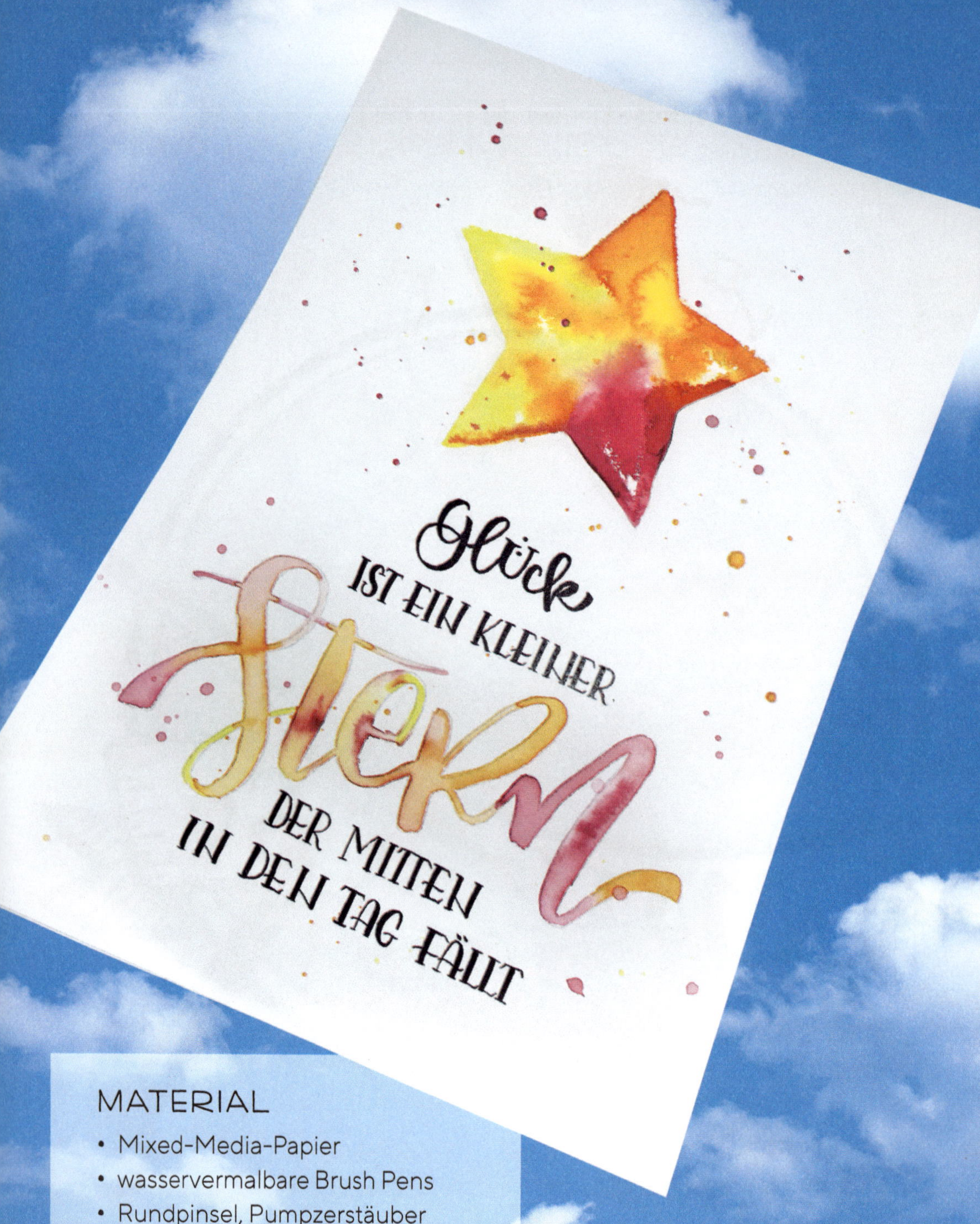

MATERIAL

- Mixed-Media-Papier
- wasservermalbare Brush Pens
- Rundpinsel, Pumpzerstäuber
- wasserfester Brush Pen

GLÜCKSSTERN

Mit Brush Pens und einem Pumpzerstäuber zauberst du wunderschöne Glückssterne.

Für diese Sprühtechnik benötigst du eine Papierschablone. Diese kannst du einfach ausschneiden oder ausstanzen. Ideal ist ein laminiertes Reststück.

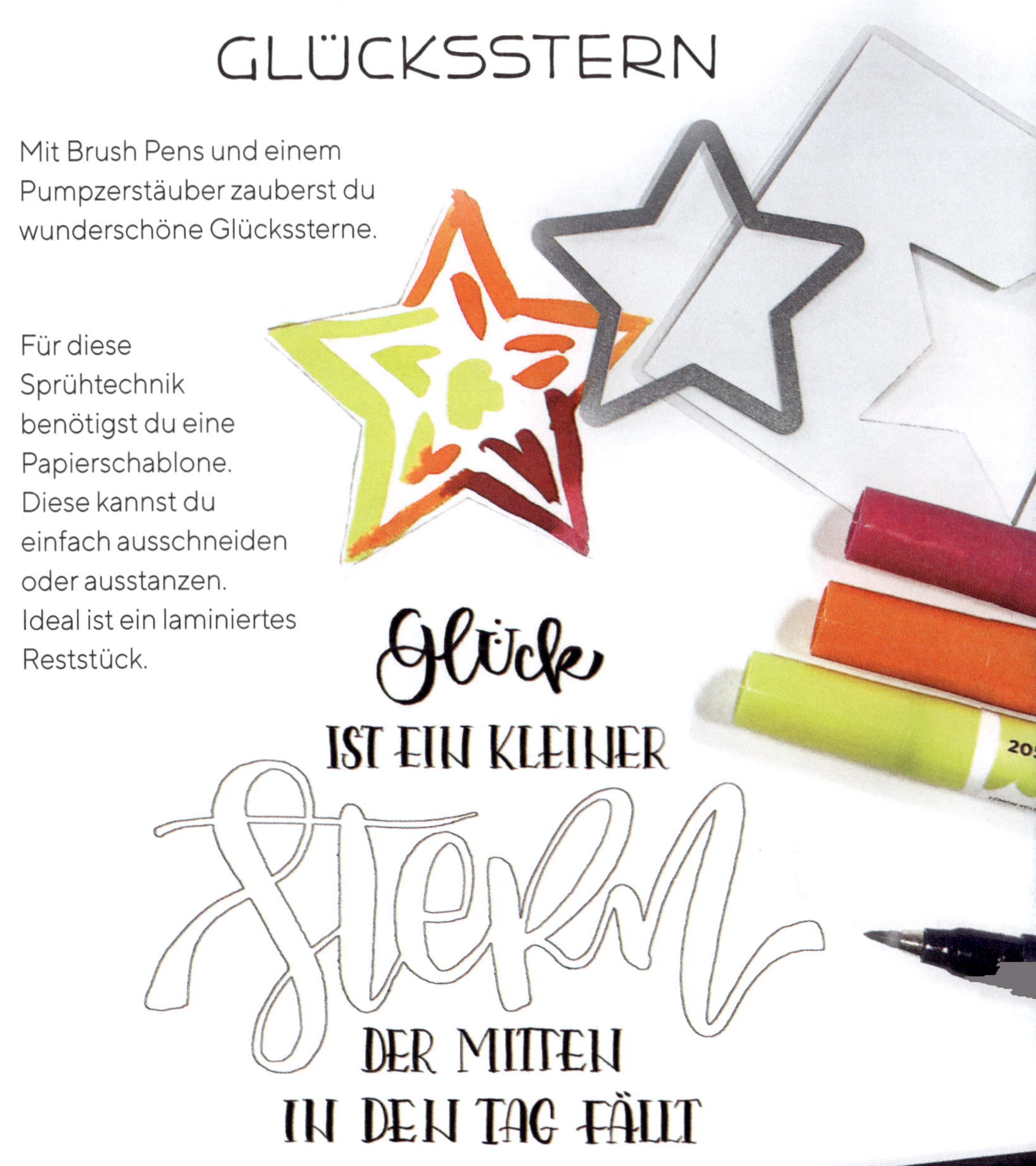

Übertrage die Vorlage auf das Papier. Schreibe mit einem wasserfesten Brush Pen den Text. Umrande den Stern und das Wort Stern mit dem Bleistift. Zeichne ein paar schnelle Striche in den Stern.

TIPP

Mit dieser Technik kannst du auch tolle Tisch- und Menükarten zaubern.

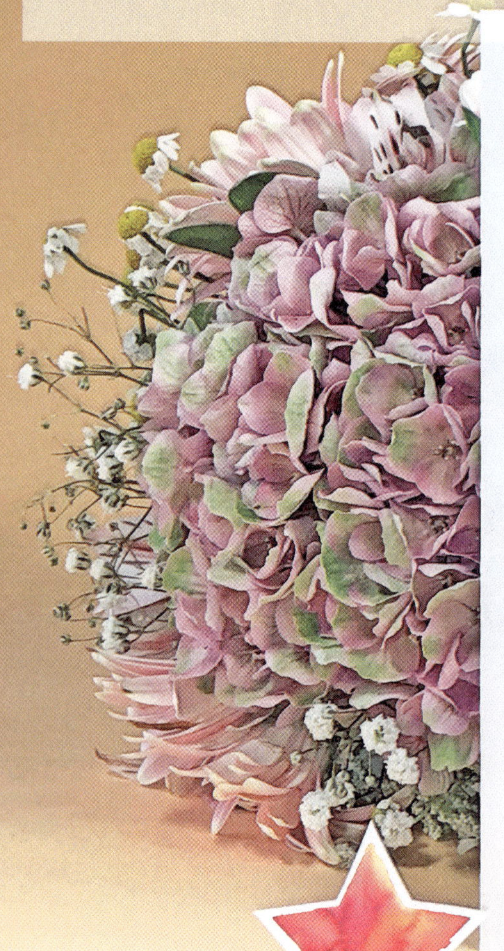

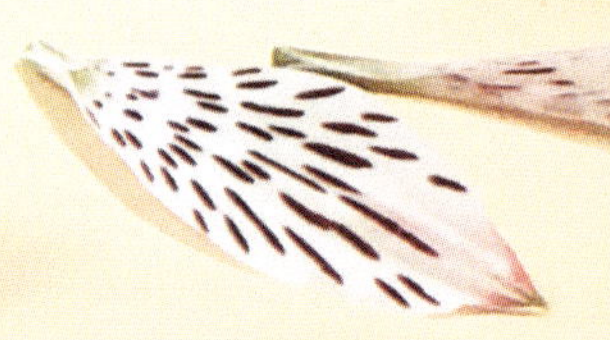

Lege die Schablone über den Stern und sprühe ein- bis zweimal auf die Brush-Pen-Striche. Weniger ist mehr! Sollte der Stern nicht richtig verlaufen, kannst du später noch einmal sprühen. Hebe die Schablone vorsichtig ab.

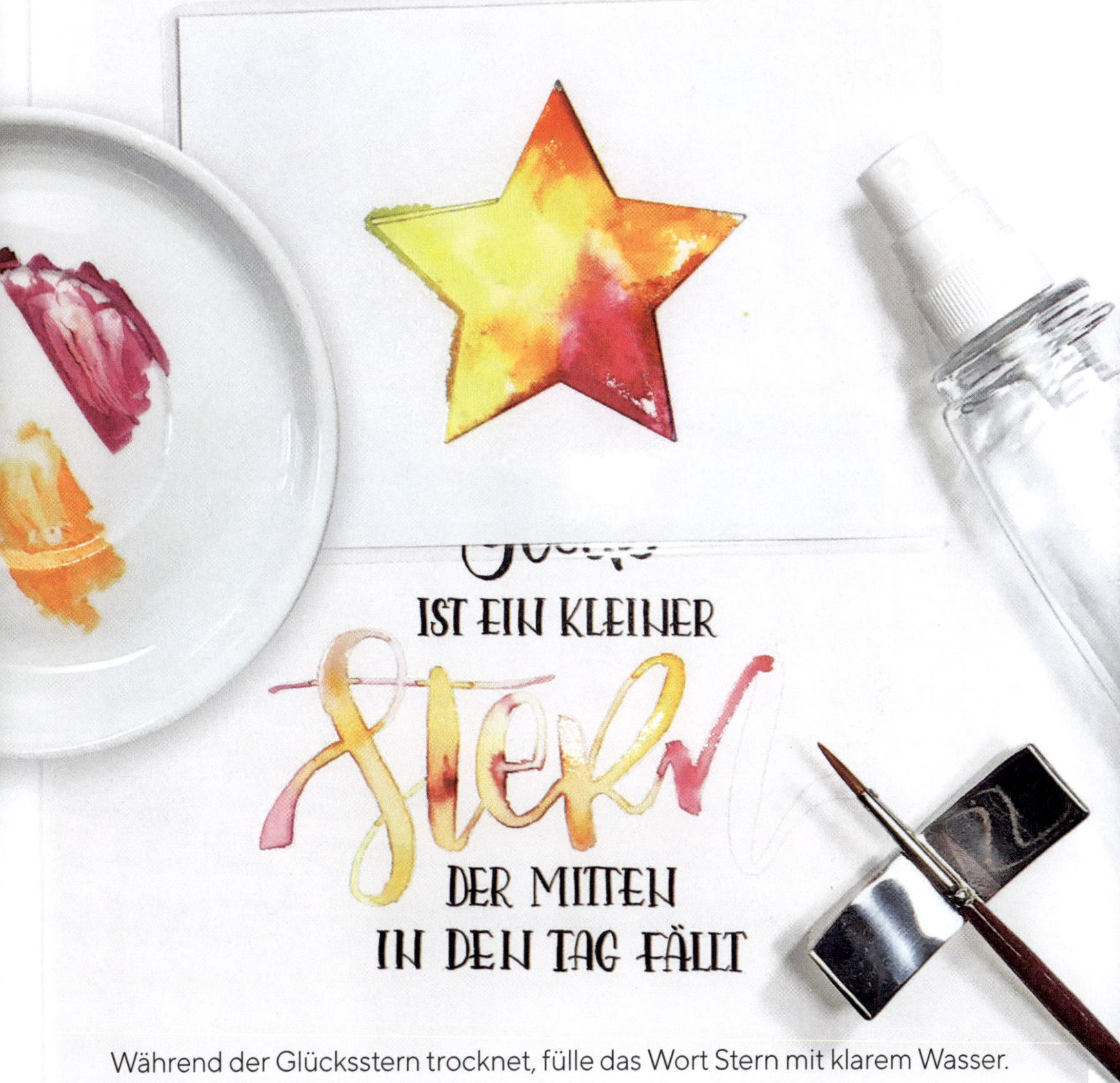

Während der Glücksstern trocknet, fülle das Wort Stern mit klarem Wasser. Male mit den Brush Pens auf einen Porzellanteller und nimm die Farbe mit einem angefeuchteten Pinsel auf. Tupfe mit der Nass-in-Nass-Technik (Seite 27) vorsichtig die Farbe in die Schrift.

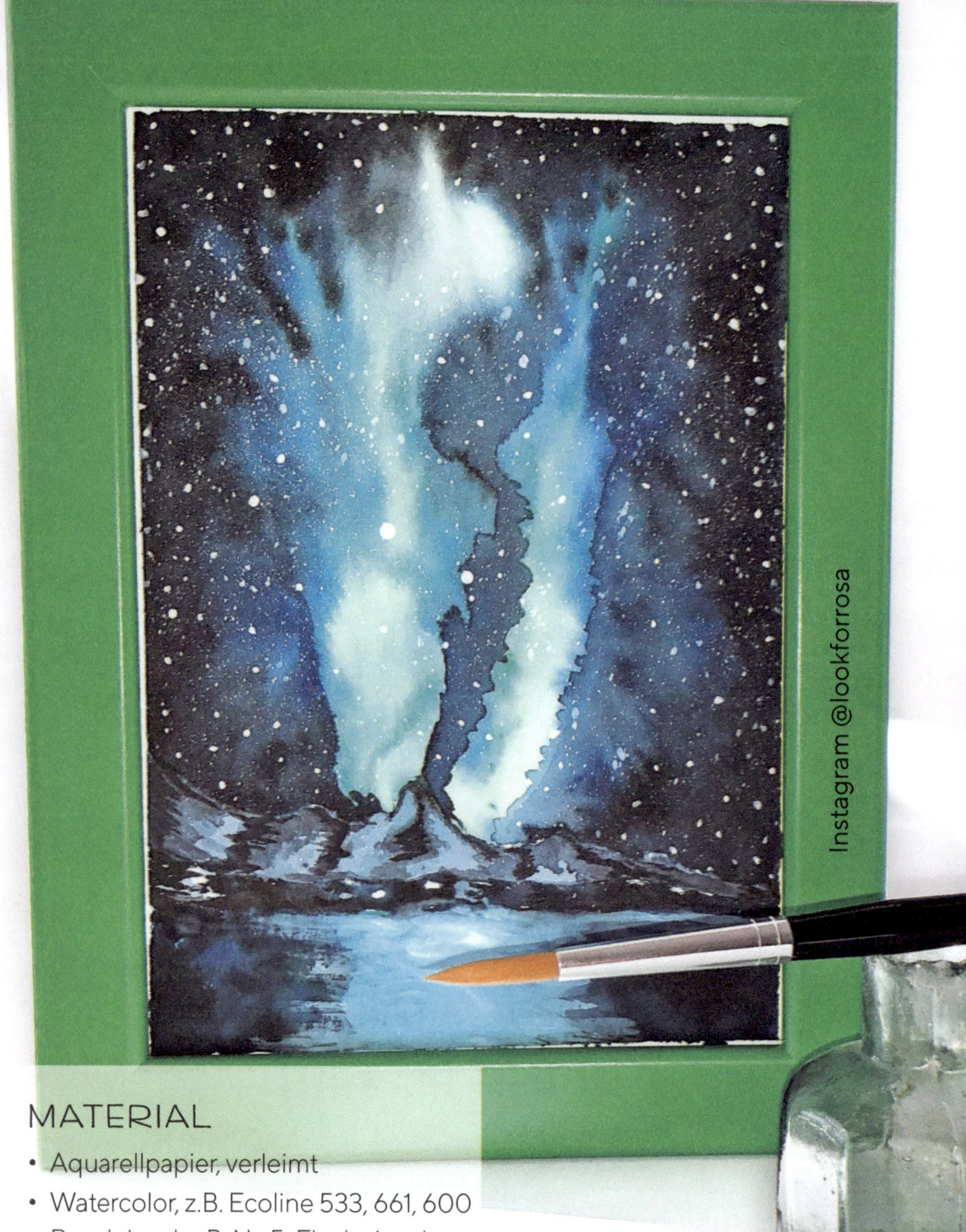

Instagram @lookforrosa

MATERIAL

- Aquarellpapier, verleimt
- Watercolor, z.B. Ecoline 533, 661, 600
- Rundpinsel, z.B. Nr. 5, Flachpinsel
- brushEX® watercolor

NORDLICHTER

Wir tauchen in die fantastische Farbwelt der Aurora borealis ein. Begrenze das Bildformat mit einem Bleistiftrahmen für etwas mehr Freiraum. Lege die Horizontlinie ins untere Drittel und skizziere die Bergsilhouette.

Arbeite in der Nass-in-Nass-Technik und verteile mit einem großen Flachpinsel klares Wasser im Himmelbereich. Spare die Berge aus. Tupfe zuerst Hellgrün zwischen die Berge, drehe das Bild auf den Kopf und stelle den Block auf, sodass die Farbe nach unten fließt.

1

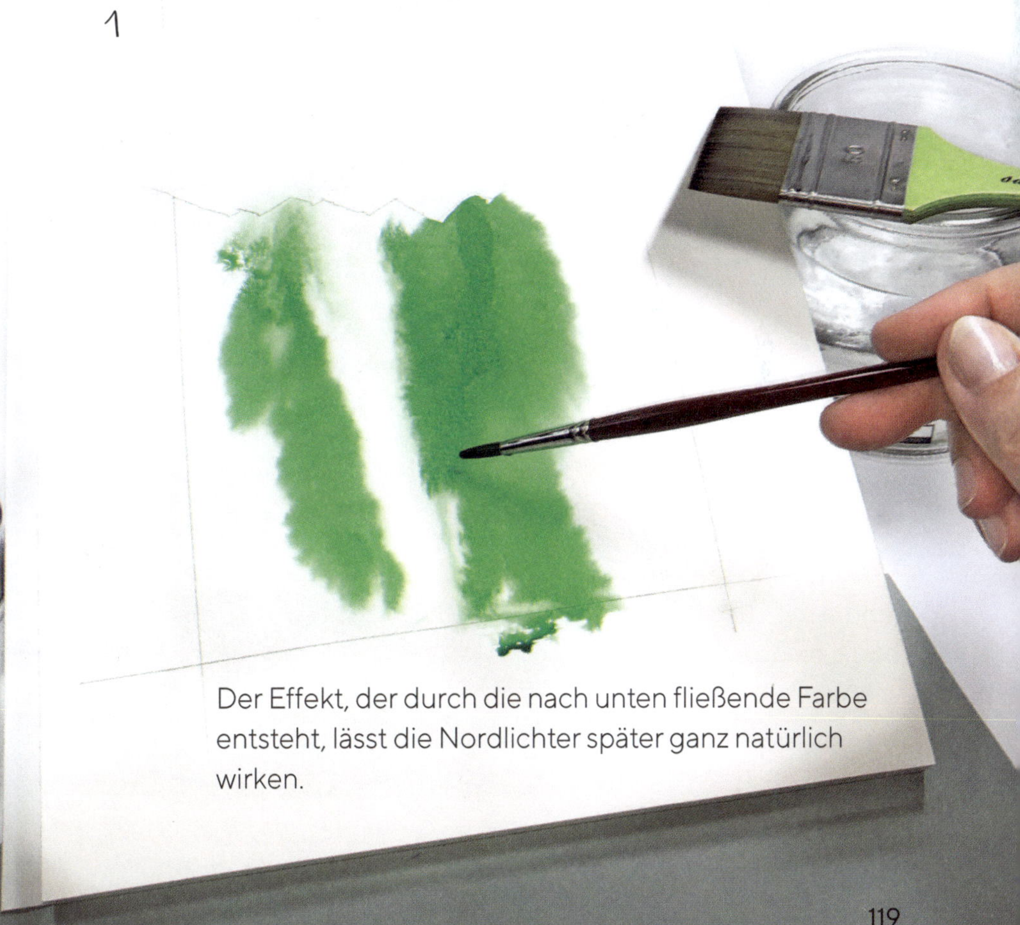

Der Effekt, der durch die nach unten fließende Farbe entsteht, lässt die Nordlichter später ganz natürlich wirken.

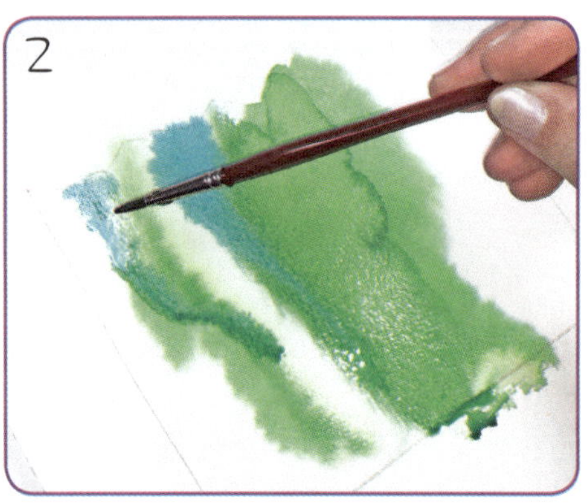

Rahme mit Türkis die grünen Lichter ein und lasse die Farbe ebenfalls nach unten fließen.

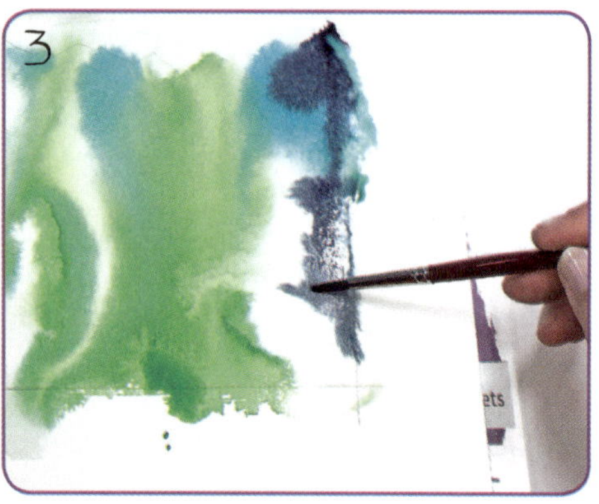

Fülle die weißen Stellen zwischen den Polarlichtern und dem Formatrand dunkelblau aus.

Drehe das Bild wieder richtig herum.

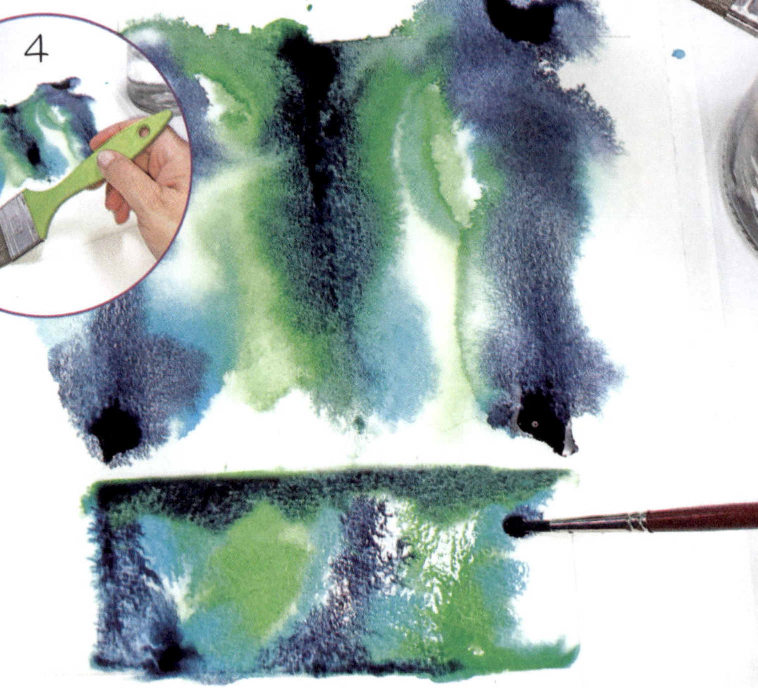

Streiche mit einem breiten Flachpinsel klares Wasser unter die Berge.

Hier spiegeln sich die Polarlichter im Wasser. Beginne mit Hellgrün und umrahme mit Türkis. Lasse beide Farben wieder nach unten fließen und fülle mit Dunkelblau die dazwischenliegenden Flächen aus.

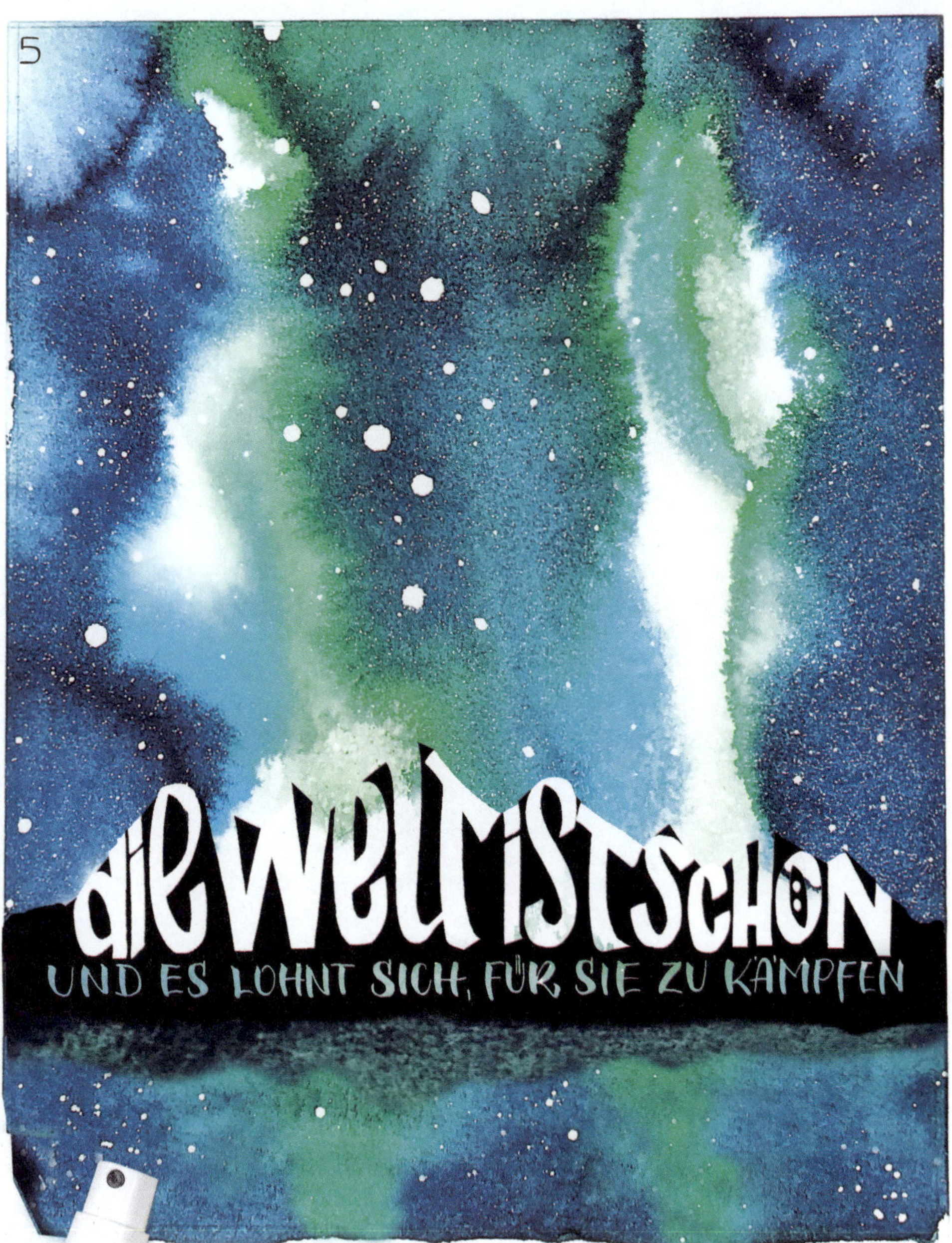

Der Sternenhimmel entsteht mit brushEX®-Watercolorspray. Zeichne mit Bleistift die Buchstaben vor und male mit einem Fineliner die Flächen zwischen den Buchstaben aus.

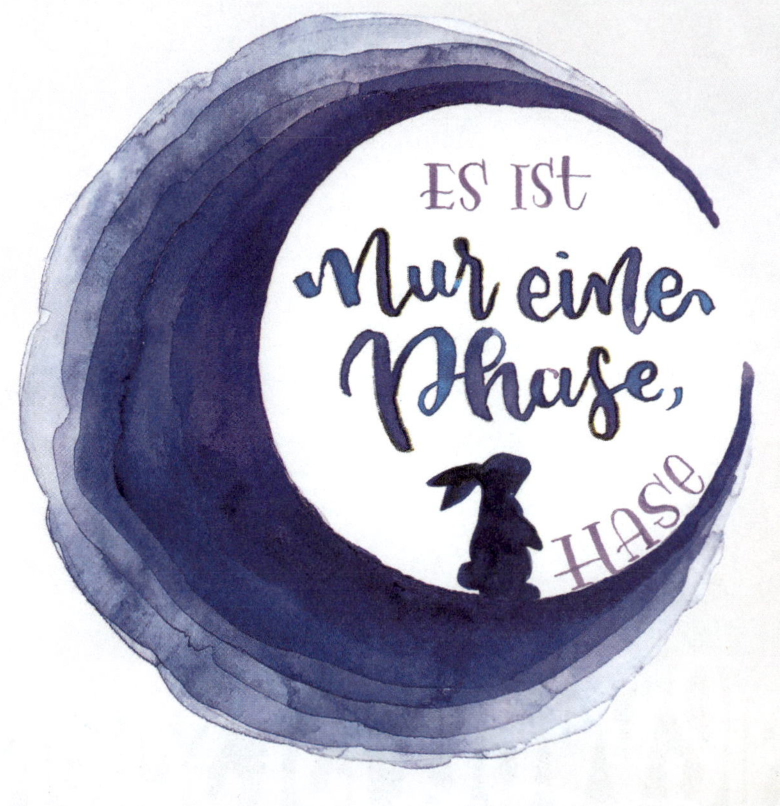

MATERIAL

- Aquarellpapier, verleimt
- Aquarellfarbe, z.B. van Gogh
- Rundpinsel, z.B. Nr. 5, und Nr. 3
- Föhn oder Embossing Heater
- Brush Pen, z.B. Fudenosuke

MONDPHASE

Diese spezielle Lasurtechnik gelingt am besten mit einem Heißluftföhn. Es kann ein Embossing Heater oder ein ganz normaler Föhn sein, beides funktioniert. Wichtig ist, bei diesem Projekt Aquarellfarbe aus dem Näpfchen zu verwenden. Infos zur klassischen Lasurtechnik findest du auf Seite 25.

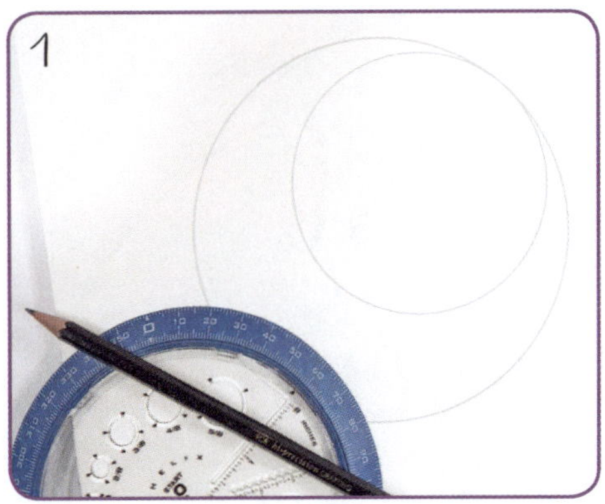

Zeichne zwei Kreise ineinander.

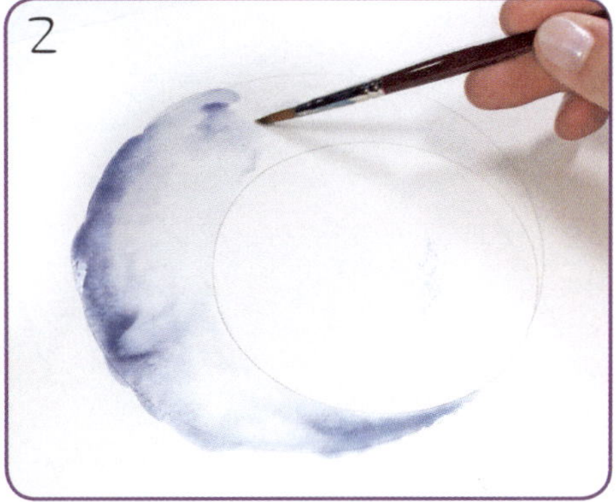

Fülle die Mondsichel mit viel Wasser und ganz wenig Farbe aus.

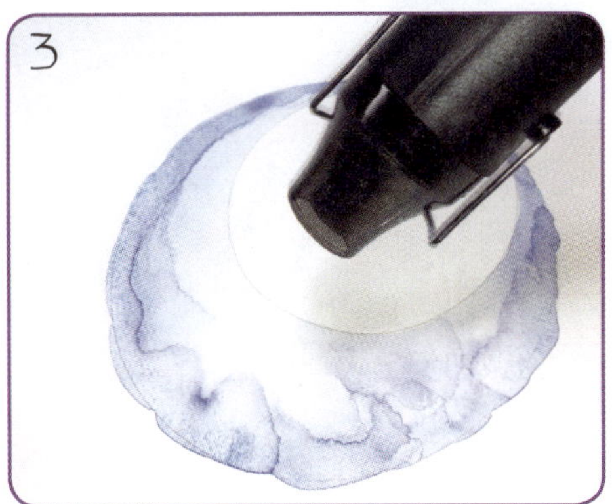

Blase mit dem Föhn die Pigmente an den äußeren Rand.

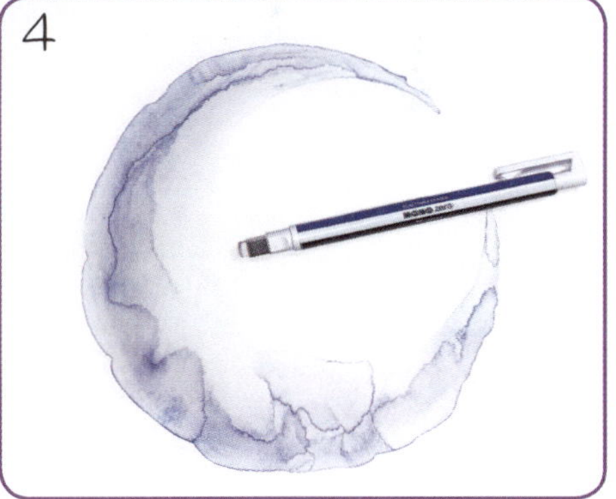

Wenn sich das Papier wieder geradegezogen hat, ist das Bild trocken, und du kannst die Bleistiftlinien vorsichtig ausradieren.

TIPP

Auf Seite 68 findest du die Vorlage für die farbige Pinsel-Schreibschrift. Übe zunächst auf einem extra Blatt oder zeichne dir die Buchstaben zart mit Bleistift vor.

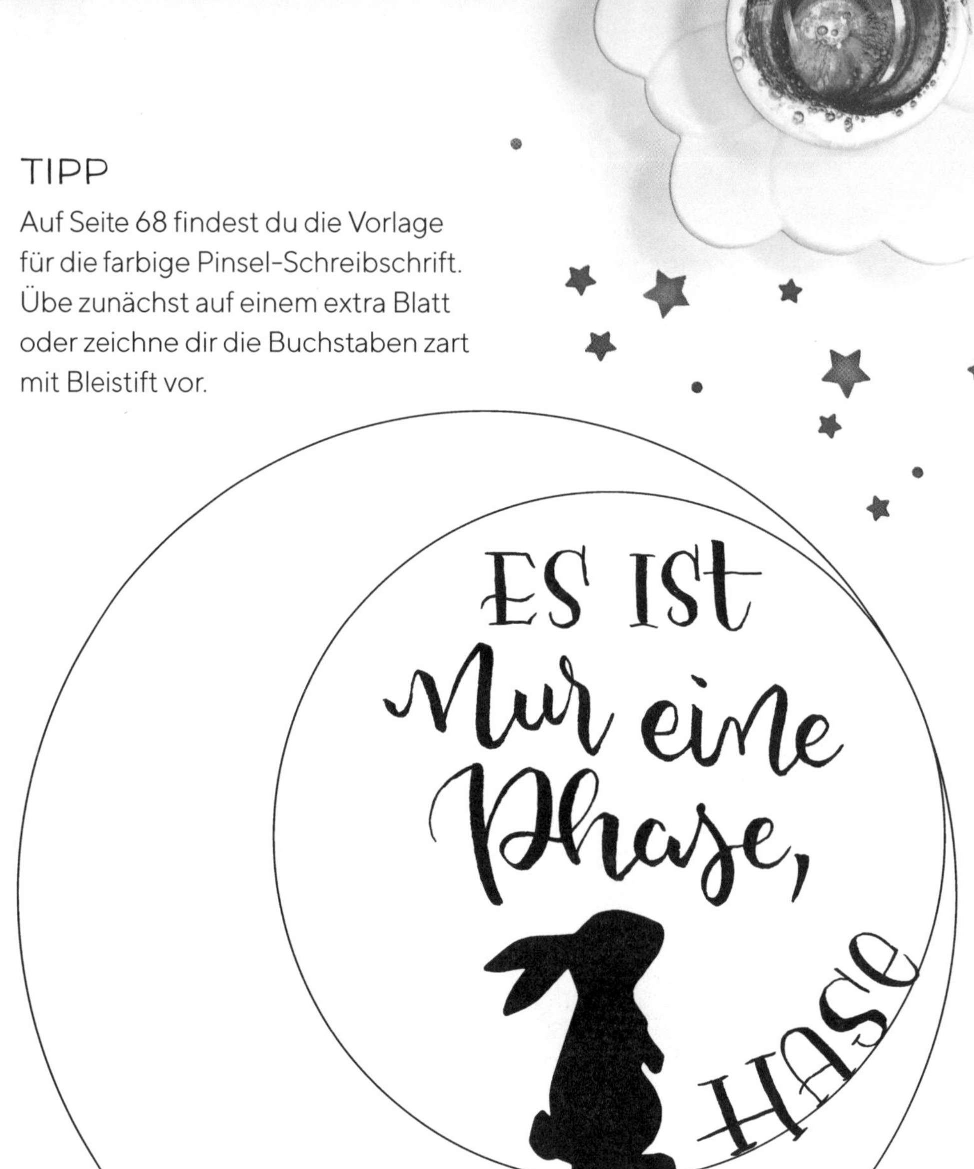

»Es ist nur eine Phase, Hase!« ist der Titel eines sehr lustigen Buches von Leo & Gutsch über die Herausforderung, das Älterwerden mit Fassung zu tragen.

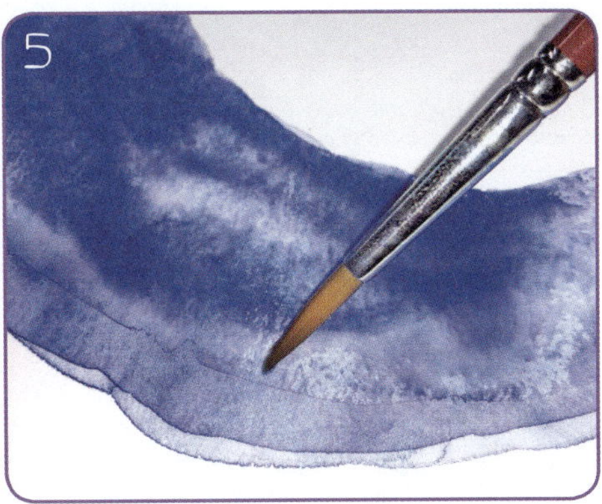

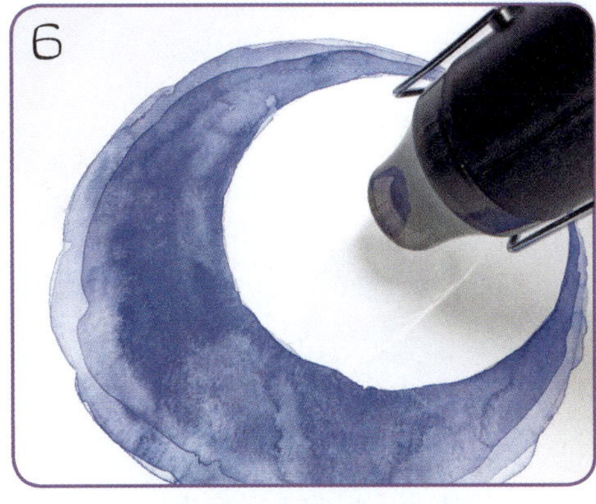

Trage nun weitere Farbflächen auf, und zwar immer mit einem kleinen Abstand zum Außenrand.

Durch das Übereinanderlegen der Farbschichten wird jede neue Fläche etwas dunkler.

Verwende bei allen Schichten den gleichen Blauton, z.B. van Gogh G506.

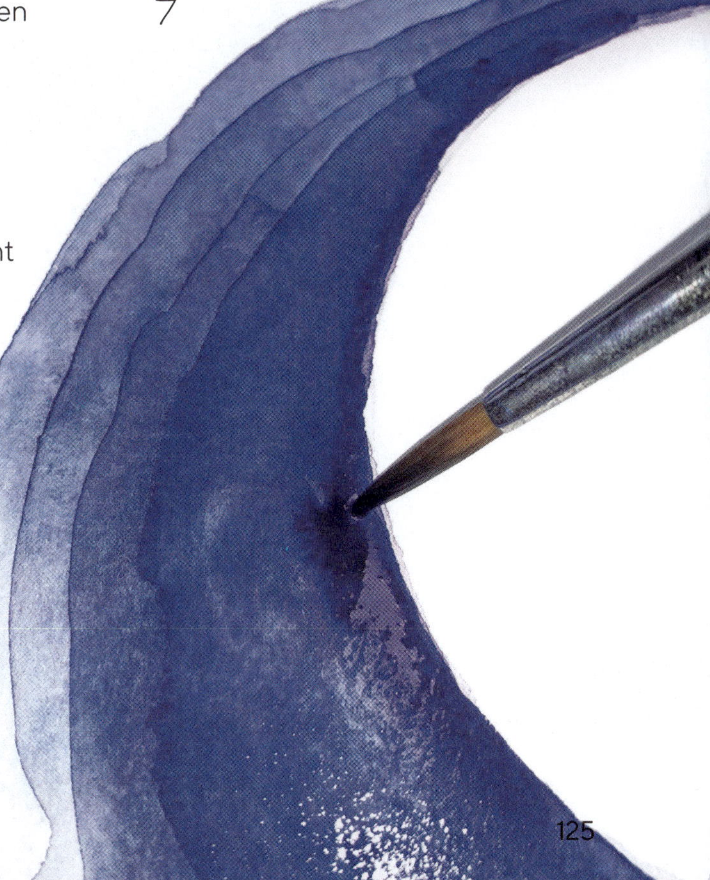

Ziehe bei der letzten Schicht **– vor dem Föhnen! –** den Innenkreis mit einem lila Farbton nach und versuche, eine gleichmäßige Innenkante zu bekommen. Das Lila vermischt sich hier mit dem Blau und gibt dem Mond einen warmen Schimmer.

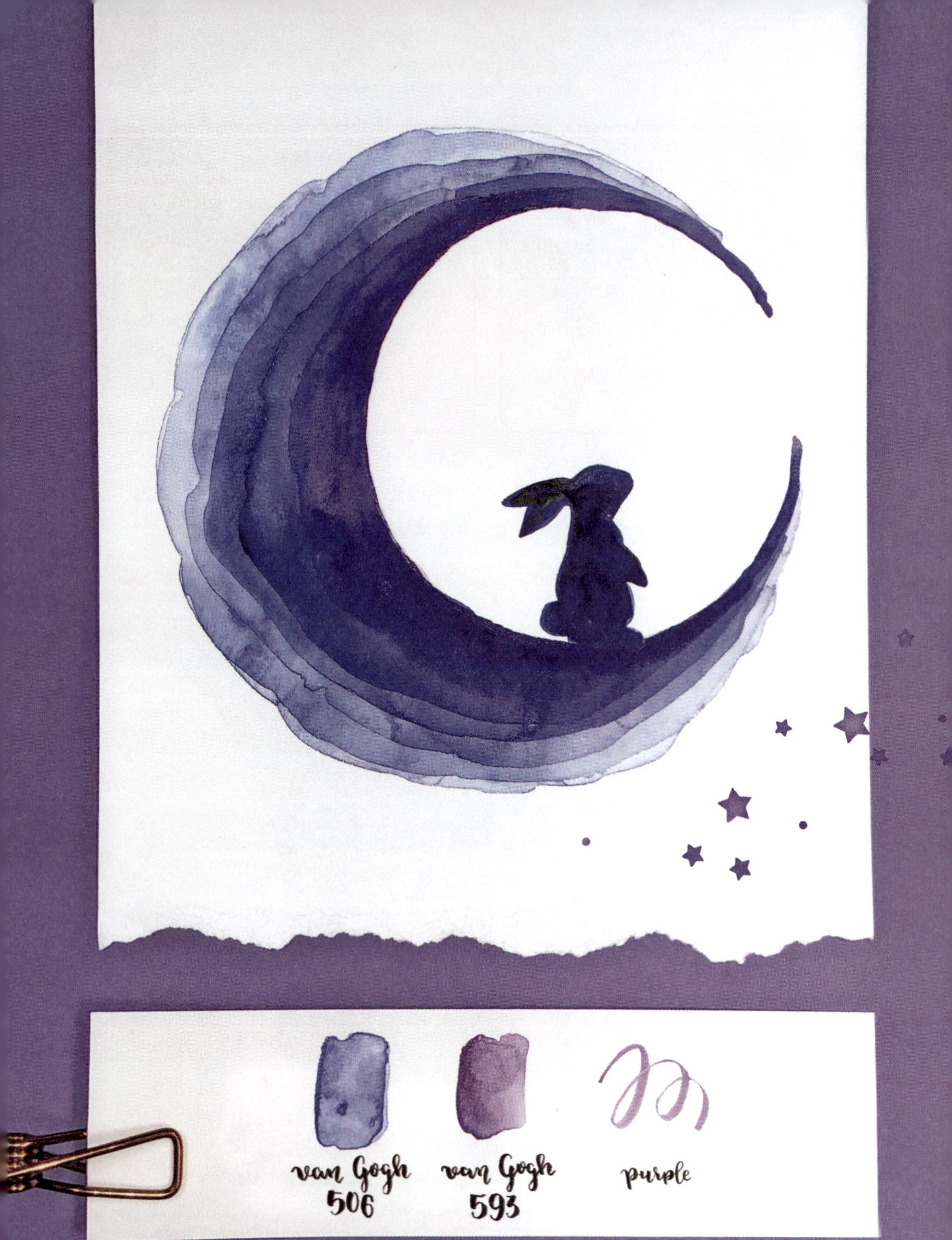

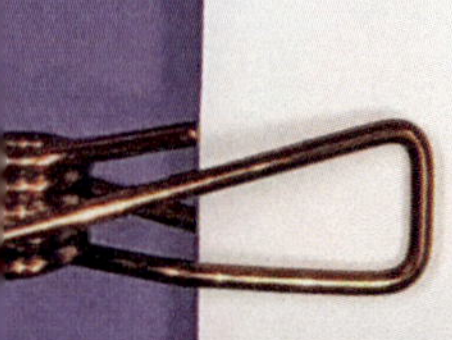

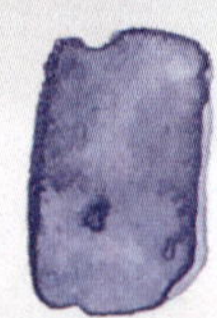
van Gogh
506

van Gogh
593

purple

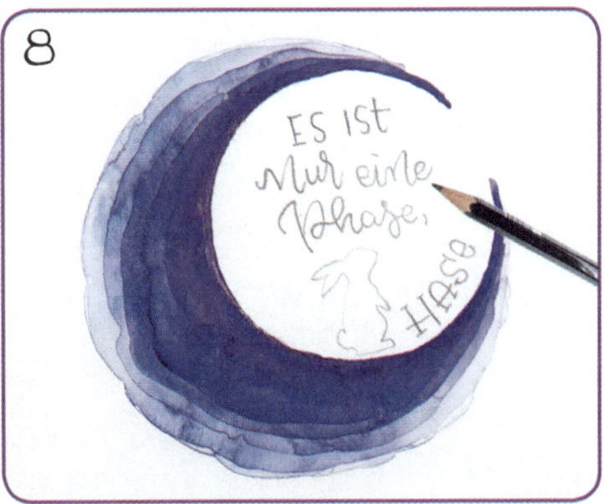

Übertrage die Vorlage in den Innenkreis.

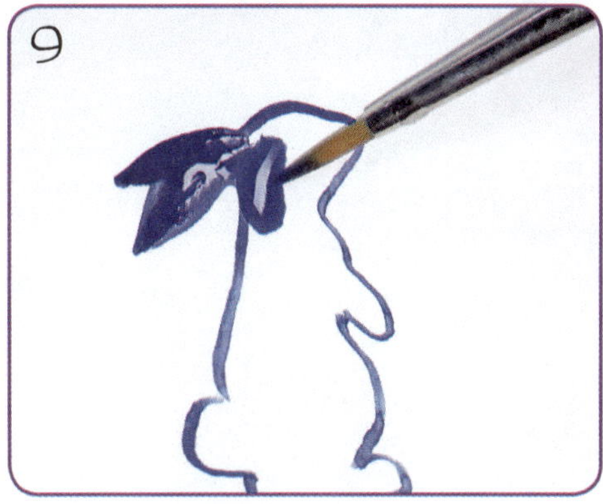

Umrande zuerst den Hasen und fülle ihn mit der Aquarellfarbe aus.

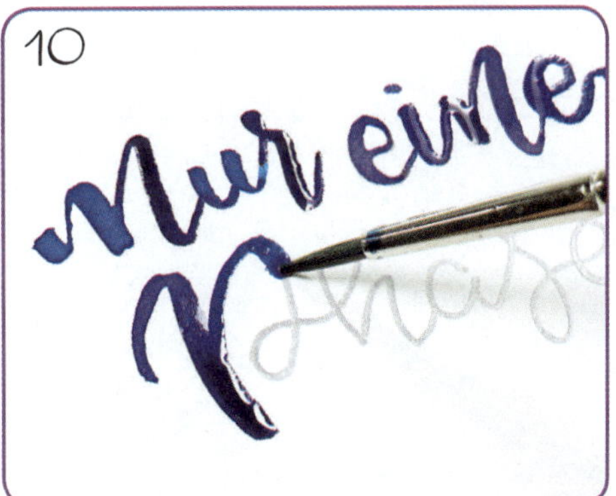

Schreibe mit dem Pinsel wie mit einem Brush Pen: Aufstrich mit wenig Druck, beim Abstrich etwas mehr Druck auf die Pinselspitze geben.

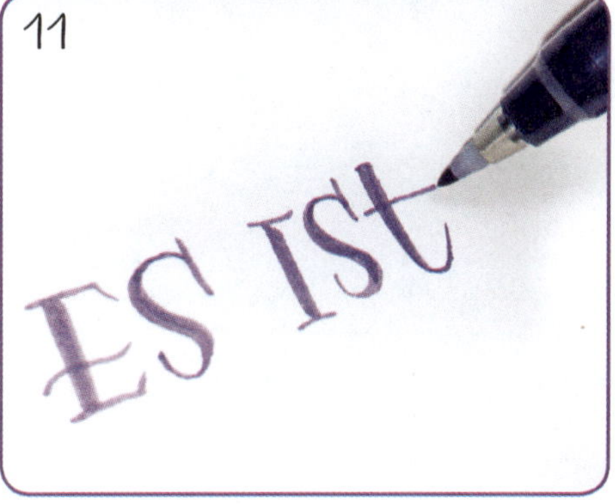

Schreibe die Blockbuchstaben, z.B. mit einem Fudenosuke Calligraphy Pen in Purple.

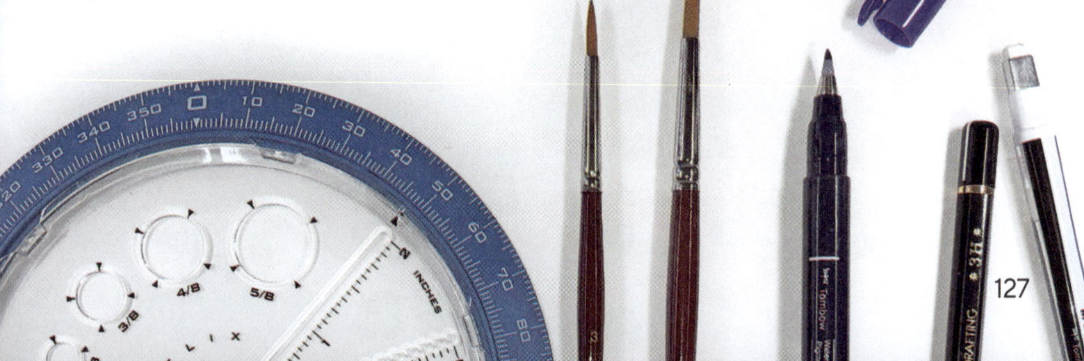

KAPITEL 5

BLÜTEN, BLÄTTER & MEER

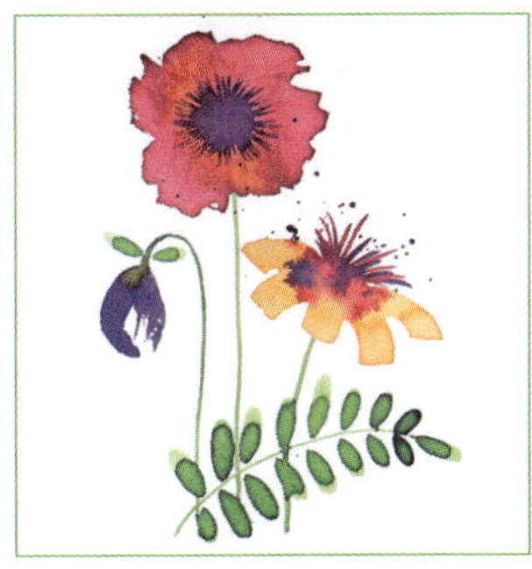

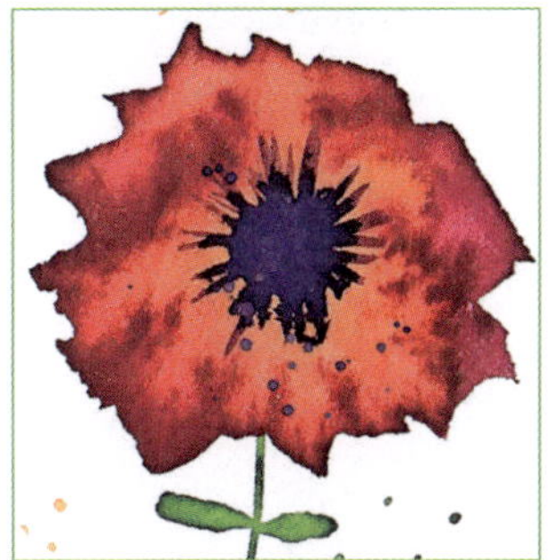

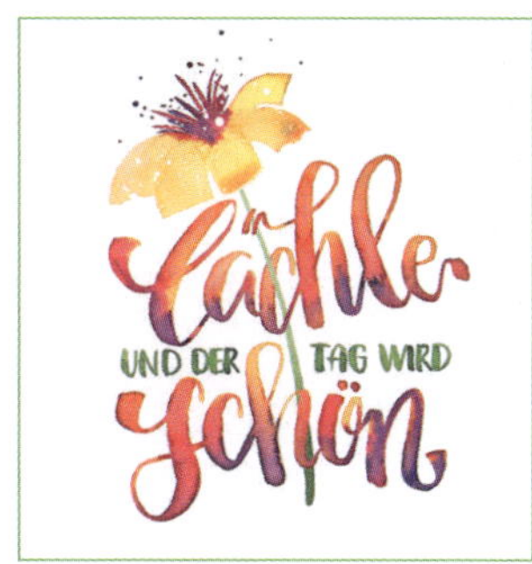
Lächle
UND DER TAG WIRD
schön

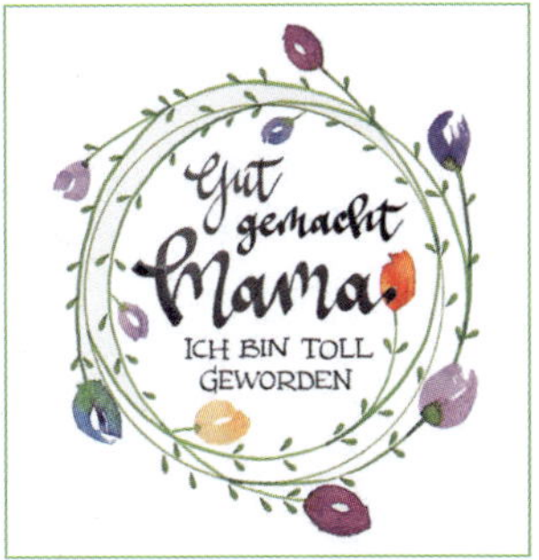
Gut gemacht
Mama
ICH BIN TOLL GEWORDEN

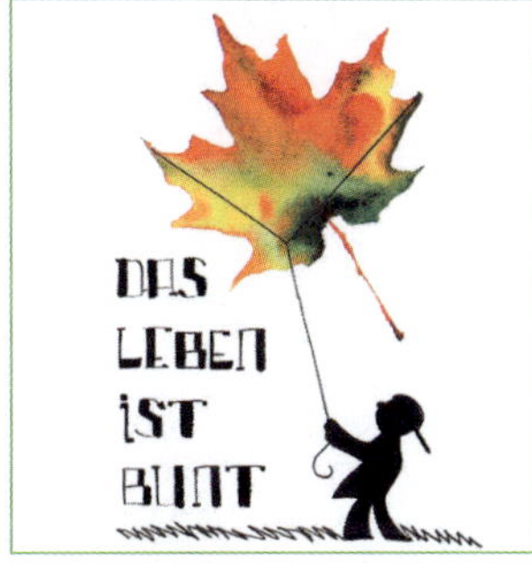
DAS
LEBEN
IST
BUNT

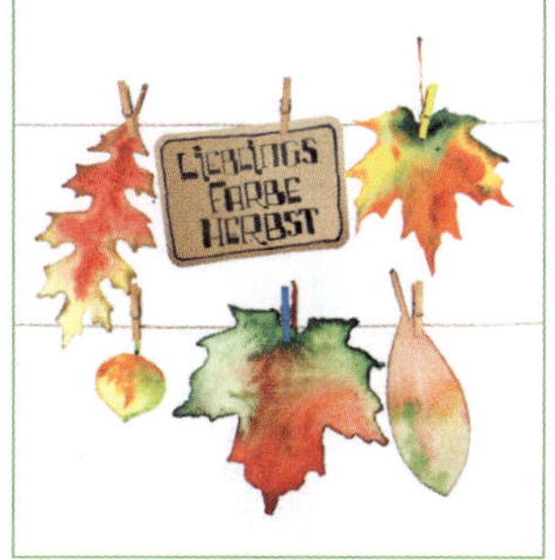
LIEBLINGS
FARBE
HERBST

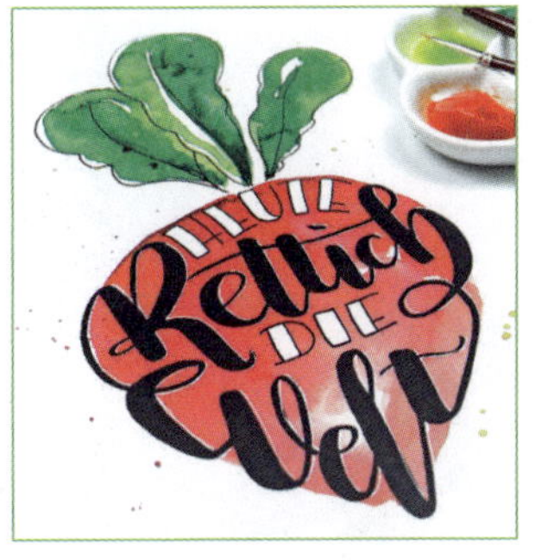
HEUTE
Rettich
DIE
Welt

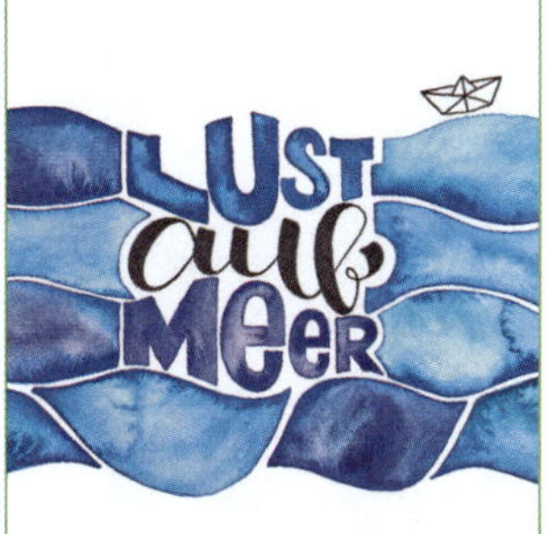
LUST
auf
Meer

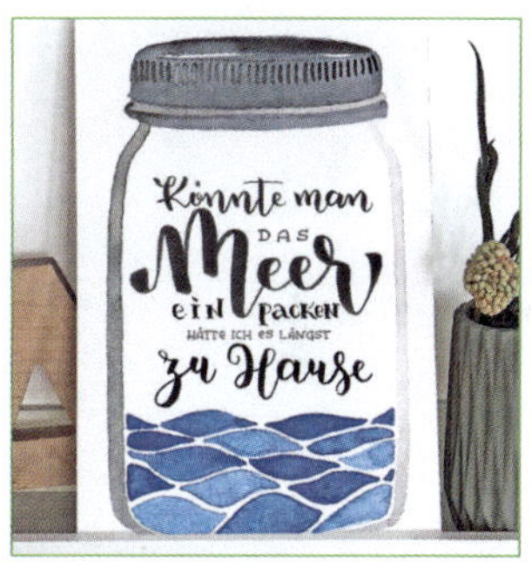
Könnte man
DAS
Meer
ein packen
HÄTTE ICH ES LÄNGST
zu Hause

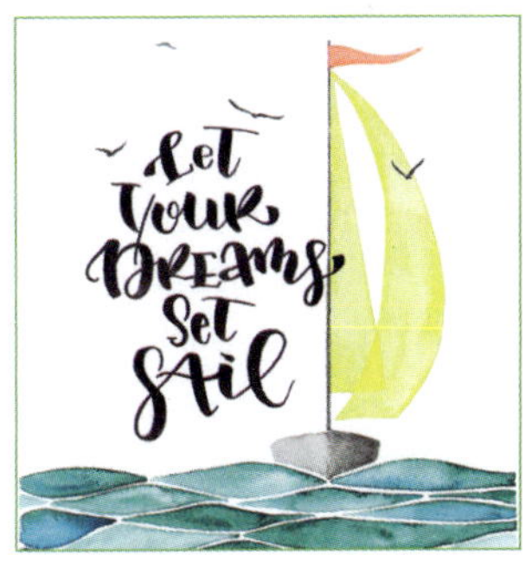
Let
your
dreams
set
sail

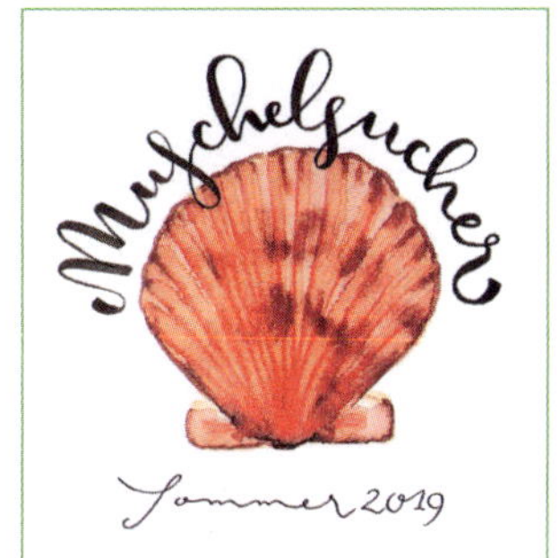
Muschelsucher
Sommer 2019

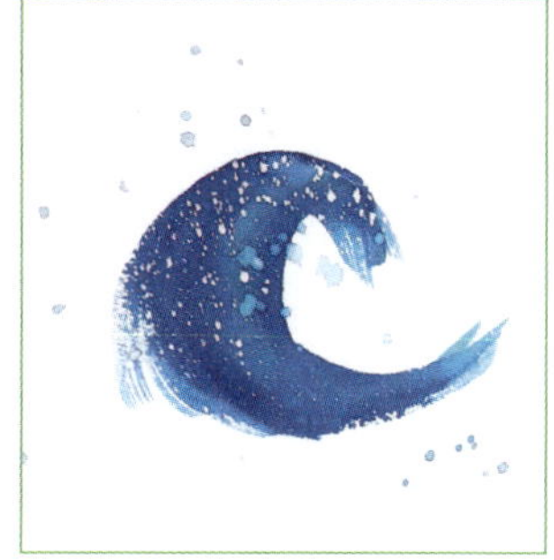

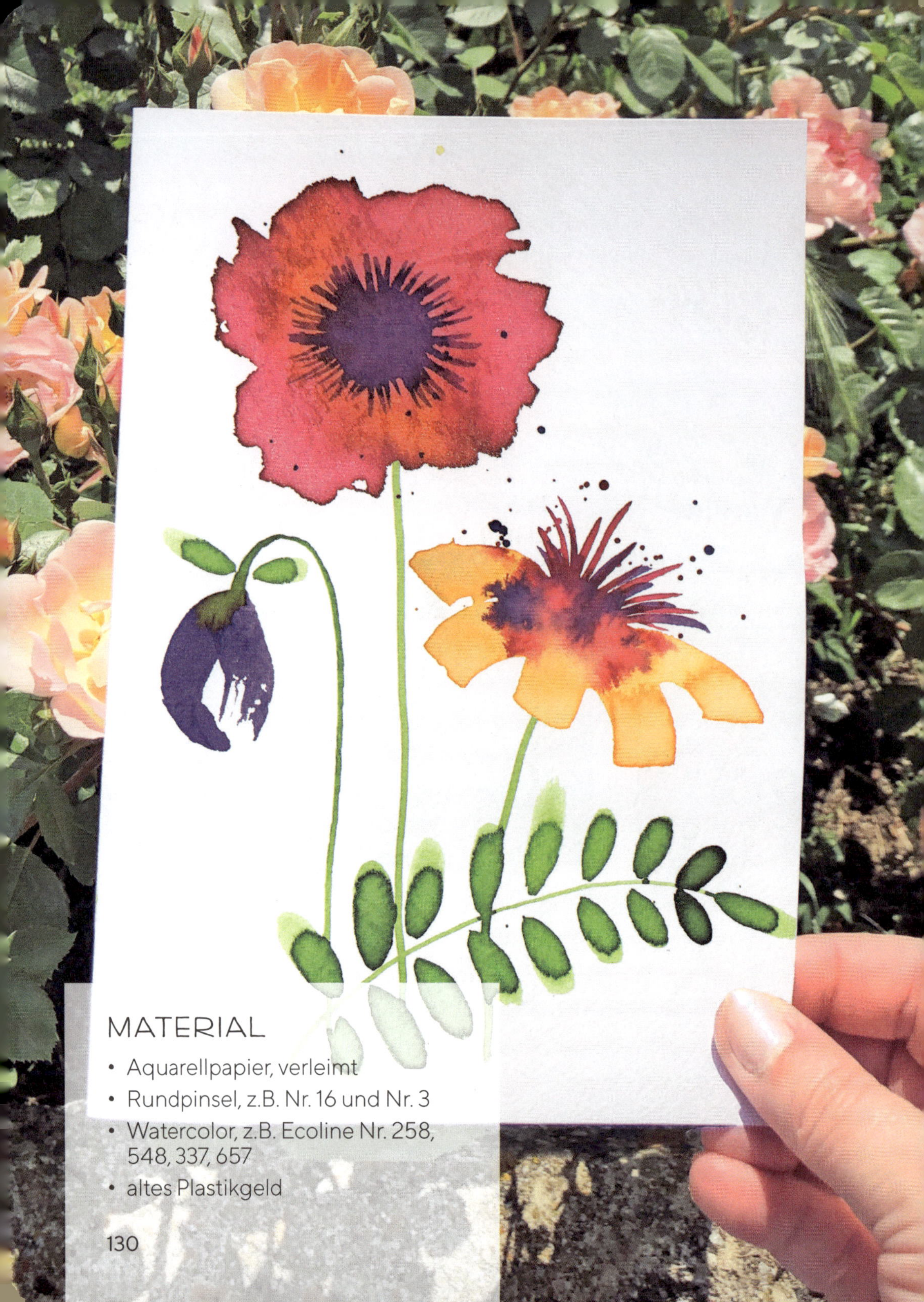

MATERIAL

- Aquarellpapier, verleimt
- Rundpinsel, z.B. Nr. 16 und Nr. 3
- Watercolor, z.B. Ecoline Nr. 258, 548, 337, 657
- altes Plastikgeld

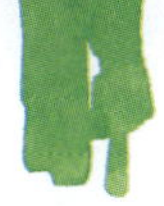

FANTASIEBLÜTEN

Meine Lieblingsblume ist die Fantasieblüte. Immer wieder anders, einfach aus Gottes buntem Garten das Allerschönste – Hauptsache kunterbunt und fröhlich! Für das Malen der Blüten habe ich mir zwei alte Kundenkarten aus Plastik zugeschnitten. Je nach Blütengröße benötigst du ein schmales oder ein breites Stück als Rakel. Ich habe mir eine Karte in der Mitte und eine weitere Karte diagonal, Seitenabstand 1,5 cm, durchgeschnitten.

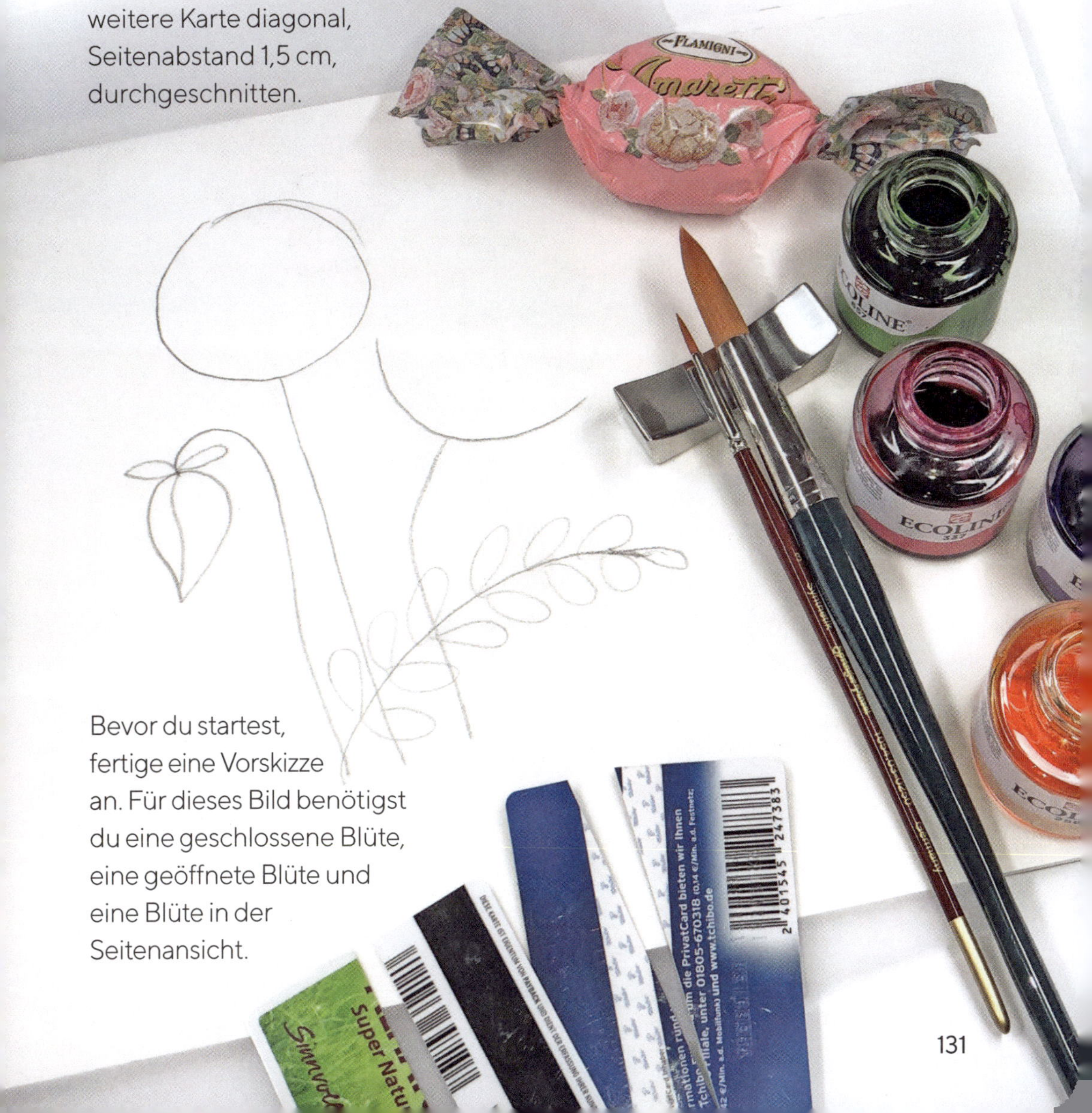

Bevor du startest, fertige eine Vorskizze an. Für dieses Bild benötigst du eine geschlossene Blüte, eine geöffnete Blüte und eine Blüte in der Seitenansicht.

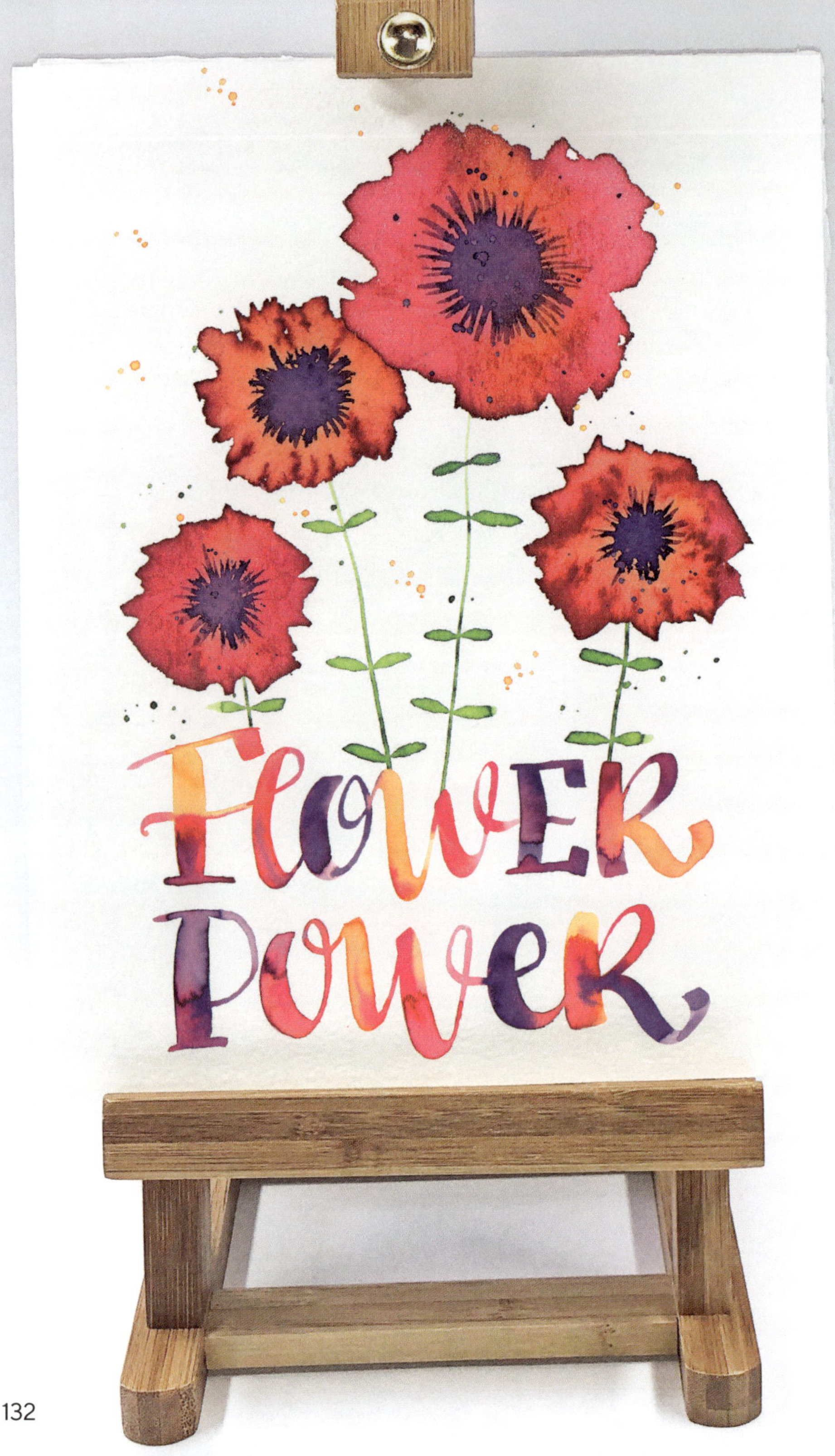
Flower
Power

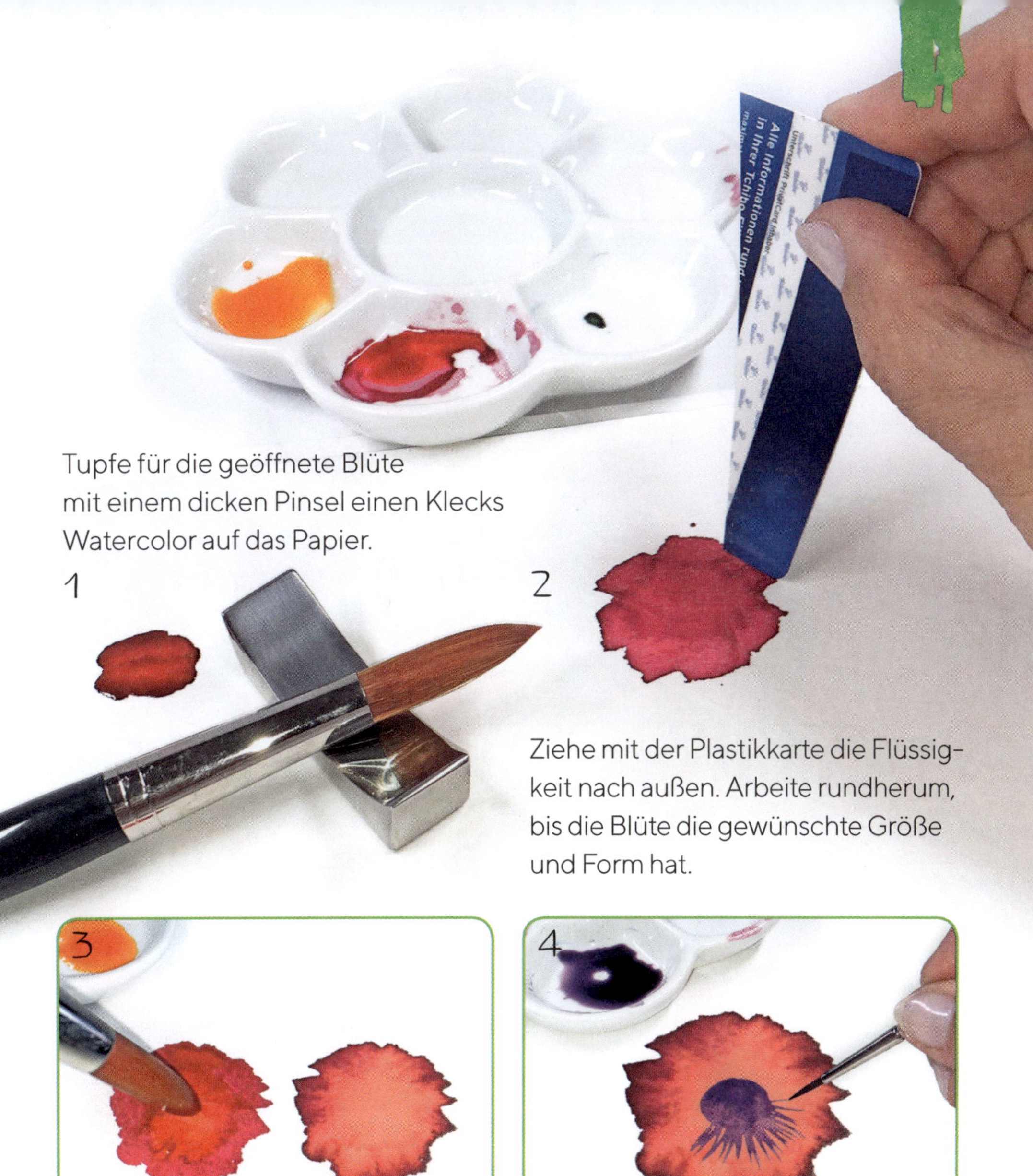

Tupfe für die geöffnete Blüte mit einem dicken Pinsel einen Klecks Watercolor auf das Papier.

Ziehe mit der Plastikkarte die Flüssigkeit nach außen. Arbeite rundherum, bis die Blüte die gewünschte Größe und Form hat.

Tupfe in die Mitte der noch feuchten Blüte eine hellere Farbe. Rechts siehst du, wie die Blüte aussieht, wenn sie getrocknet ist.

Für den Innenteil der Blüte verwendest du am besten einen kleineren Pinsel und einen dunkleren Farbton.

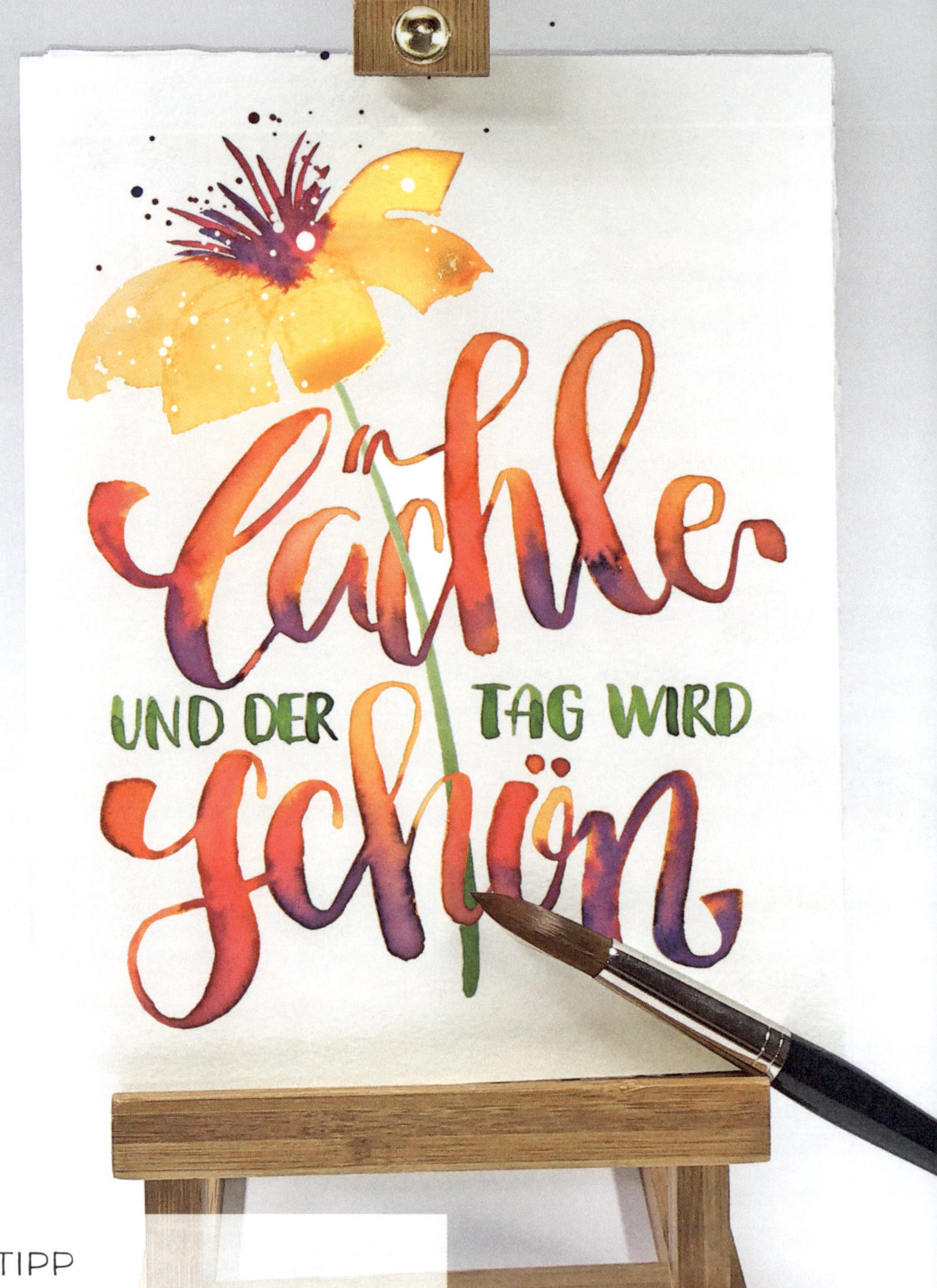

TIPP

Ein Alphabet für die Pinsel-Schreib-schrift findest du auf Seite 68.

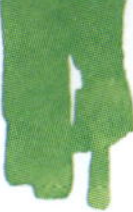

1

Tupfe für die Blüte in der Seitenansicht mit einem dicken Pinsel und der hellen Farbe einen ovalen Klecks Watercolor auf das Papier.

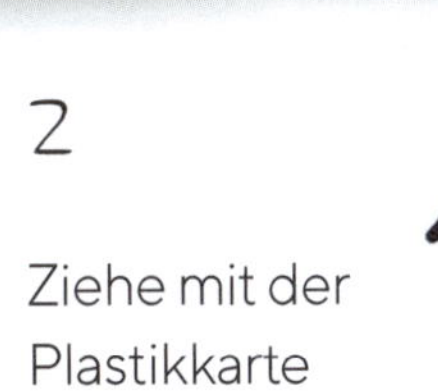

2

Ziehe mit der Plastikkarte die flüssige Farbe zuerst gerade nach unten und weitere Blütenblätter bogenförmig nach außen. Fünf Blütenblätter sind optimal.

3

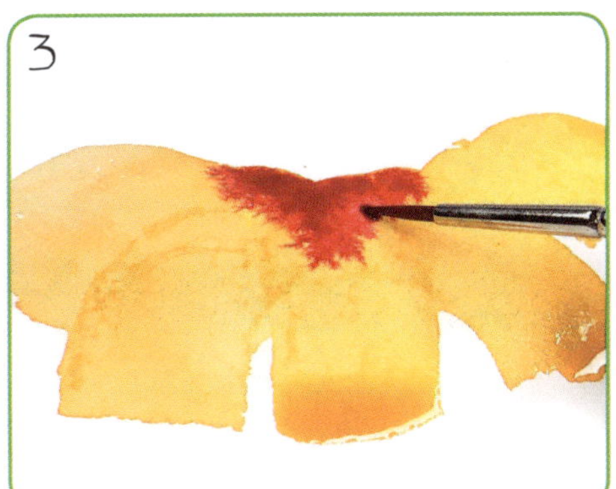

Tupfe die dunklere Farbe an den oberen Rand der Blüte.

4

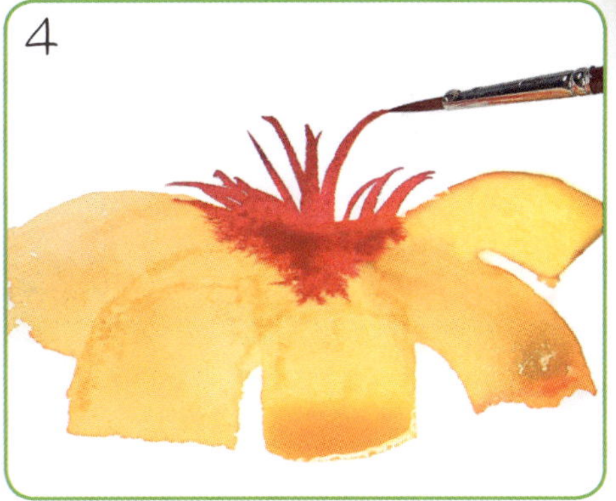

Ziehe mit einem Pinsel die Staubblätter nach außen. Wenn die Blüte getrocknet ist, sprenkle noch etwas Blütenstaub auf.

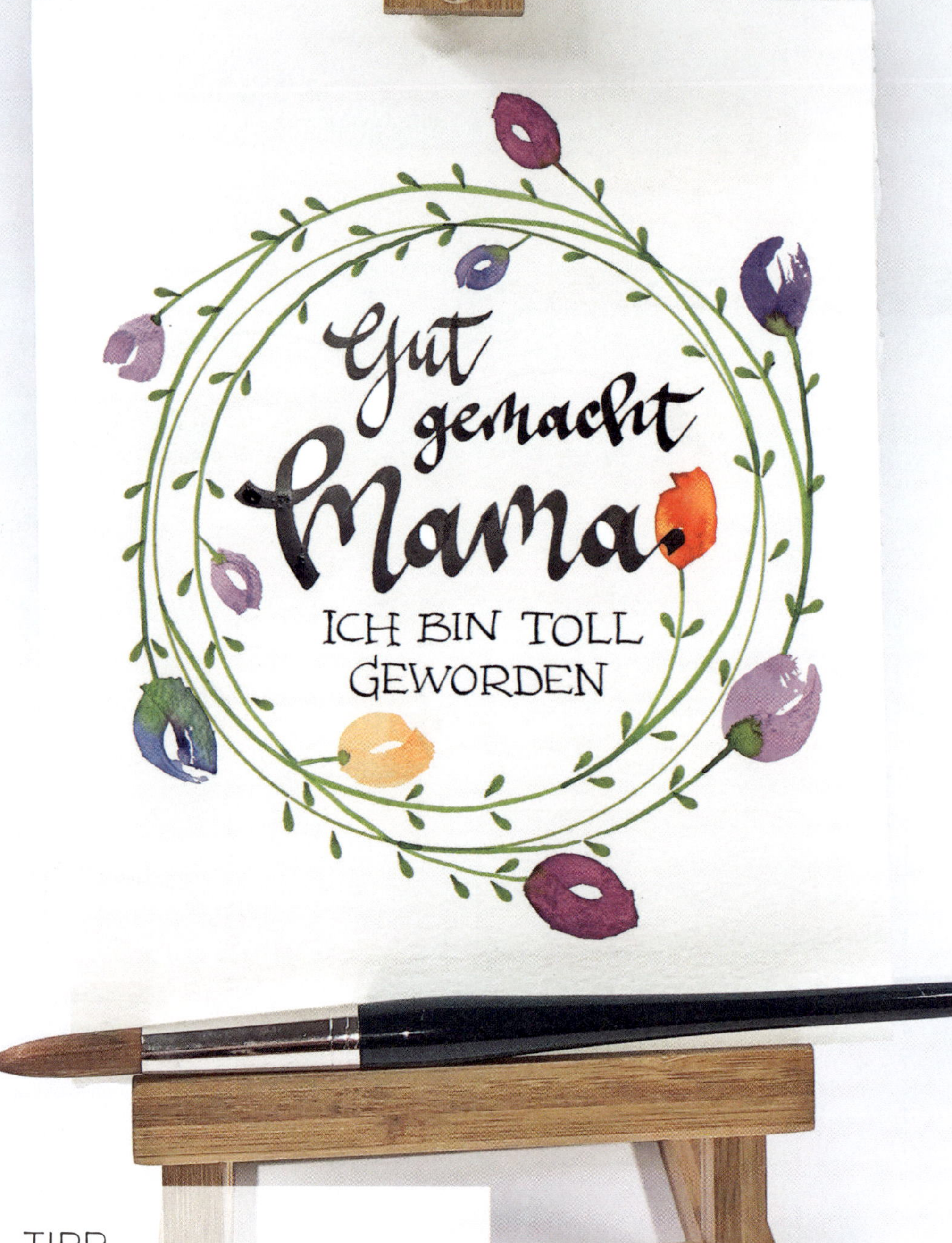

TIPP

Das Alphabet für die tanzenden Buchstaben findest du auf Seite 52.

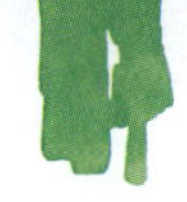

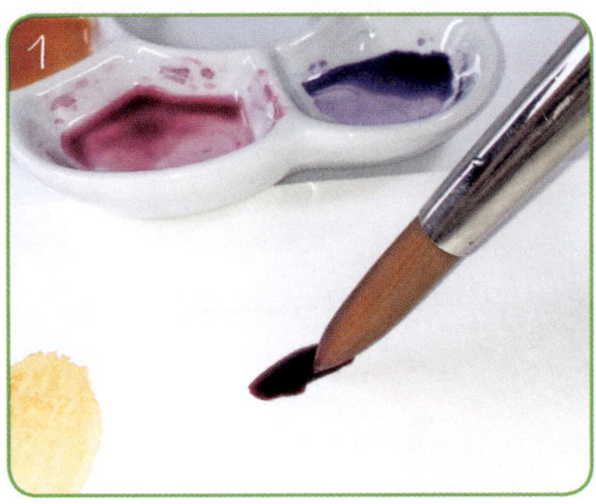

Tupfe für die geschlossene Blüte einen Klecks Farbe auf das Papier.

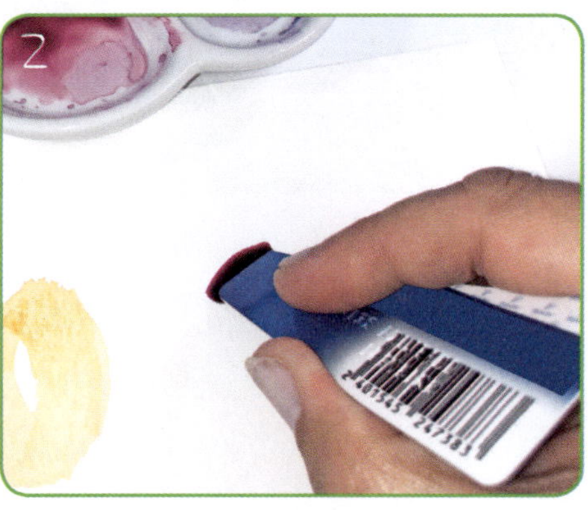

Setze die Plastikkarte in den Klecks.

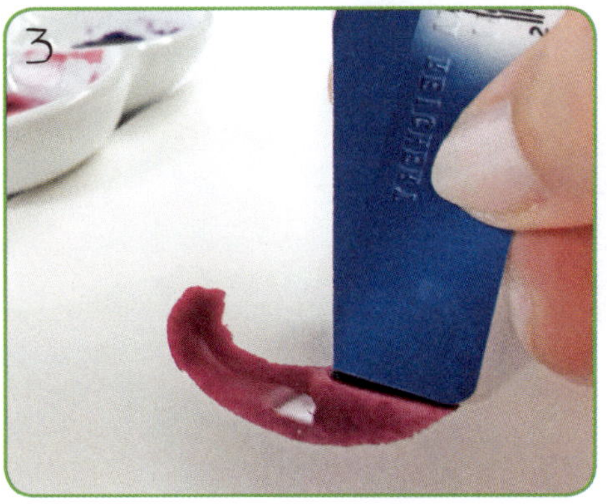

Male einen Halbmond und ...

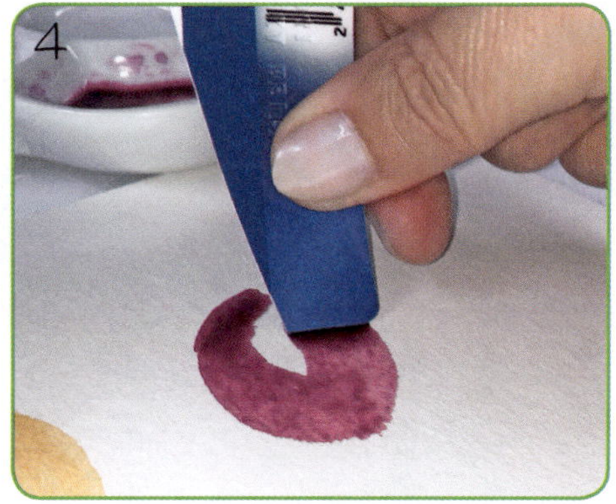

... ziehe die Farbe wieder nach oben.

5

Tupfe etwas grüne Farbe in den Blütenboden und ziehe die Farbe sofort mit dem Pinsel nach unten. So läuft das Grün nicht in die Blüte, sondern in den Stängel.

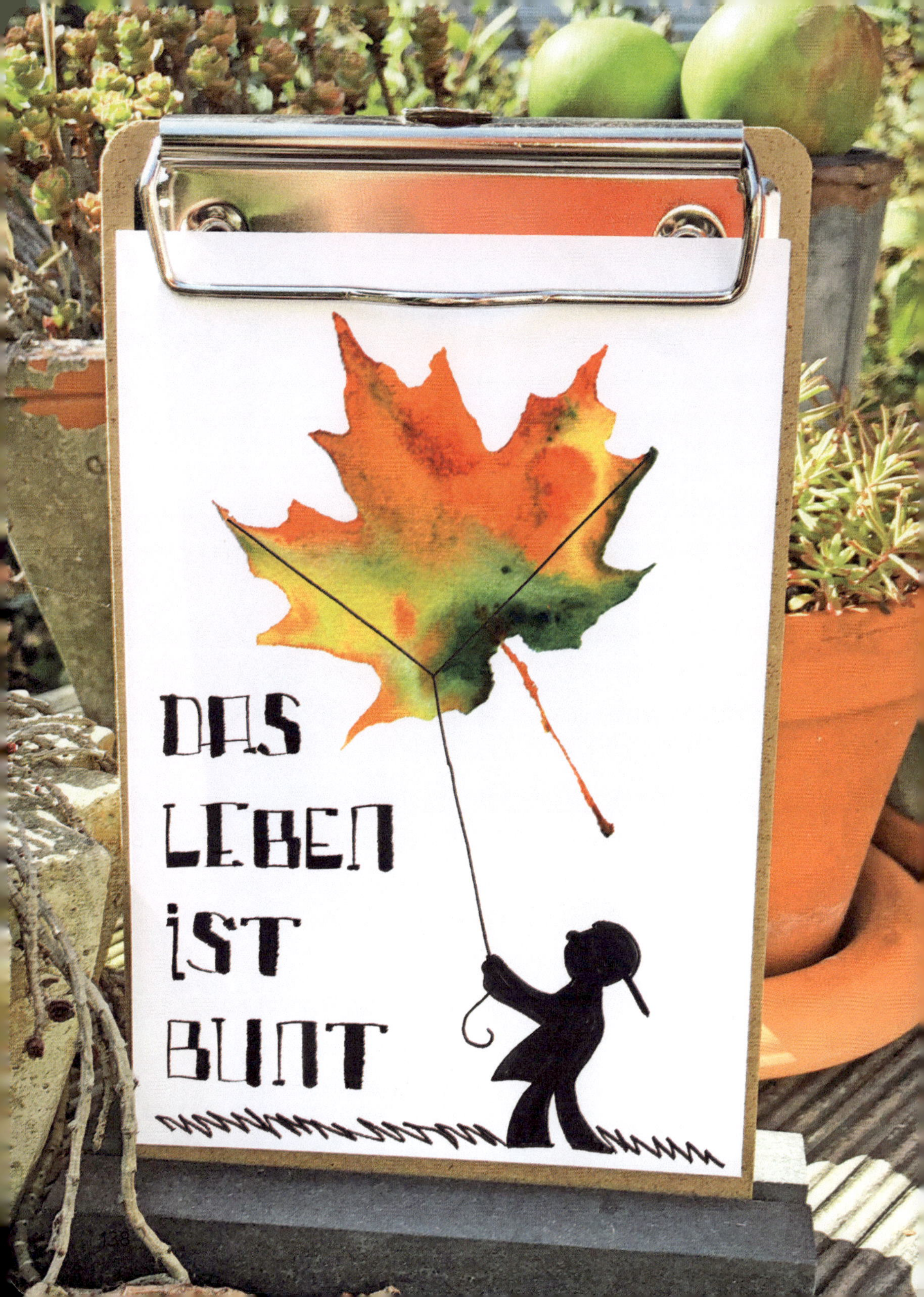
DAS
LEBEN
IST
BUNT

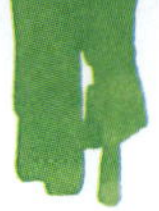

HERBSTBLÄTTER

Meine Lieblingsfarbe ist »Herbst«. Bist du auch so fasziniert von den bunten Blättern? Kein Blatt gleicht dem anderen, alle sind wunderschön in warmen und leuchtenden Farben. Wie bei der Nass-in-Nass-Technik ist der Farbverlauf auf jedem Blatt zufällig. Lasse dich von echten Blättern inspirieren!

Wähle aus deinem Aquarellfarbkasten deine Lieblingsherbstfarben. Verwende pro Blatt maximal drei Farbtöne.

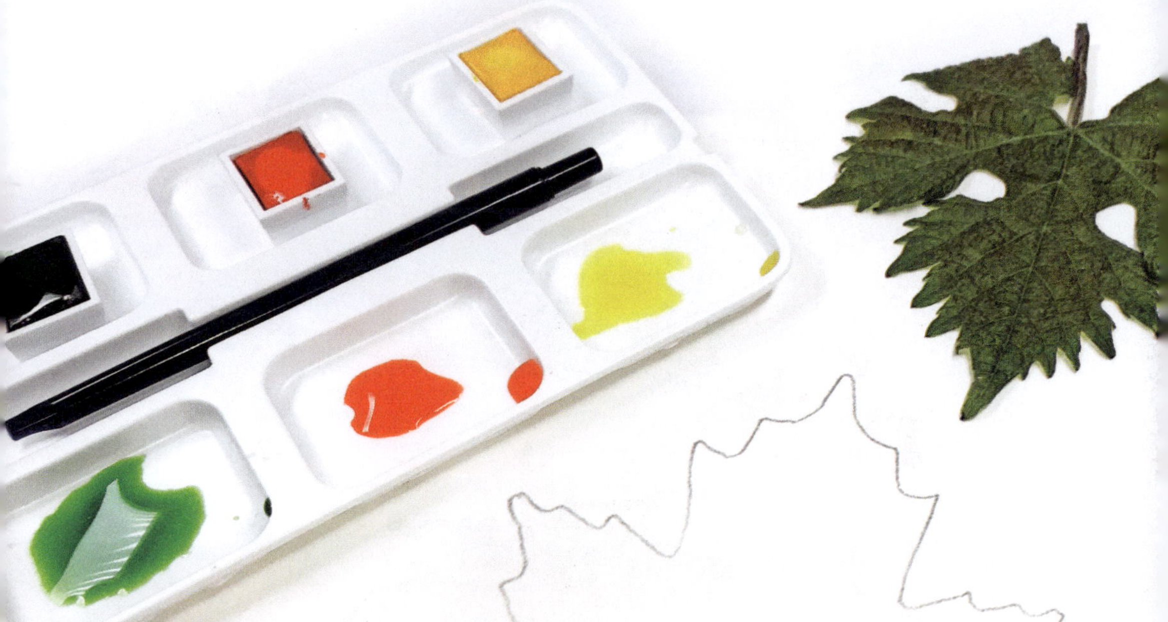

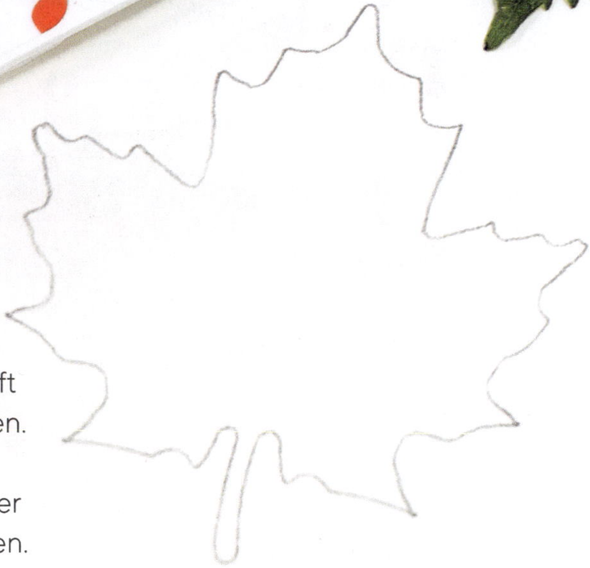

Zeichne mit einem Bleistift ganz zart die Blattkonturen. Als Schablone kannst du dieses Blatt abpausen oder ein echtes Blatt verwenden.

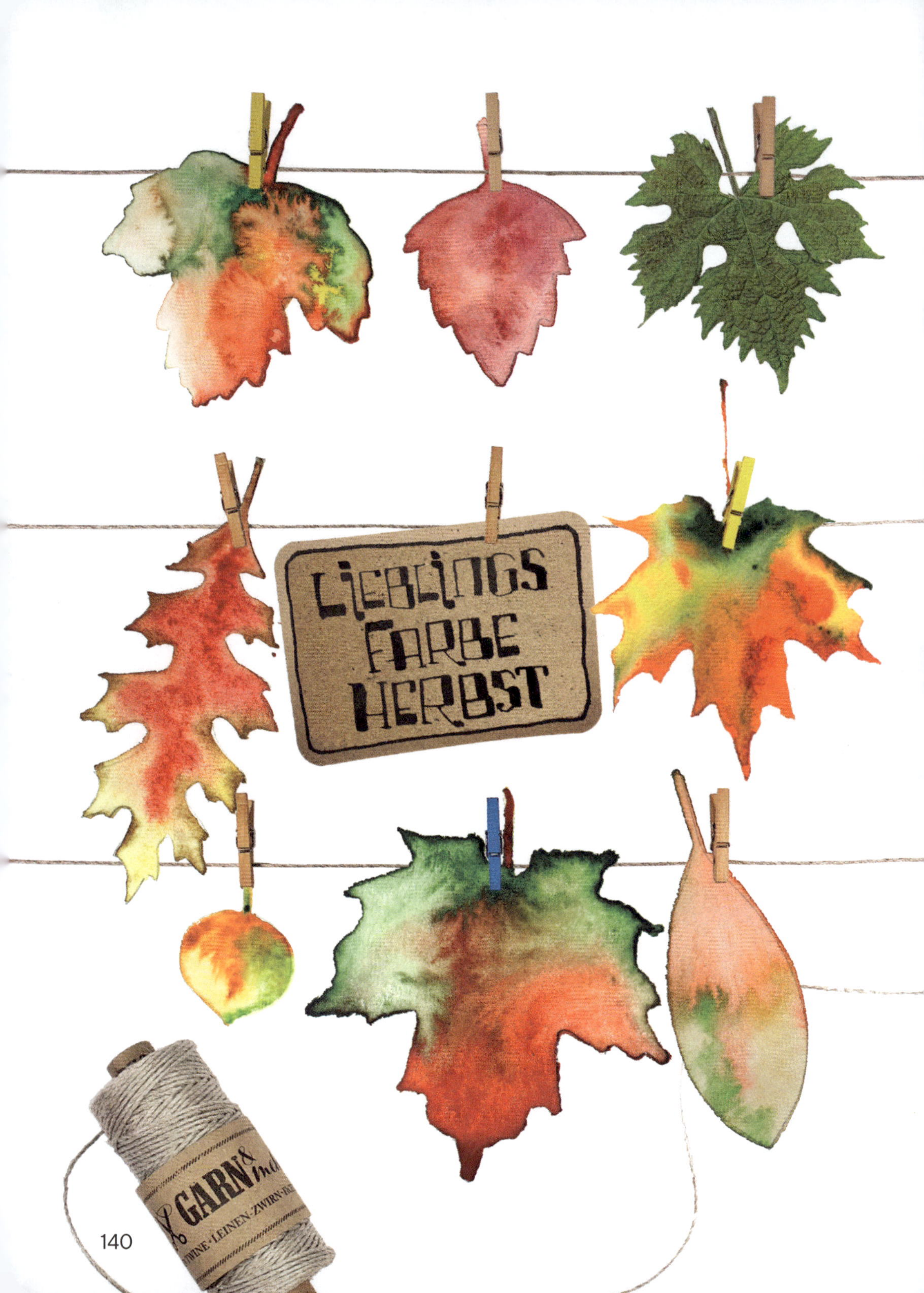
LIEBLINGS
FARBE
HERBST
GARN & mehr
TWINE · LEINEN · ZWIRN

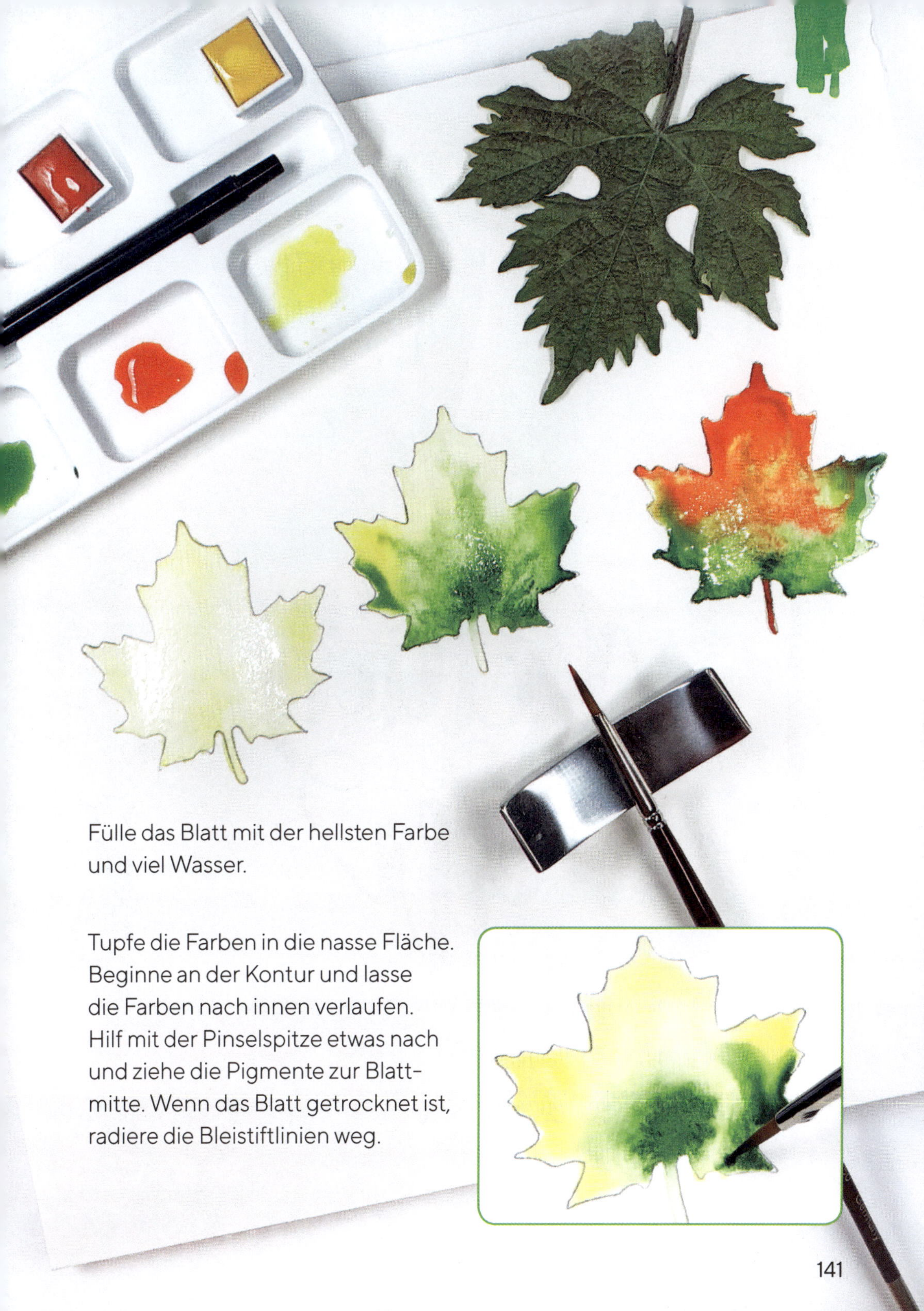

Fülle das Blatt mit der hellsten Farbe und viel Wasser.

Tupfe die Farben in die nasse Fläche. Beginne an der Kontur und lasse die Farben nach innen verlaufen. Hilf mit der Pinselspitze etwas nach und ziehe die Pigmente zur Blattmitte. Wenn das Blatt getrocknet ist, radiere die Bleistiftlinien weg.

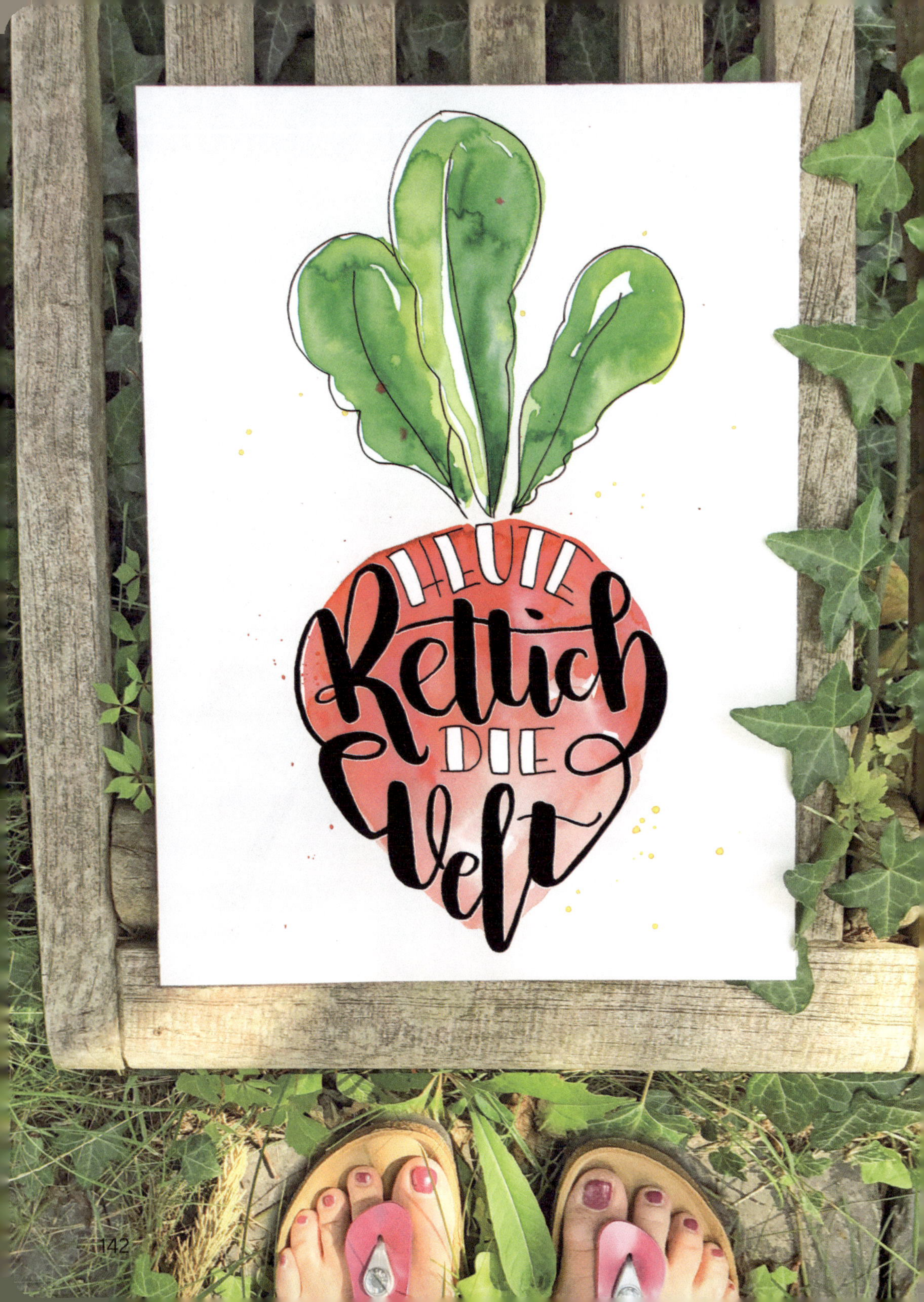
HEUTE
Rettich
DIE
Welt

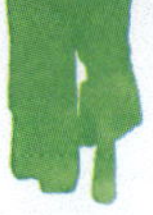

HEUTE RETTICH DIE WELT

Malt mehr Gemüse und rettet die Welt! Wer kann diesem Rettich widerstehen? Übertrage die Vorlage auf ein Aquarellpapier. Zum Durchpausen der Vorzeichnung eignet sich Grafitpapier, so brauchst du den Papierbogen nicht aus der Blockverleimung zu lösen.

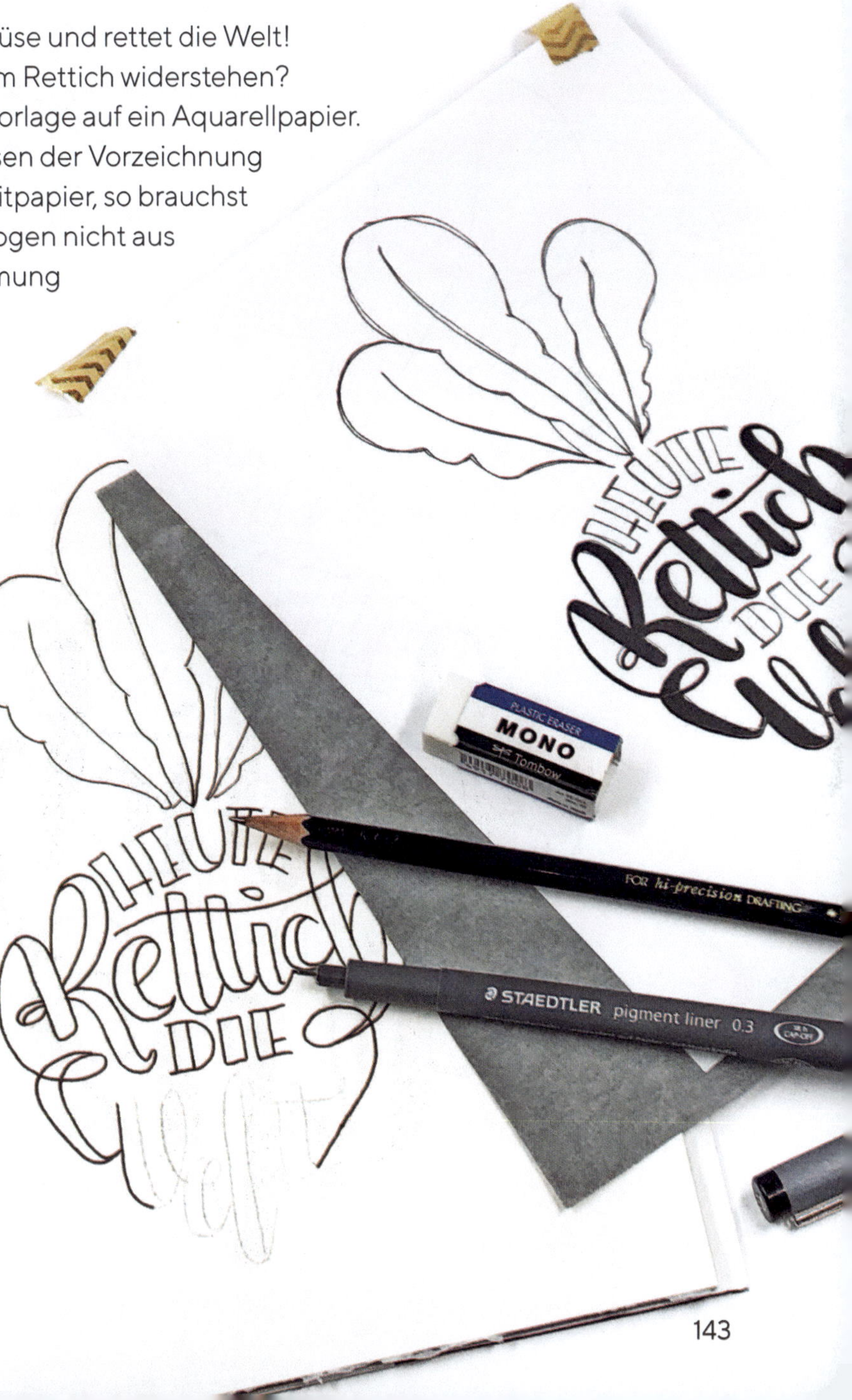

Ziehe die Schrift und die Blätter mit einem wasserfesten Brush Pen oder Fineliner nach. Radiere anschließend die Grafitlinien aus.

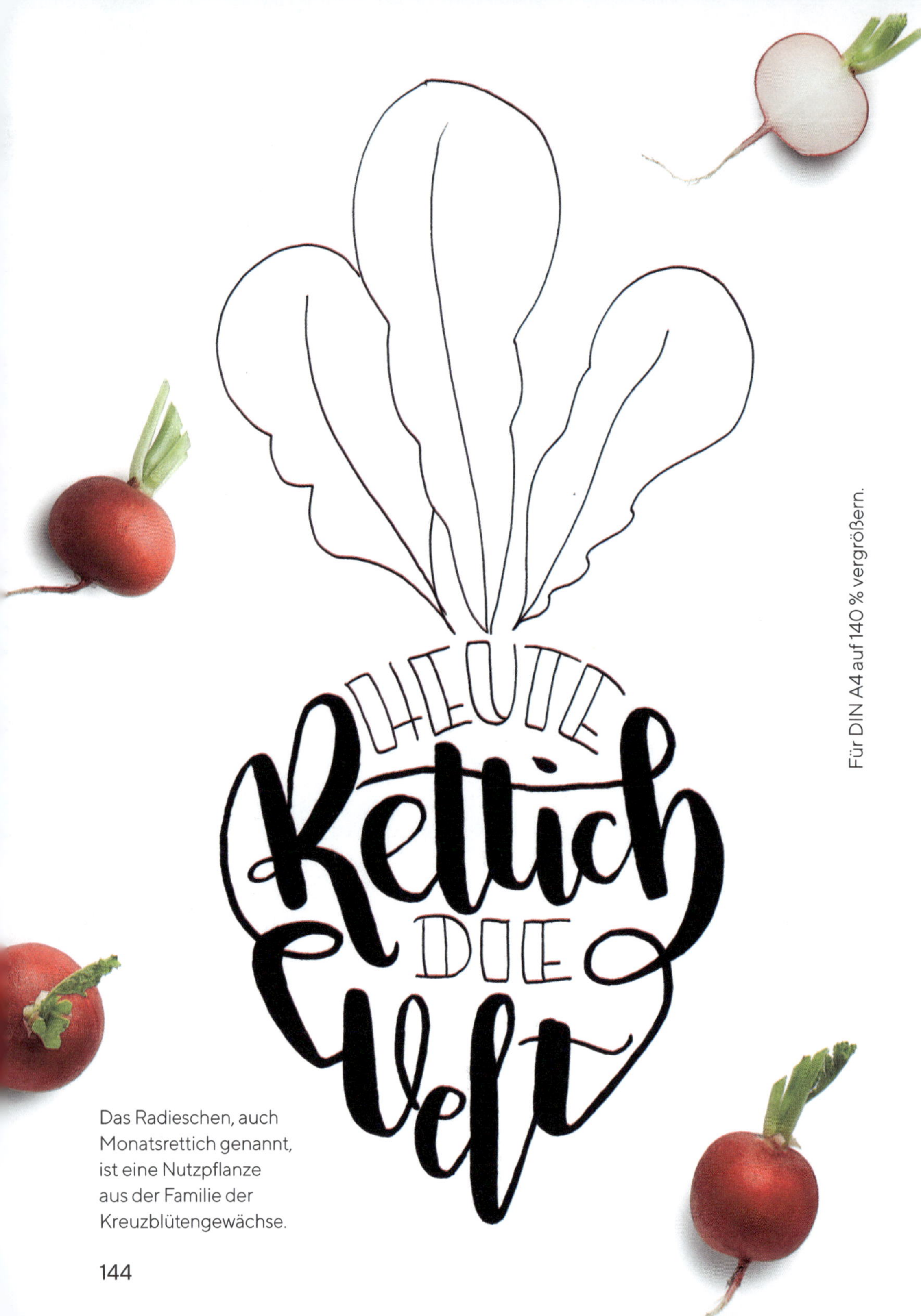

Für DIN A4 auf 140 % vergrößern.

Das Radieschen, auch Monatsrettich genannt, ist eine Nutzpflanze aus der Familie der Kreuzblütengewächse.

Koloriere die Blätter in einem Grünton mit etwas Gelb, das lässt sie frisch aussehen. Male den Rettich mit einem hellen Rot aus. Vergiss nicht, die Wörter HEUTE und DIE auszusparen und etwas Weißraum als Lichtreflex in den Blättern zu lassen.

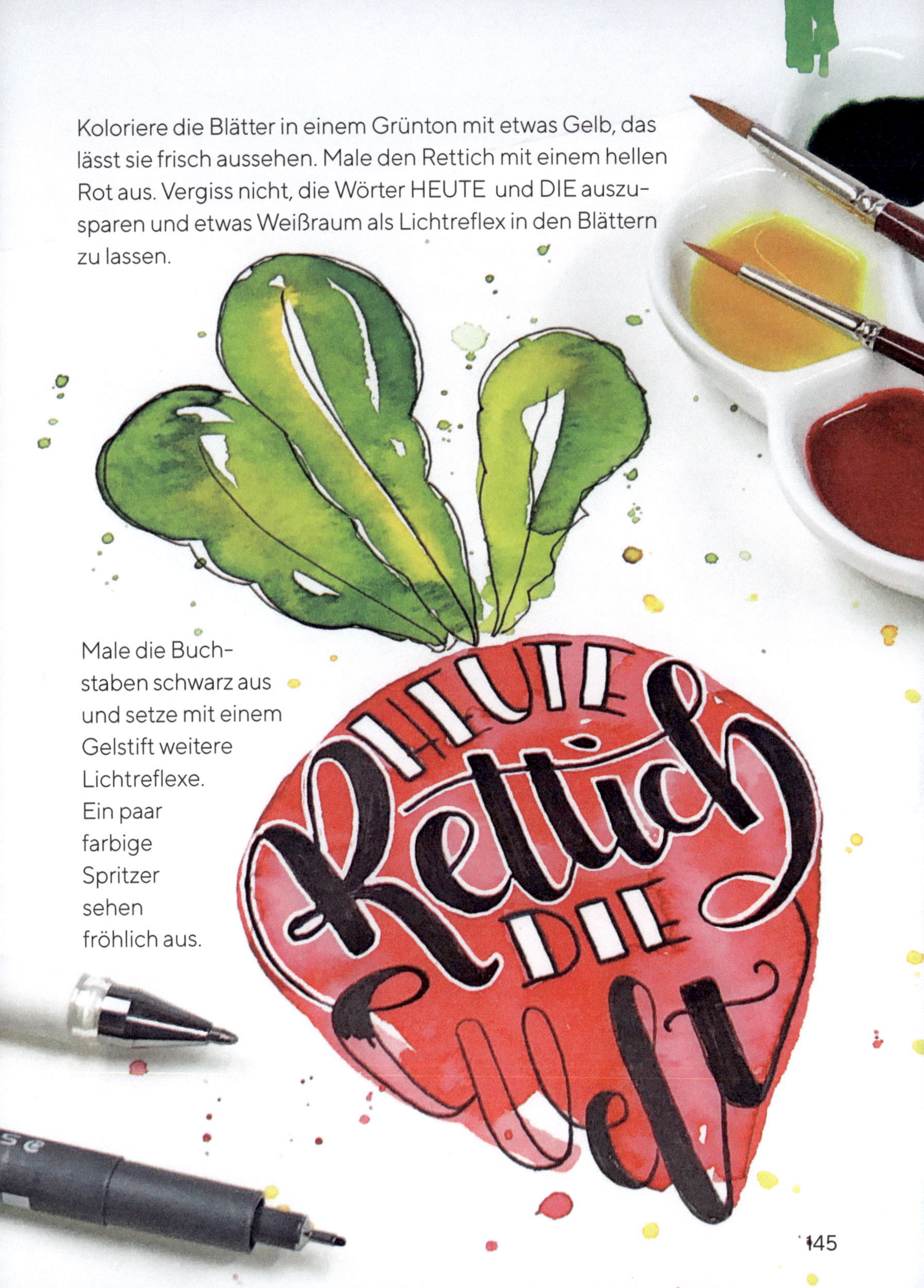

Male die Buchstaben schwarz aus und setze mit einem Gelstift weitere Lichtreflexe. Ein paar farbige Spritzer sehen fröhlich aus.

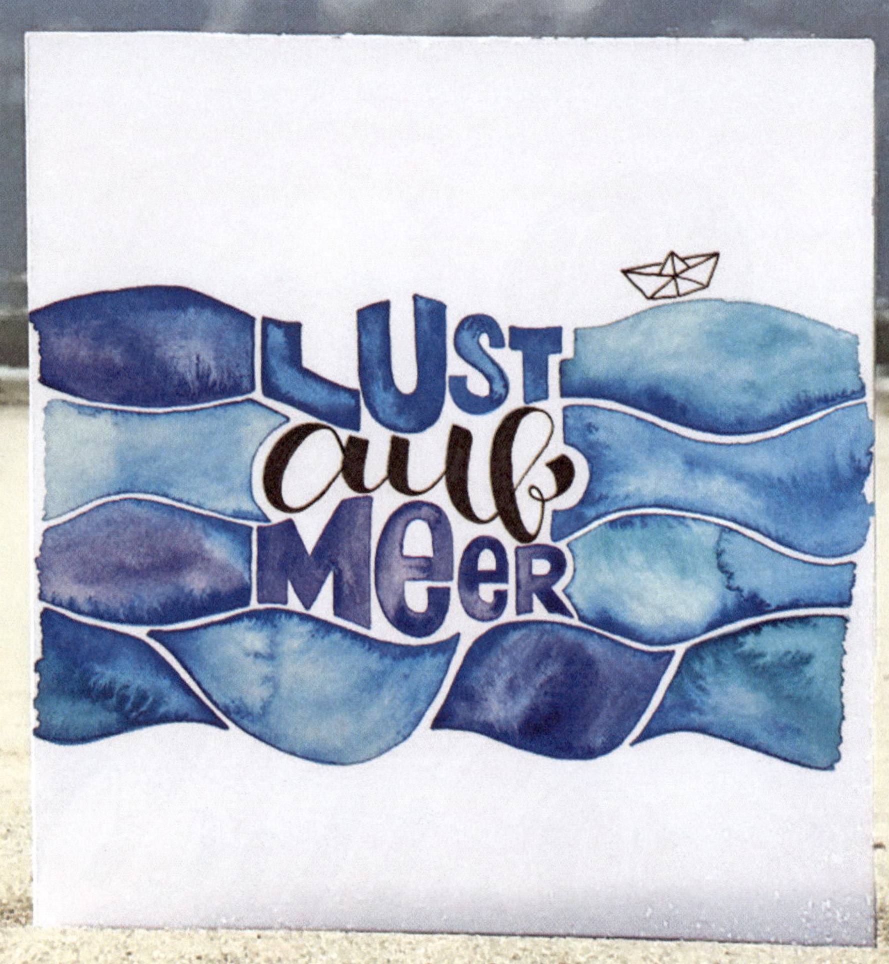

MATERIAL

- Aquarellpapier
- Aquarellfarbe
- Rundpinsel, z.B. Nr. 3
- Bleistift (B) und Radiergummi
- Brush Pen für das Lettering

MEER

Das Meer hat viele Temperamente. Einmal erlebt man es stürmisch mit meterhohen Wellen und dann wieder ruhig und spiegelglatt. Meer fasziniert mich, und darum möchte ich es auch immer wieder malen und in meine Lettergrafien einbauen.

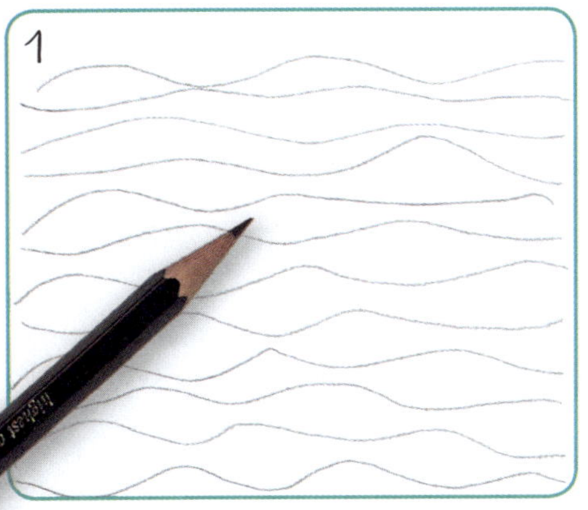

Zeichne mit einem weichen Bleistift die Wellen vor.

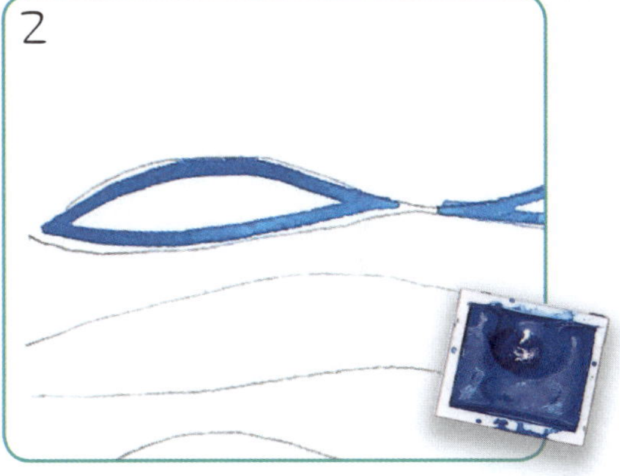

Umrande den Zwischenraum mit etwas Abstand zum Bleistiftstrich und fülle ihn mit Farbe aus.

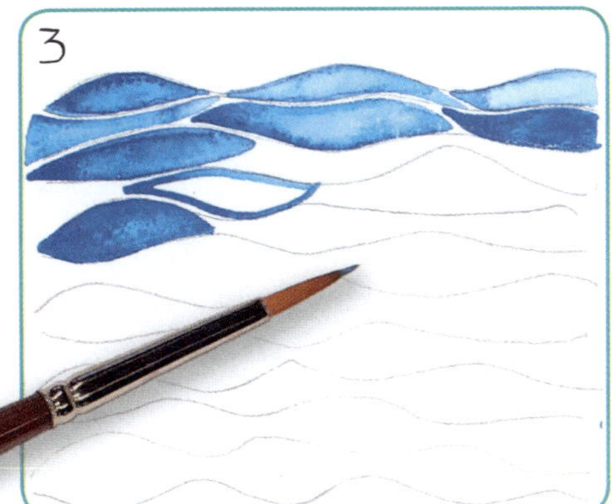

Arbeite Welle für Welle. Variiere durch das Mischen mit Wasser den Farbton.

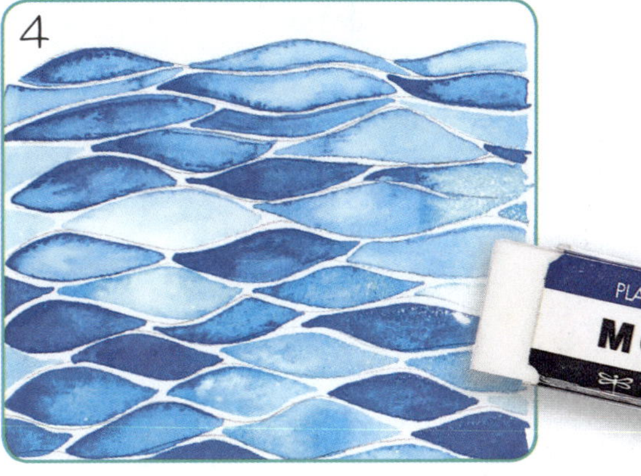

Radiere nach dem Trocknen die Bleistiftlinien mit einem kautschukfreien Radiergummi aus.

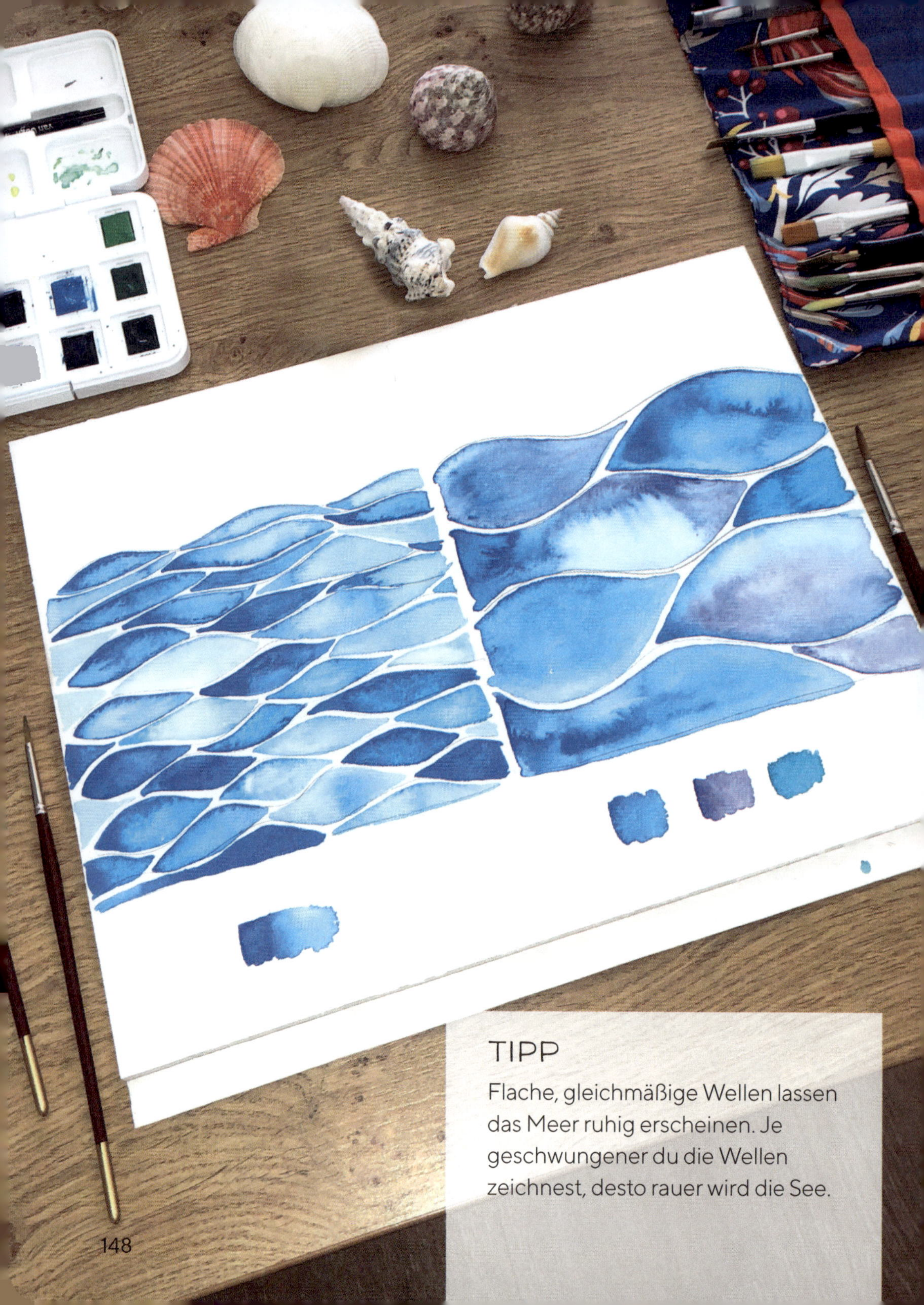

TIPP

Flache, gleichmäßige Wellen lassen das Meer ruhig erscheinen. Je geschwungener du die Wellen zeichnest, desto rauer wird die See.

Das Abpausen mit Transparentpapier ist eine hilfreiche Technik. Pause bei deinen Vorskizzen die Teile, die dir schon gefallen, ab und ergänze sie, bis die Skizze perfekt ist. Ich verwende Skizzenpapier von der Rolle.

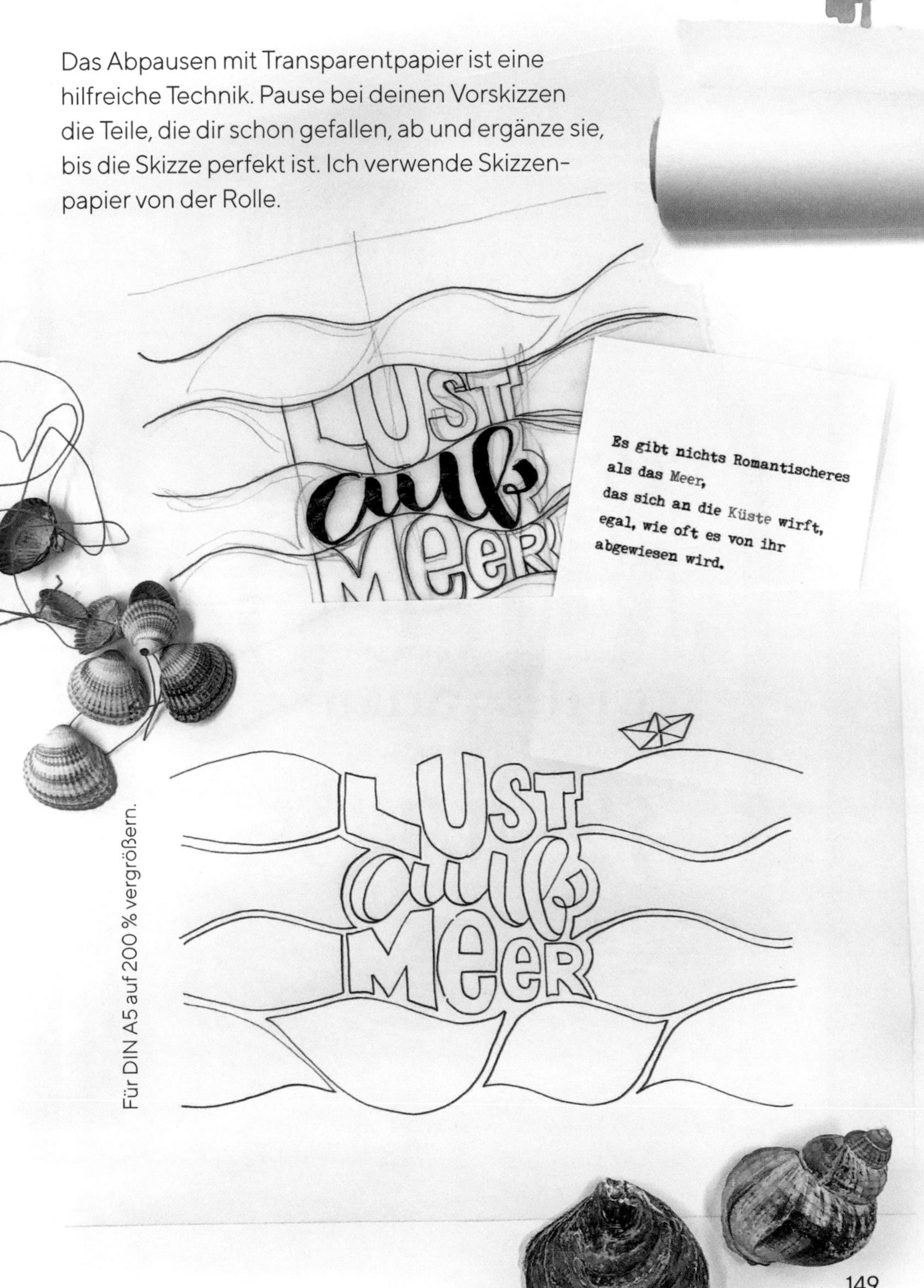

Für DIN A5 auf 200 % vergrößern.

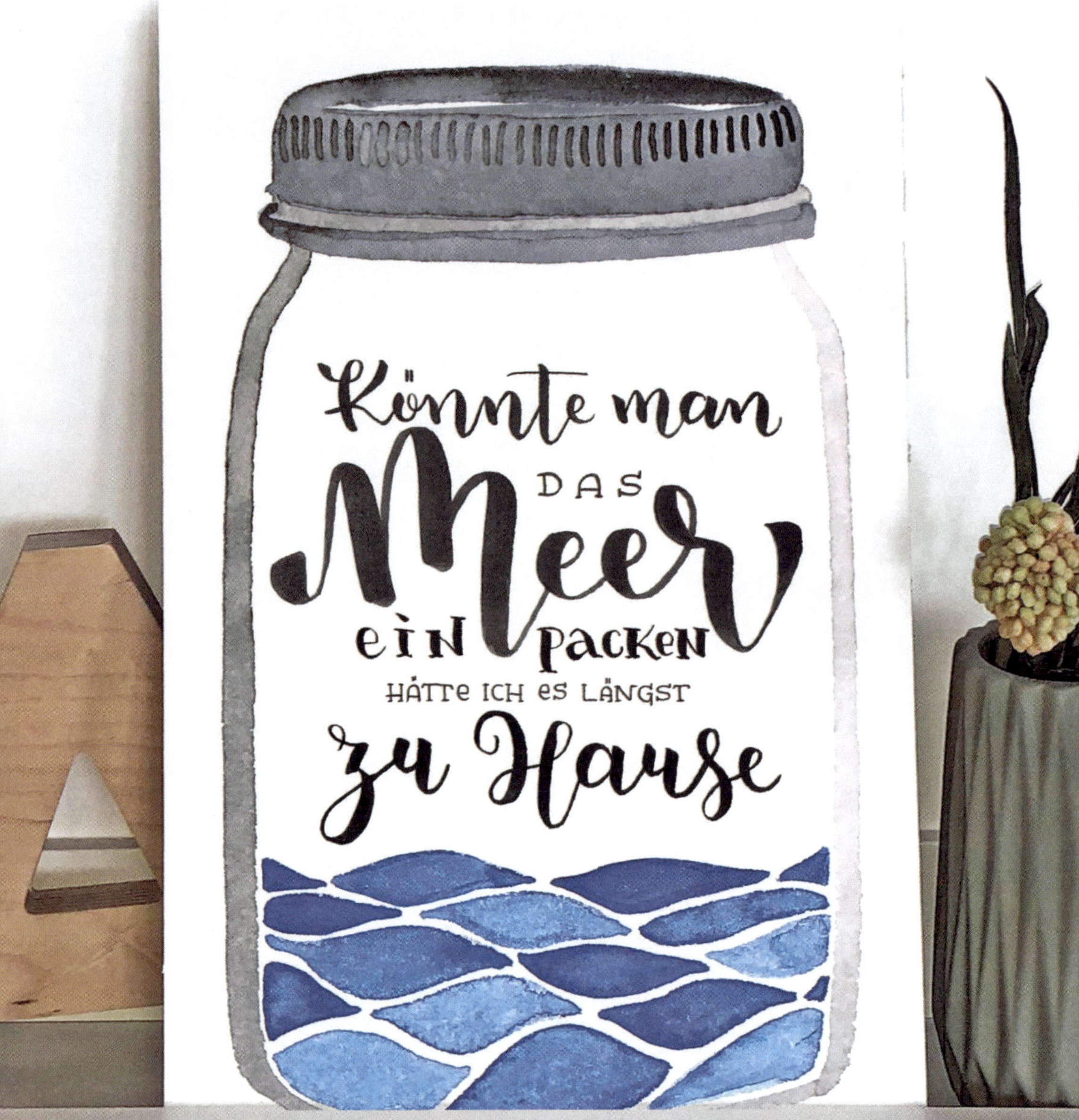
Könnte man
DAS
Meer
ein packen
HÄTTE ICH ES LÄNGST
zu Hause

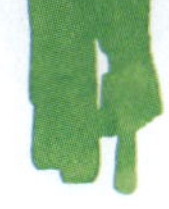

KÖNNTE MAN DAS MEER EINPACKEN

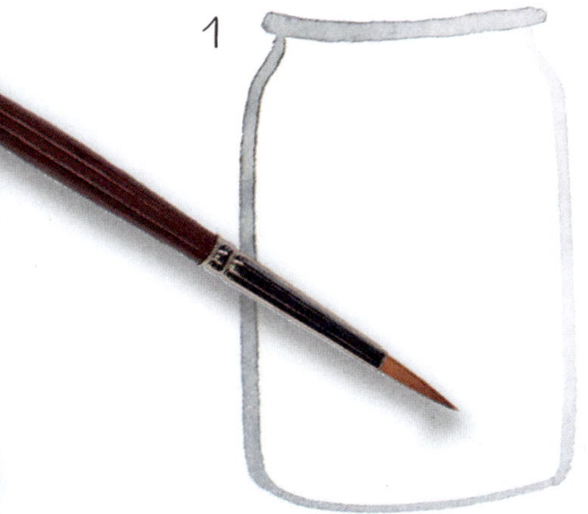

Male zuerst die Außenlinie.

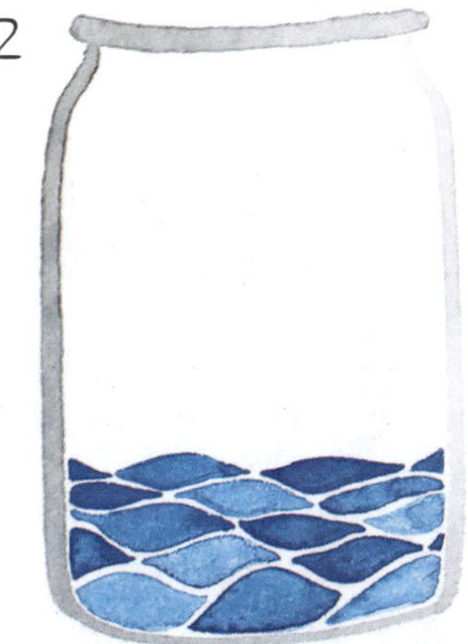

Befülle das Glas mit Meer, wie auf Seite 147 beschrieben.

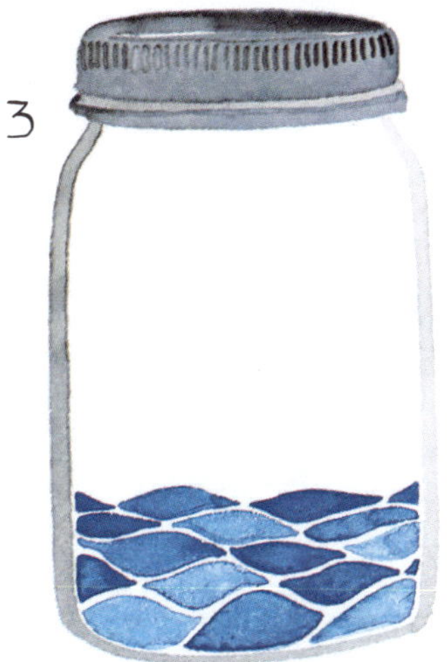

Verschließe das Glas mit einem Schraubdeckel.

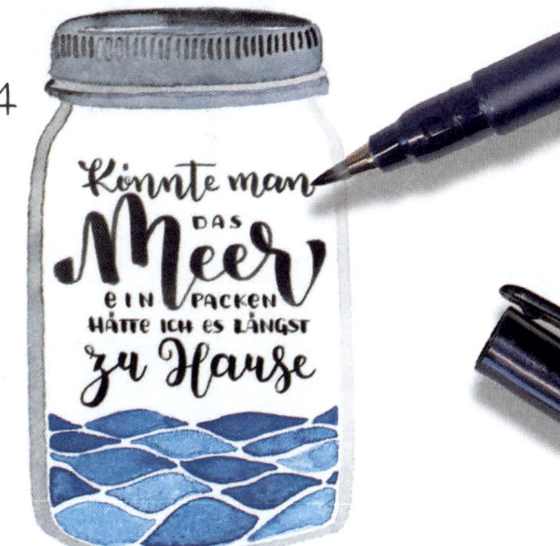

Beschrifte das Glas mit einem Handlettering.

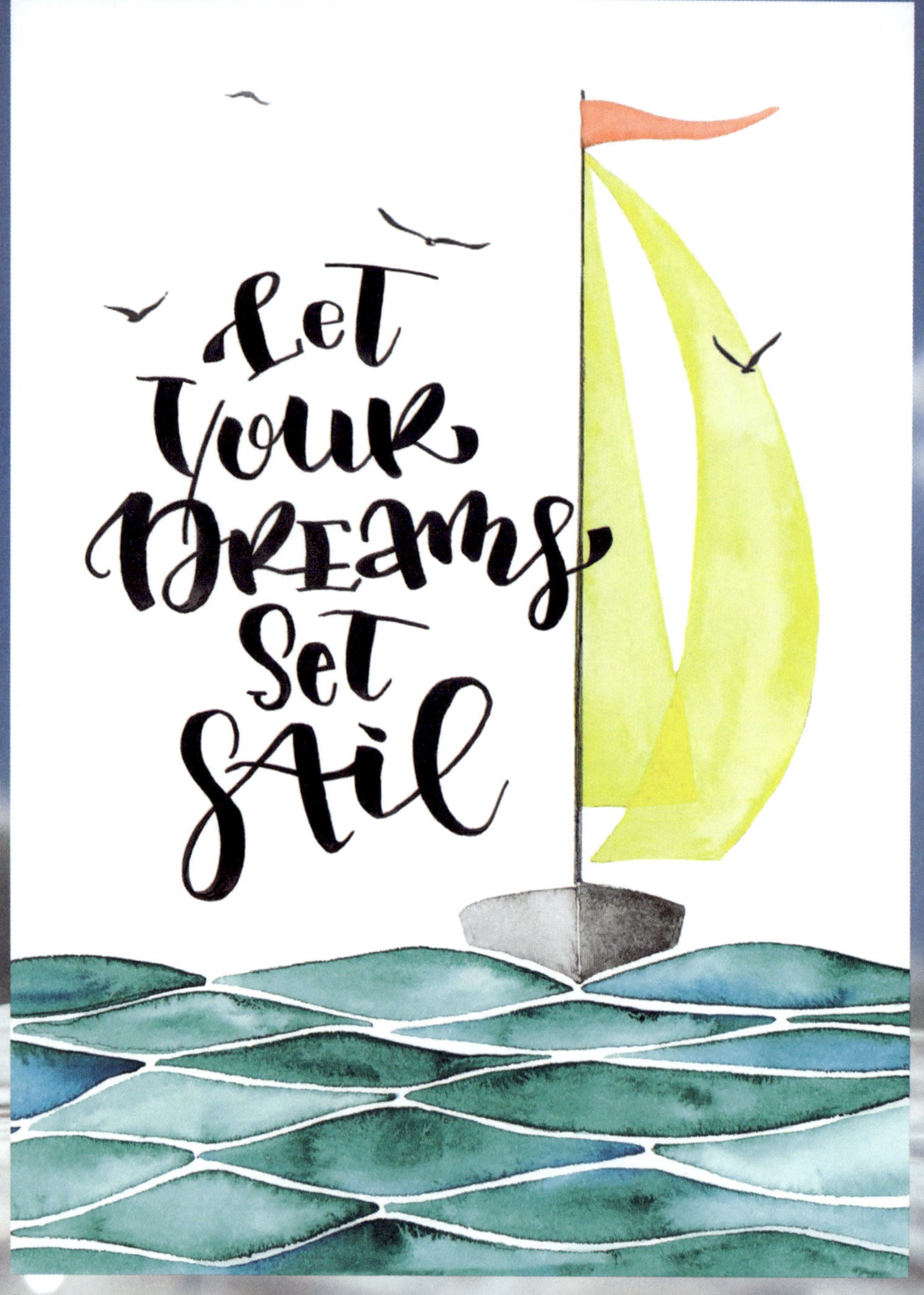

Brush-Lettering-Mix-Alphabet von Seite 52.

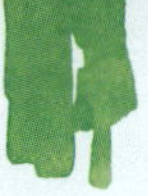

SEGELBOOT

Volle Kraft voraus für deine Träume! Auf das Wellenmuster von Seite 147 lässt sich mit ein paar ganz einfachen Formen ein Segelschiff setzen. Kombiniere Nass-in-Nass- und Lasurtechnik in einem Bild. Für die Wellen habe ich Cyanblau und Smaragdgrün miteinander auf dem Papier vermischt ... Karibik-Feeling!

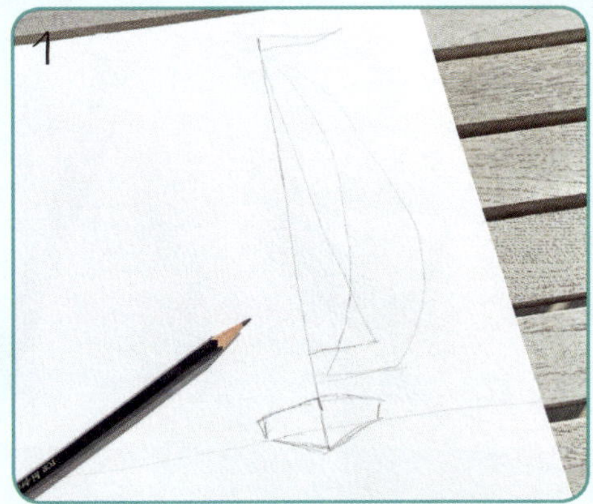

Zeichne den Horizont ein und skizziere das Segelboot.

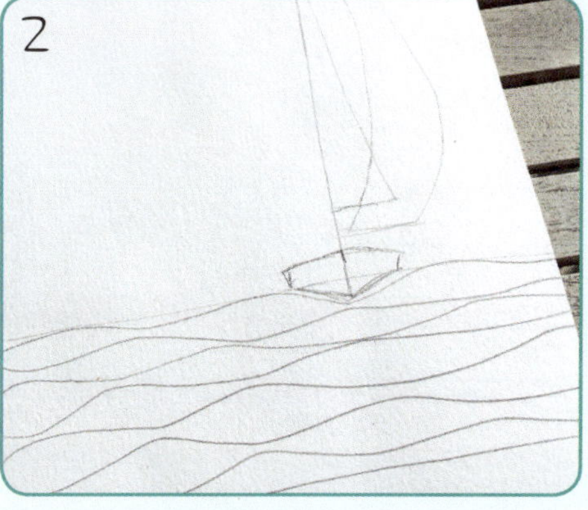

Zeichne die Wellen ein, wie auf Seite 147 beschrieben.

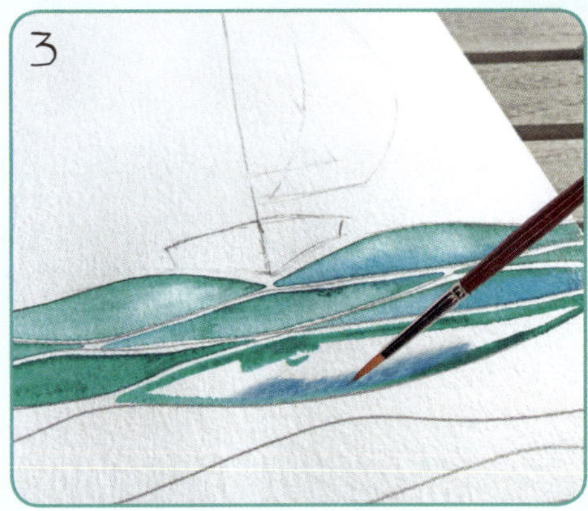

Umrande die Zwischenräume mit einem Smaragdgrün und tupfe etwas Cyanblau in die nasse Welle.

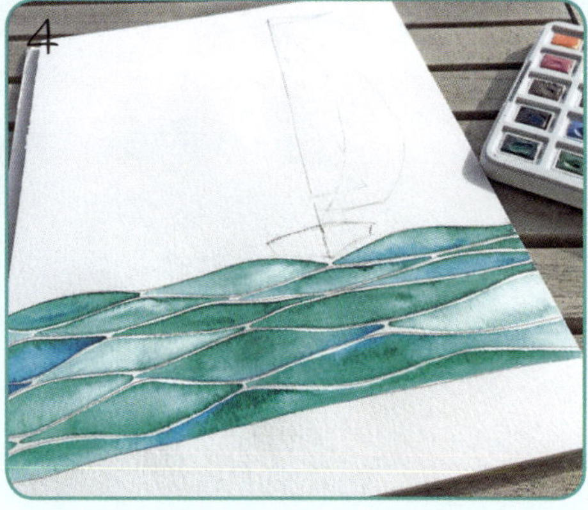

Wenn du mehr Wasser und weniger Farbe verwendest, werden die Flächen heller.

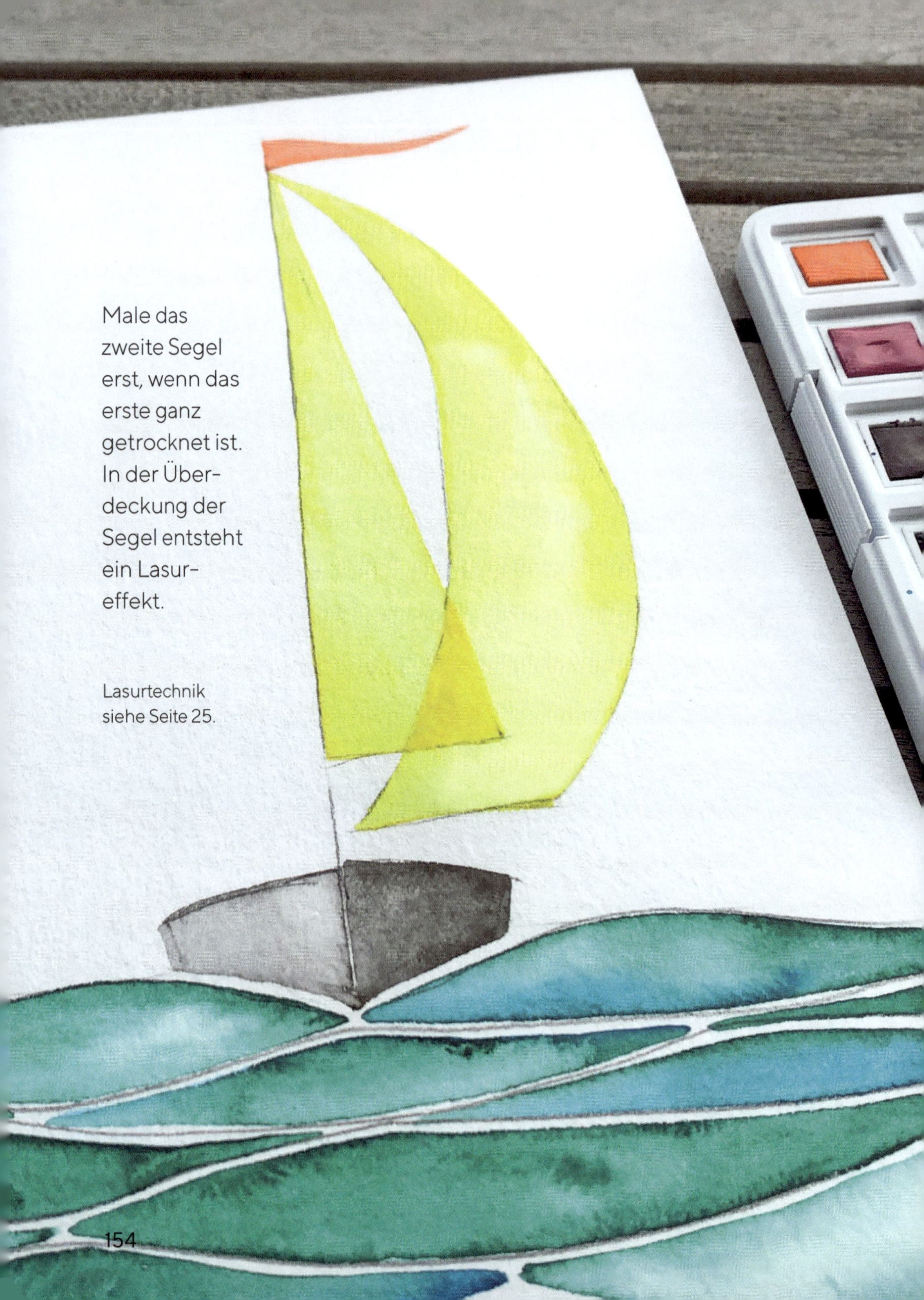

Male das zweite Segel erst, wenn das erste ganz getrocknet ist. In der Überdeckung der Segel entsteht ein Lasureffekt.

Lasurtechnik siehe Seite 25.

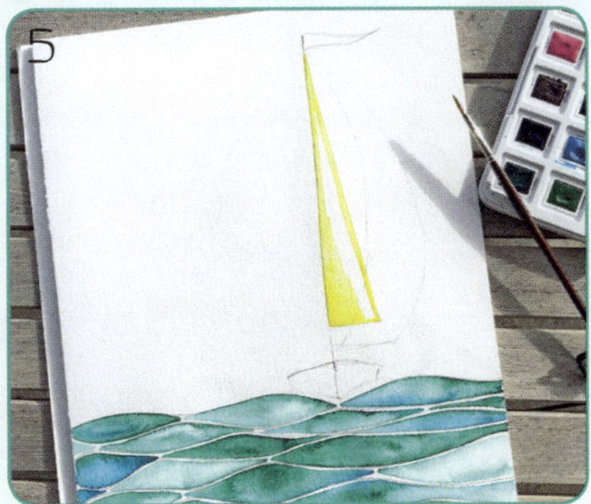

Male die Segel und das kleine Fähnchen aus.

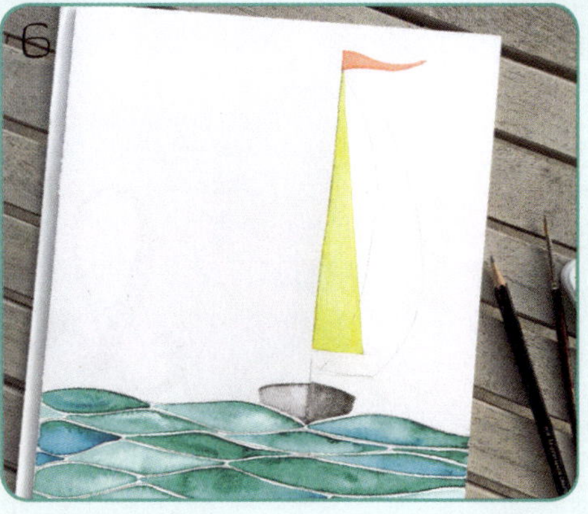

Teile den Bootsrumpf in eine helle und eine dunkle Fläche. So wirkt das Boot dreidimensional.

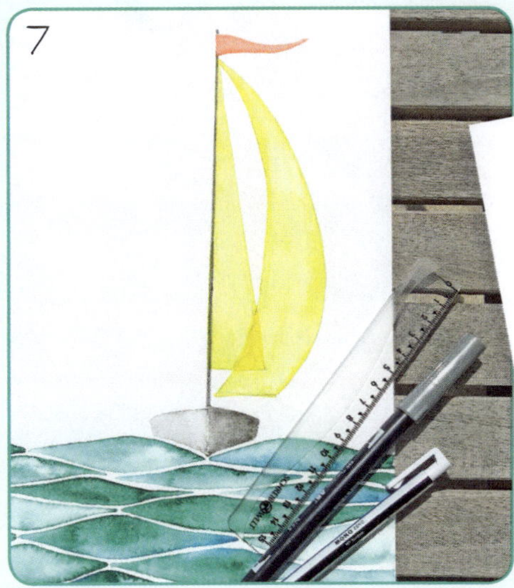

Radiere die Bleistiftlinien aus und zeichne den Mast mit einem grauen Fineliner und Lineal ein. Zum Schluss kommt das Lettering. Pause die nebenstehende Vorlage ab oder skizziere einen eigenen Text mit Bleistift vor.

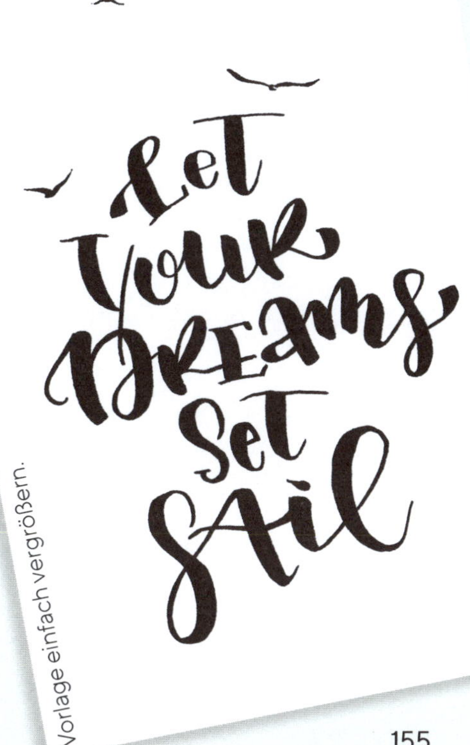

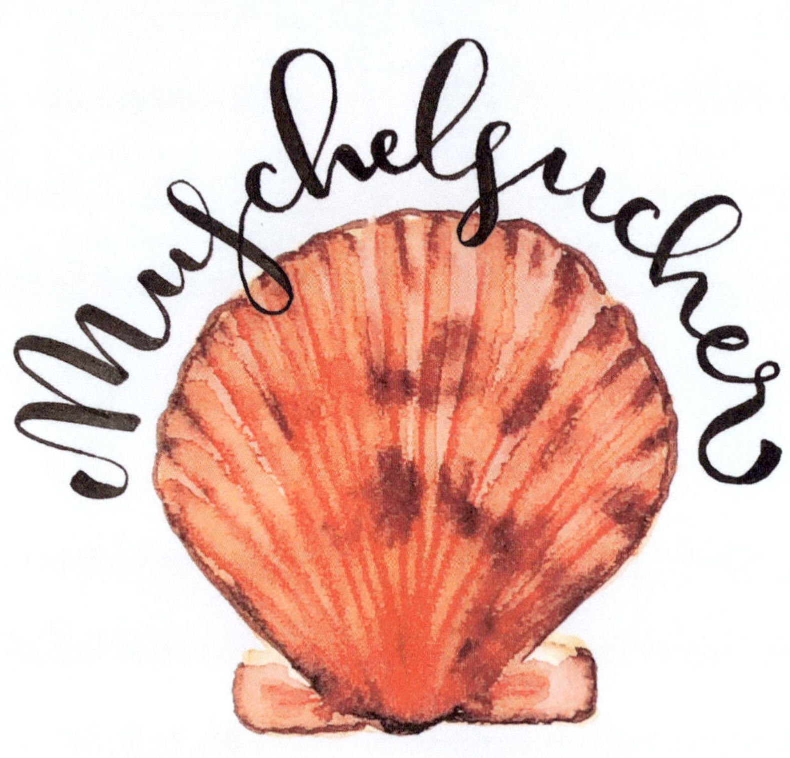

MATERIAL

- Aquarellpapier, verleimt
- 3 bis 4 Brush Pens eines Farbtons
- Rundpinsel, z.B. Nr. 3
- Sonne, Strand, Meer

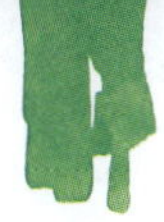

MUSCHELSUCHER

Sonne, Strand, Meer – und im Urlaub nur ein paar wenige Brush Pens oder Fasermaler dabei? Kein Problem! Hauptsache, es sind ein Pinsel und Aquarellpapier im Gepäck, Muscheln am Strand und Meerwasser in der Nähe.

Finde eine geeignete Muschel am Strand. Übertrage die Umrisse mit einem 3H-Bleistift zart auf ein Aquarellpapier.

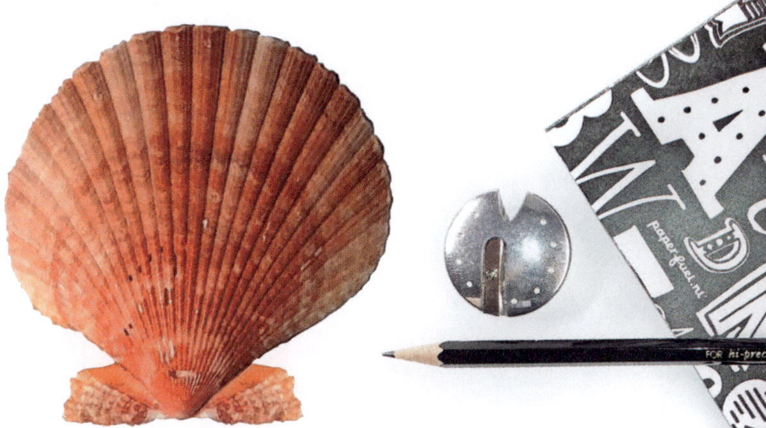

In den nachfolgenden Bildern zeige ich dir auf der linken Seite der Muschelschale die Brush-Pen-Zeichnung, und auf der rechten Seite habe ich die Linien mit Meerwasser vermalt (funktioniert auch mit Süßwasser).

Brush Pen | vermalt

1

Beginne mit dem hellsten Farbton, zeichne den Umriss und deute die Struktur der Muschelschale an.

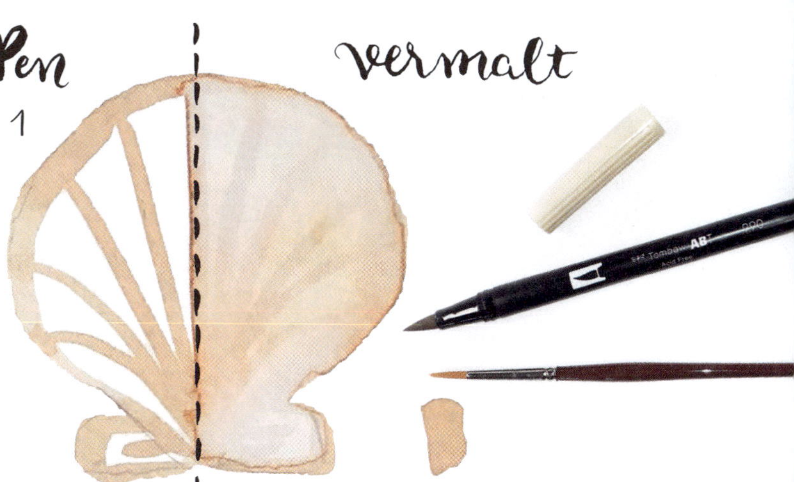

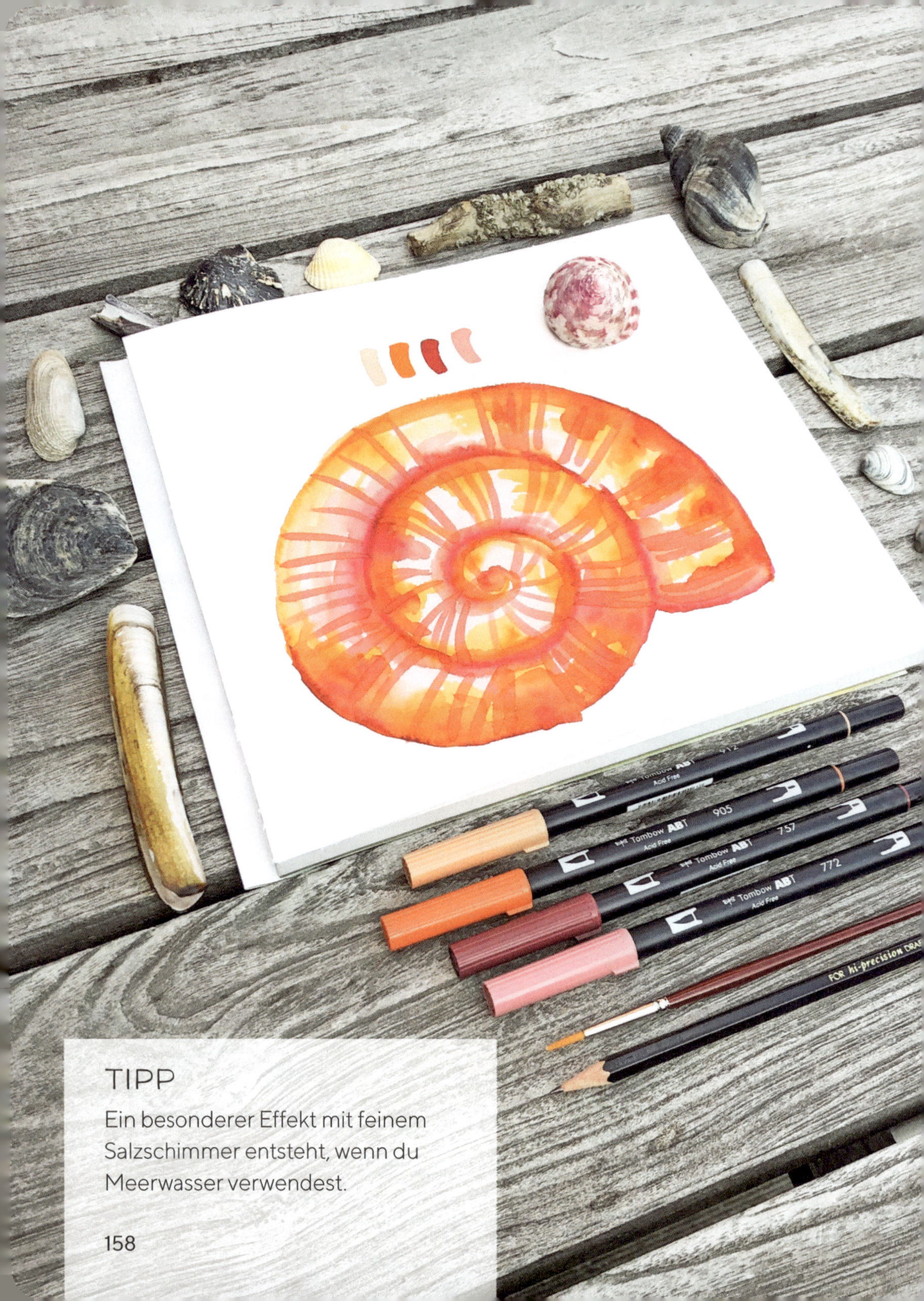

TIPP

Ein besonderer Effekt mit feinem Salzschimmer entsteht, wenn du Meerwasser verwendest.

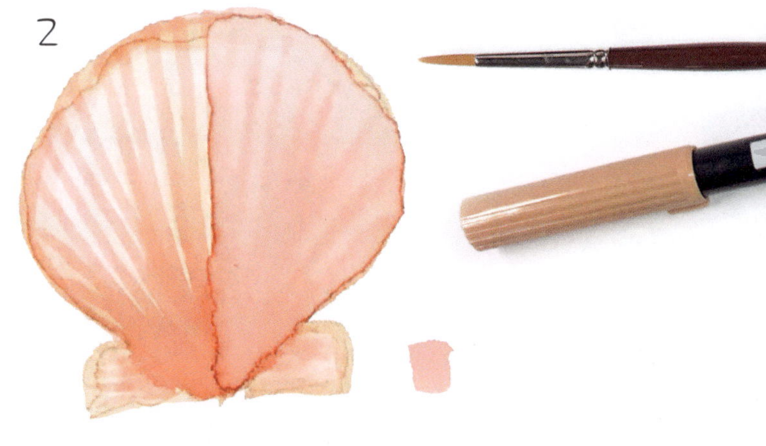

Lass die Muschel gut trocknen. In der Sonne geht das ganz fix! Zeichne mit der nächstdunkleren Farbe die Rillenstruktur feiner.

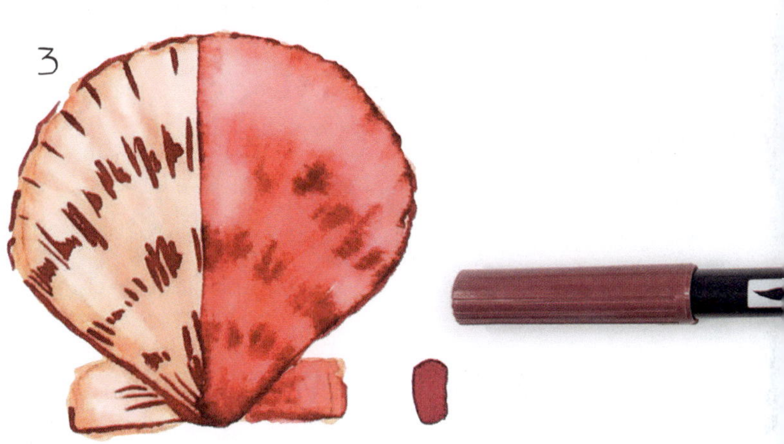

Skizziere mit dem dunkelsten Farbton die äußere Kante und deute das Schalenmuster an. Verwende die dunkle Farbe nur sparsam.

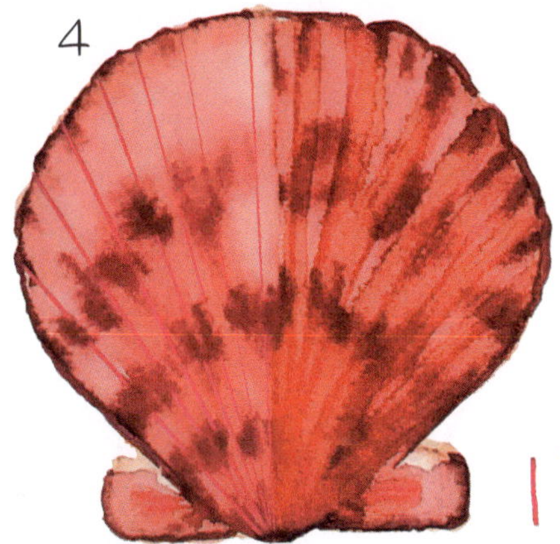

Zeichne mit dünnen Linien und einem mittleren Farbton die Rillen an den Stellen nach, an denen sie durch das Vermalen verschwunden sind.

Ziehe die feinen Linien mit dem Pinsel nur etwas nach, damit sie noch gut erkennbar bleiben.

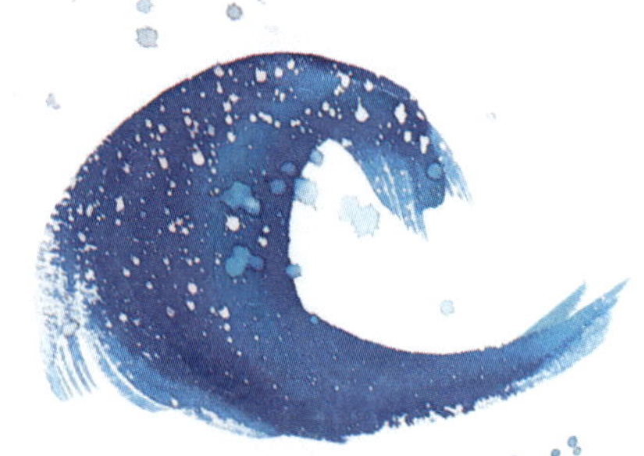

Das ist die perfekte Welle
Das ist der perfekte Tag

Lass dich einfach von ihr tragen
Denk am besten gar nicht nach

Juli

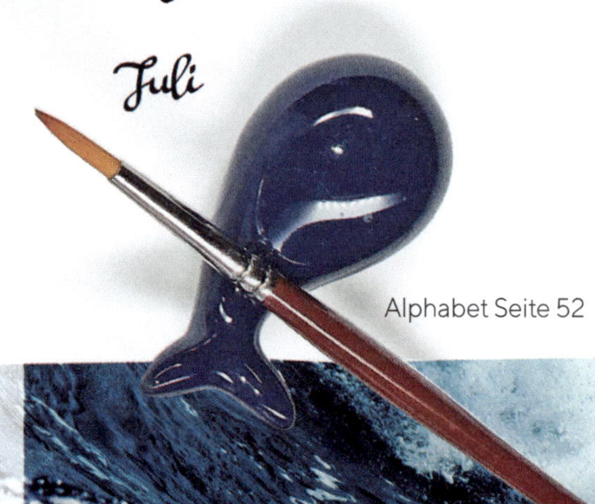

MATERIAL

- Aquarellpapier
- alte Brush Pens
- Rundpinsel, z.B. Nr. 5
- Flachpinsel, z.B. Nr. 8

Alphabet Seite 52

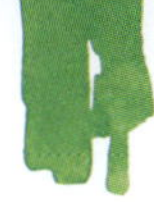

WELLEN

Für die perfekte Welle eignen sich alte Brush Pens. Die ausgefranzten Spitzen ziehen am Rand einen unregelmäßigen Strich – perfekt unperfekt, findest du nicht auch?

1

Starte mit der Wellengrundform in einem mittleren Blau.

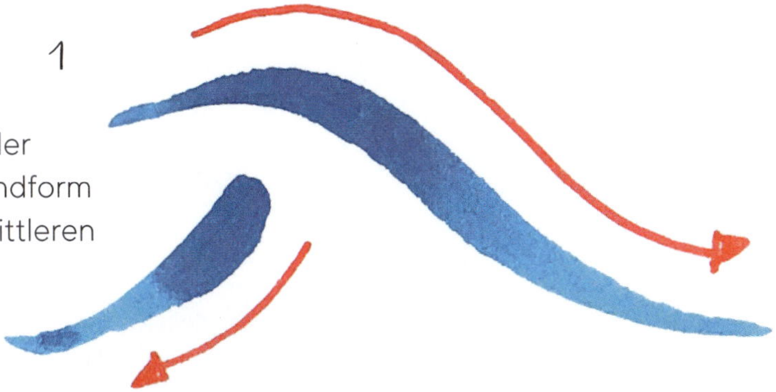

2

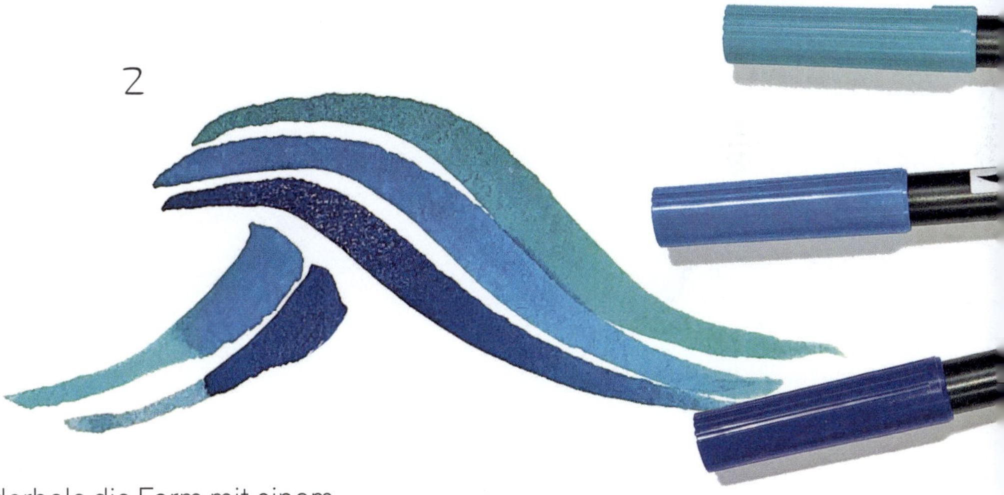

Wiederhole die Form mit einem Türkisblau auf der Sonnenseite und einem dunkleren Blau Richtung Meeresgrund.

WELLENFORMEN

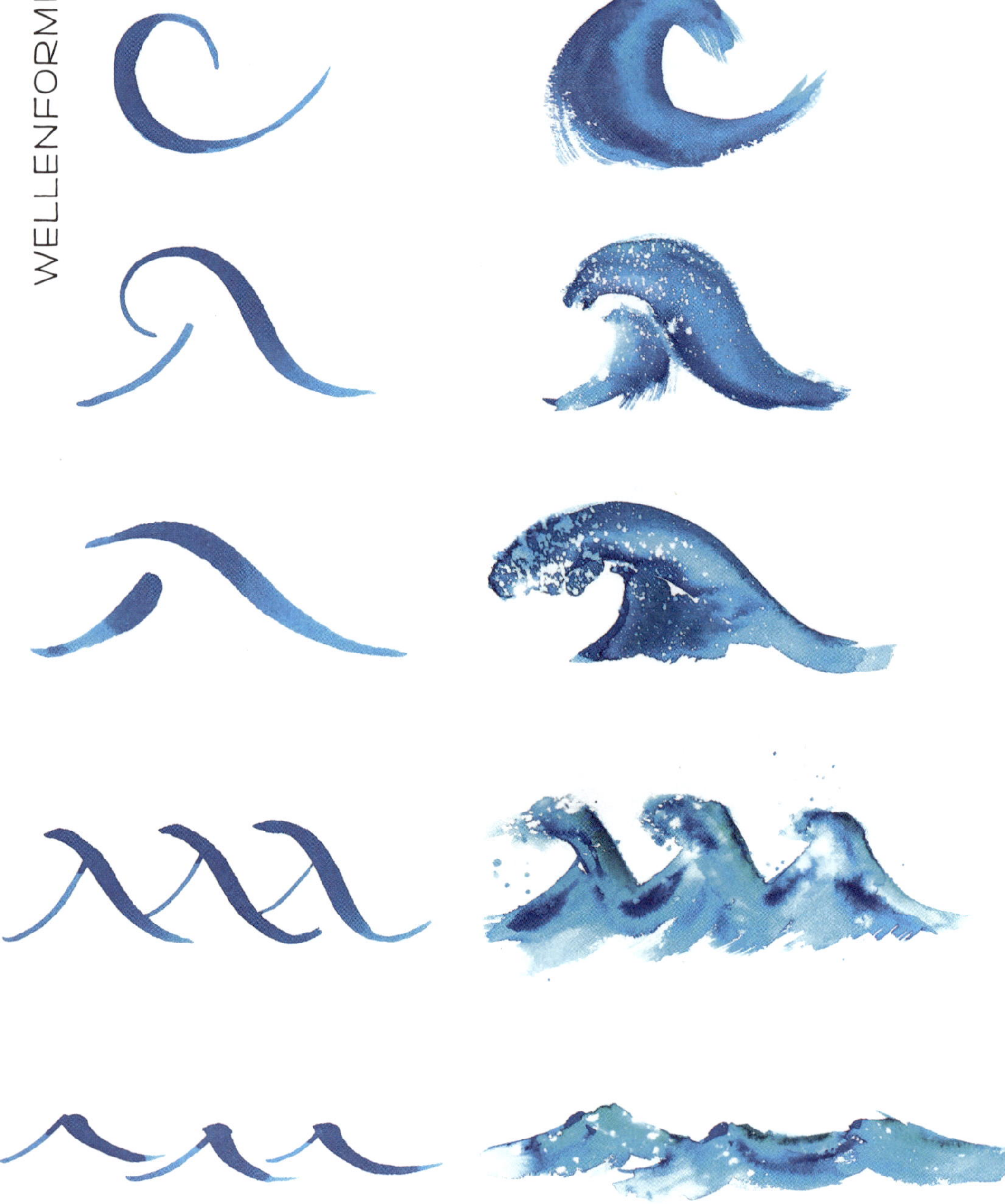

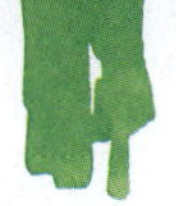

Überstreiche die Linien mit etwas Wasser. Nicht vermalen!

3

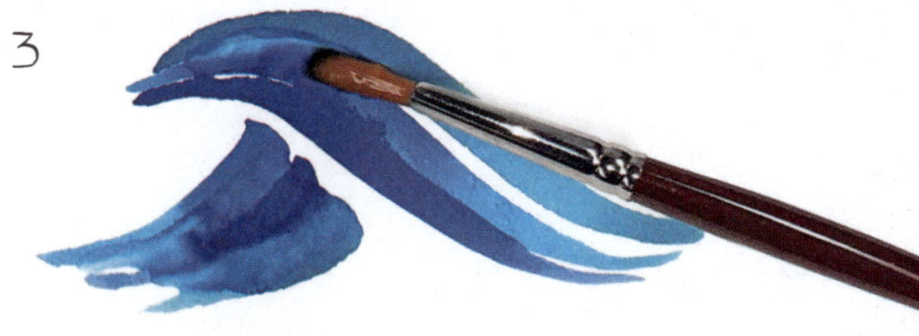

Streiche mit einem trockenen Flachpinsel das Wasser ab, und tupfe den Pinsel nach jedem Strich wieder trocken.

4

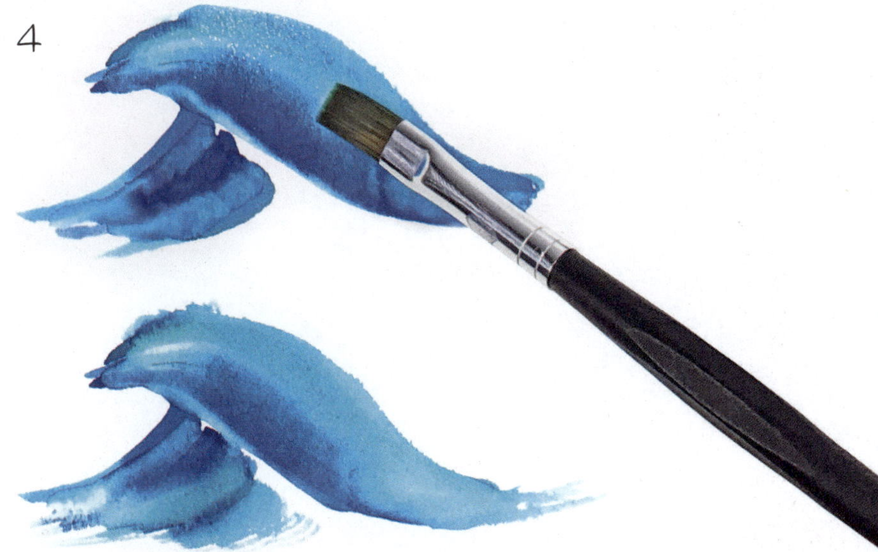

Wenn deine Welle etwas Gischt bekommen soll, sprühe ein wenig brushEX® watercolor auf die Spitzen.

5

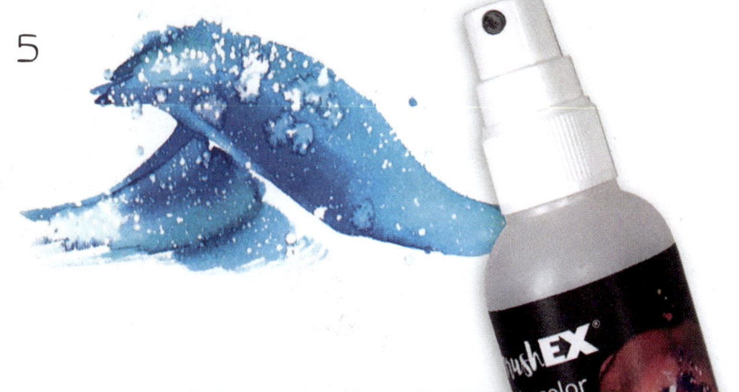

KAPITEL 6

WEIHNACHTEN & GLITZER

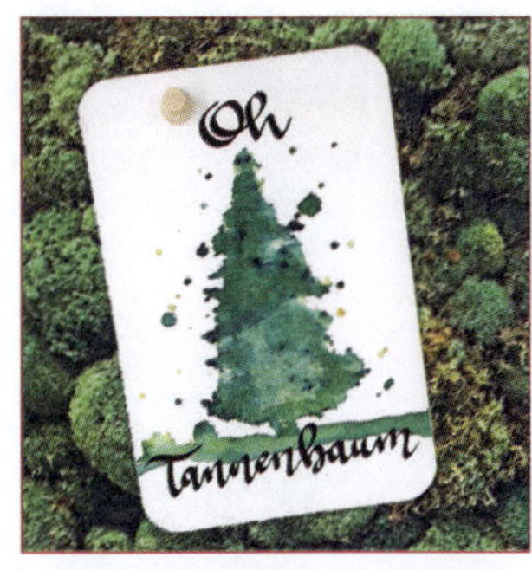
Oh
Tannenbaum

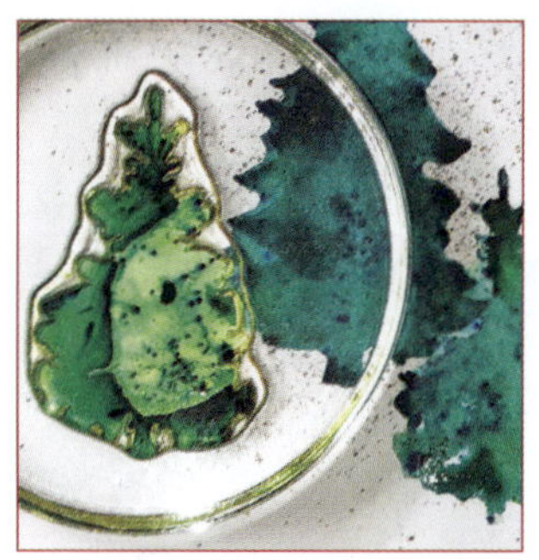

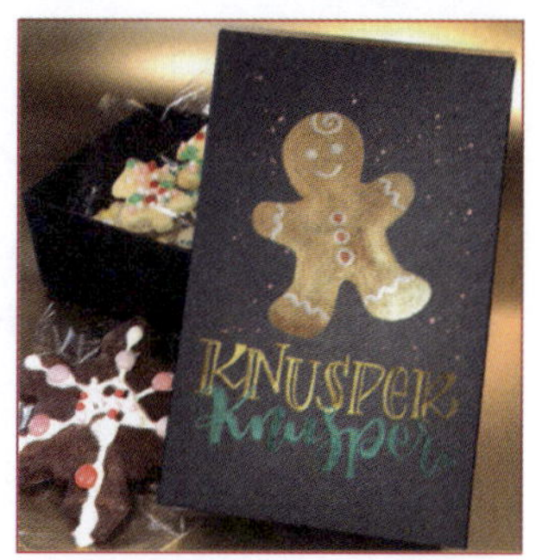
KNUSPER
Knusper

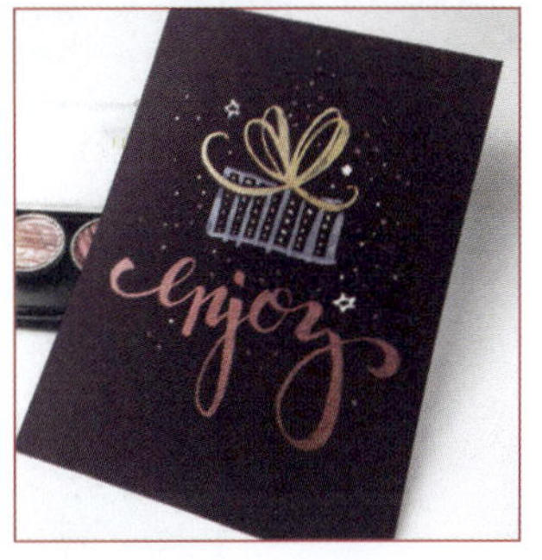
enjoy

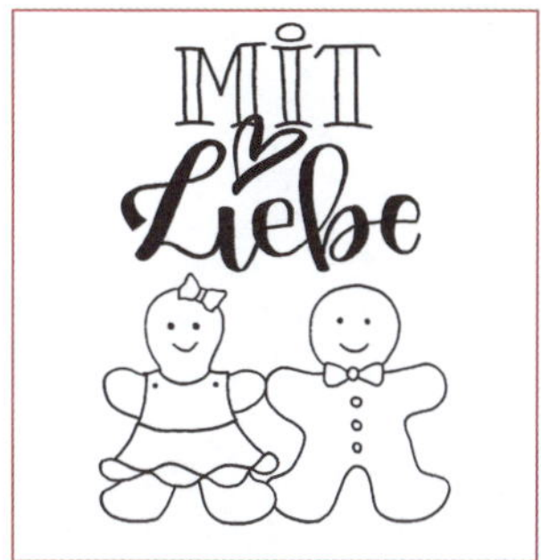
MIT
Liebe

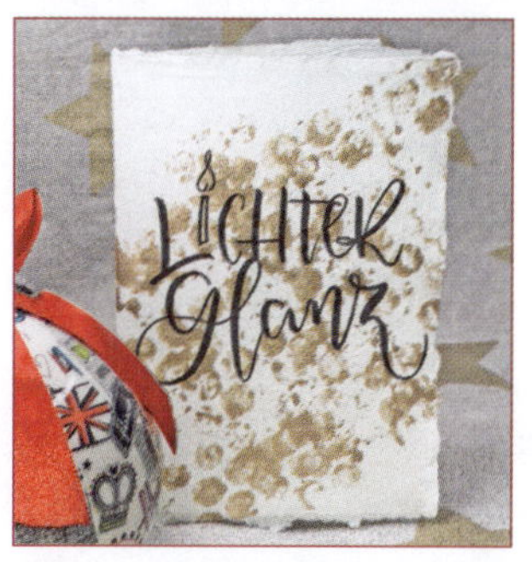
LICHTER
Glanz

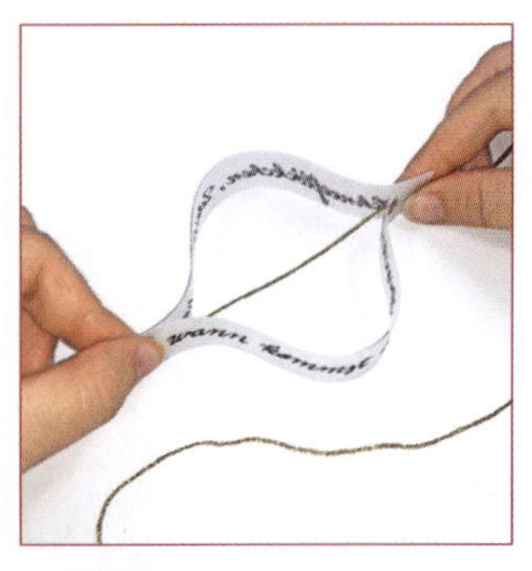

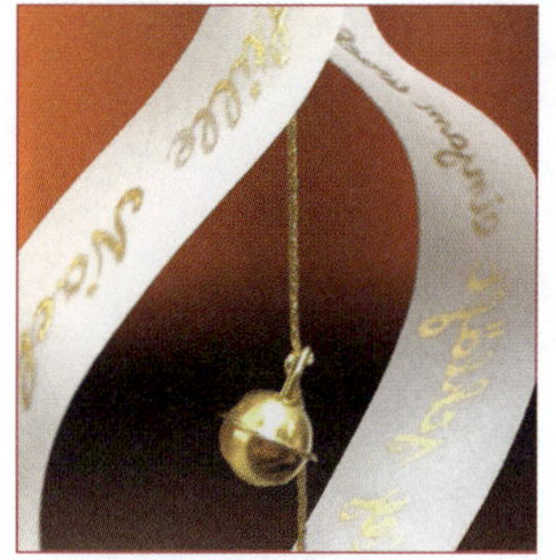

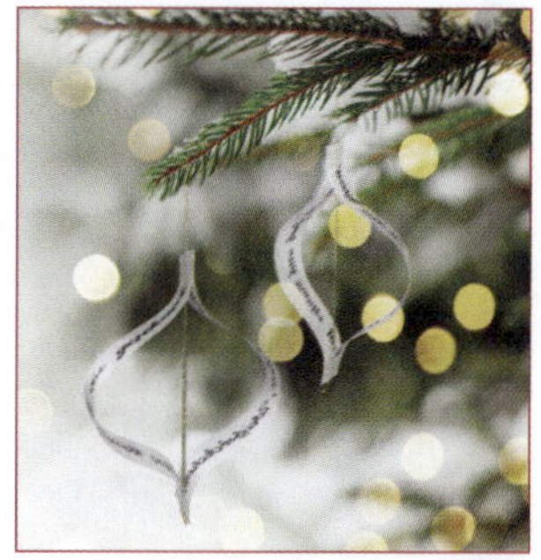

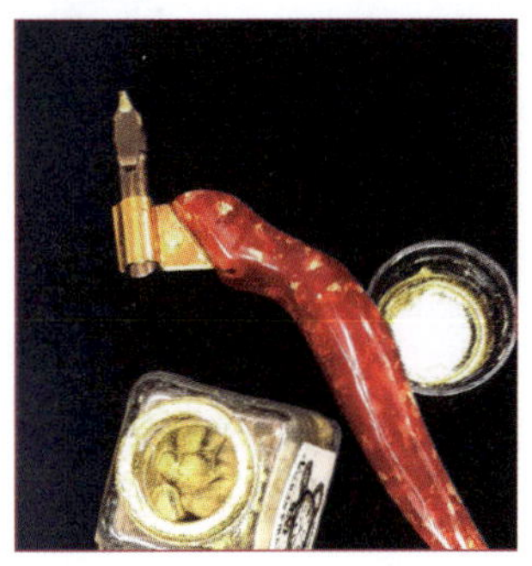

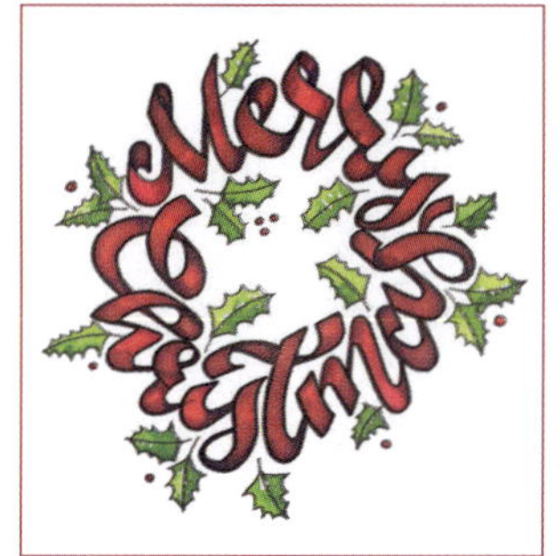
Merry
Christmas

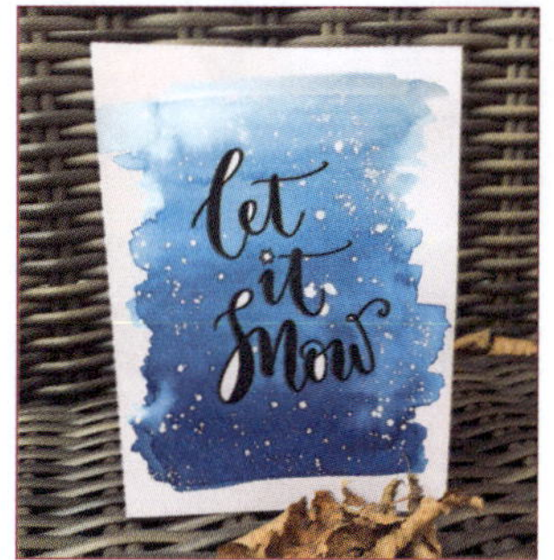
let
it
snow

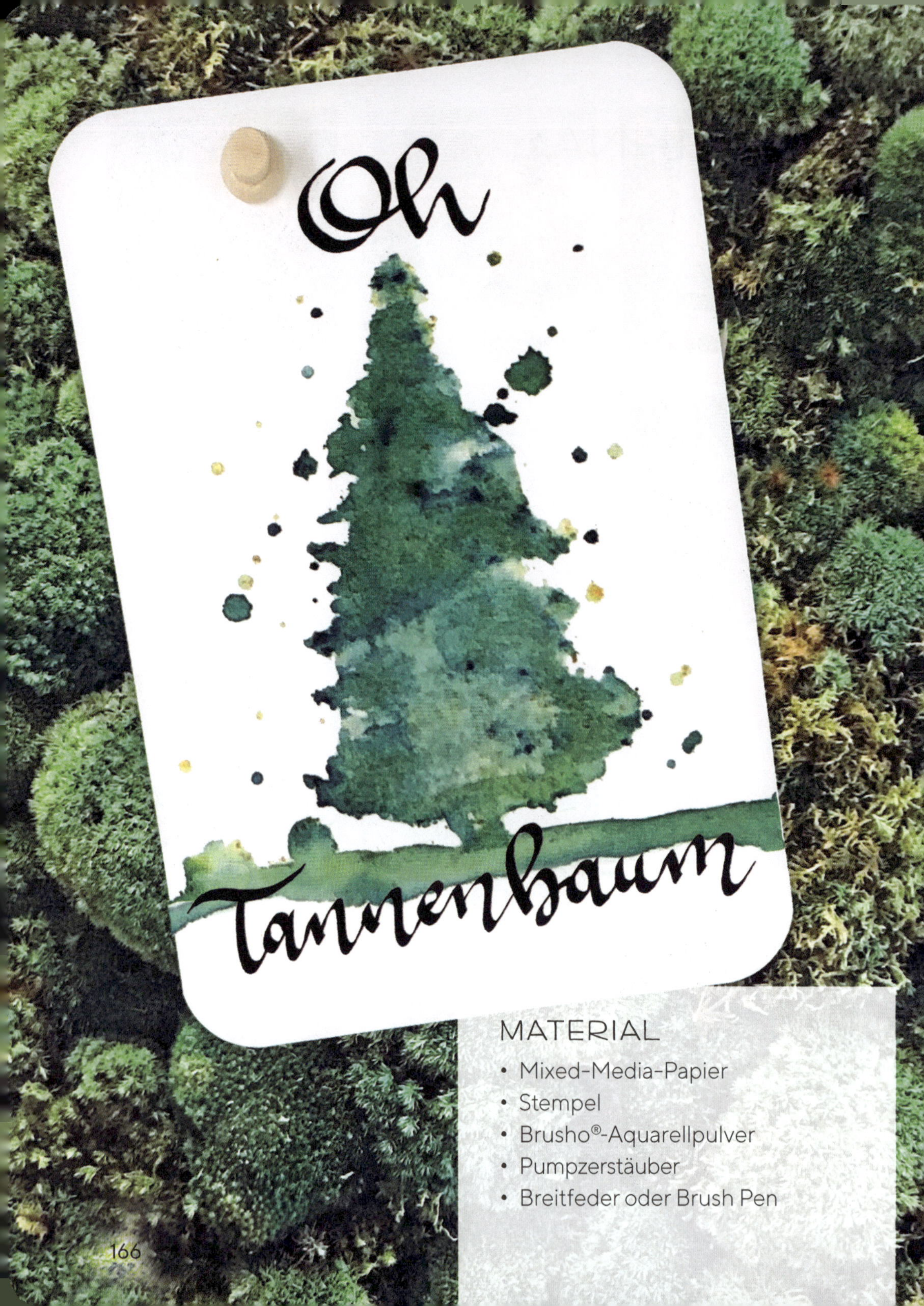

MATERIAL

- Mixed-Media-Papier
- Stempel
- Brusho®-Aquarellpulver
- Pumpzerstäuber
- Breitfeder oder Brush Pen

WEIHNACHTSKARTEN

Weihnachtskarten versenden macht richtig Spaß, gerade in der Weihnachtszeit. Brusho®-Aquarellpulver ist ein tolles Spielzeug. Am besten gefallen mir die Farbmischungen.

Für die Tannenbäume habe ich die Farbe Sea Green verwendet, und in Kombination mit der Stempeltechnik sind die Karten ganz fix fertig!

Streue etwas Pulver auf die Karte und besprühe den Stempel mit Wasser.

1

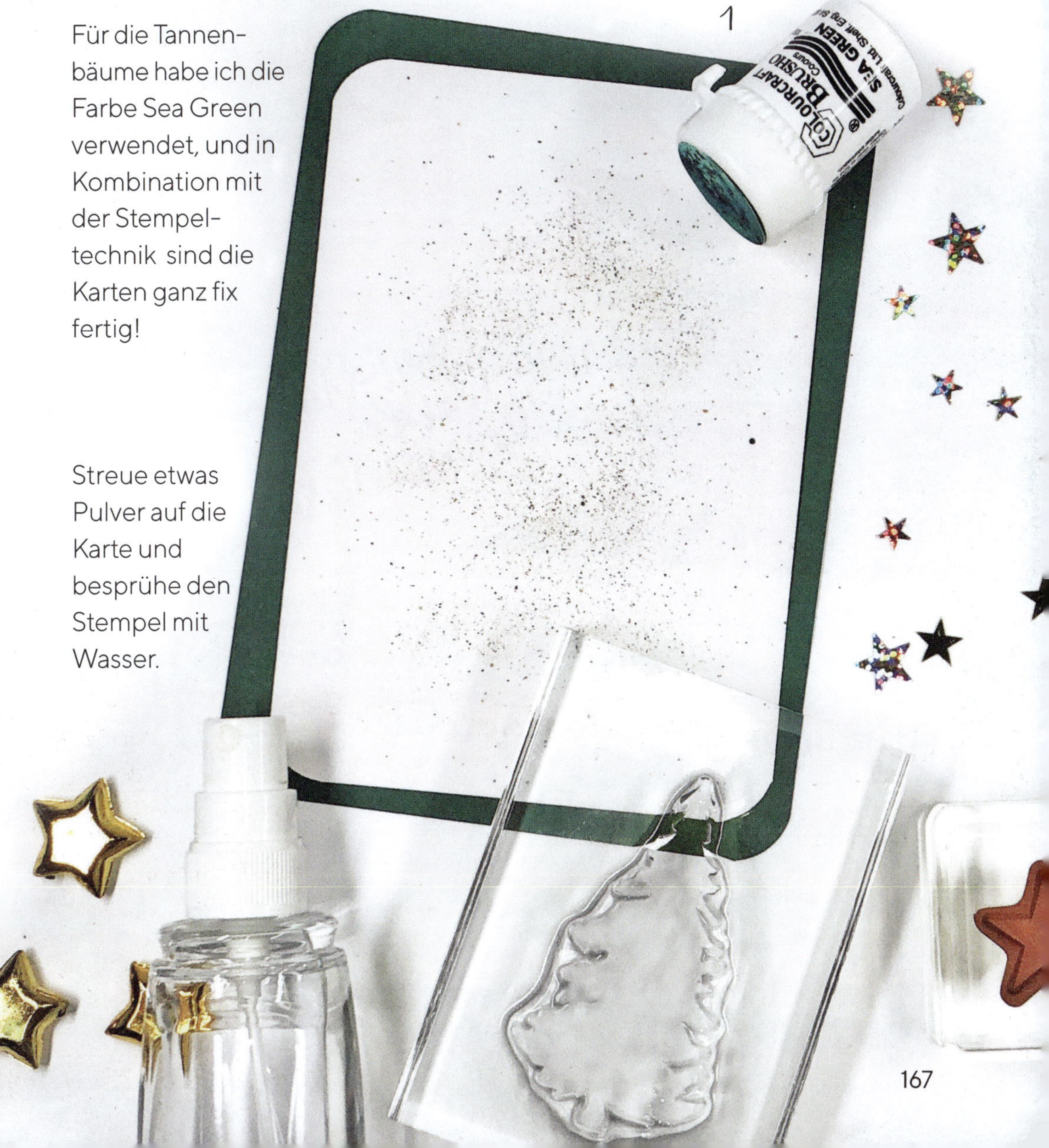

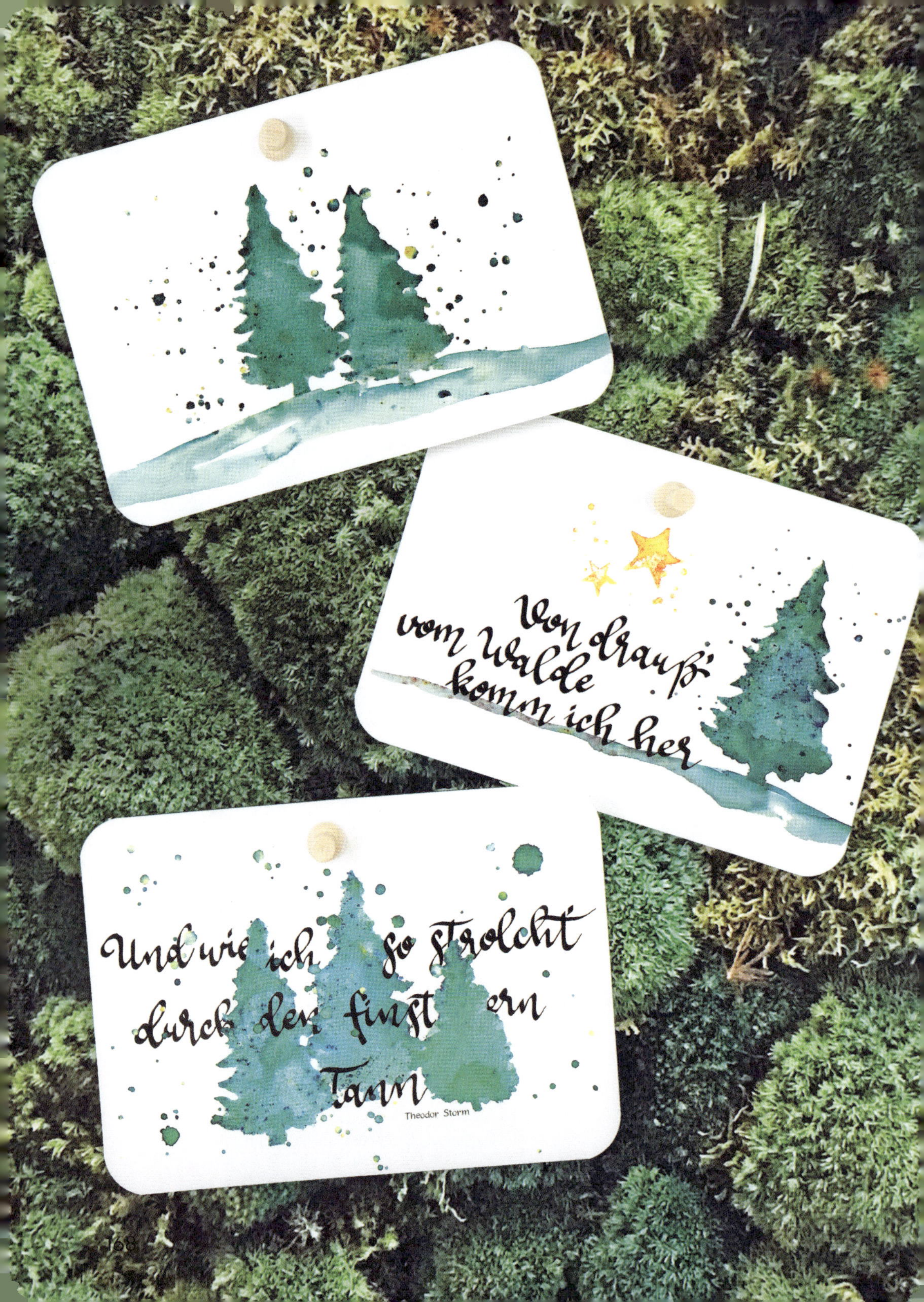
Von drauß'
vom Walde
komm ich her
Und wie ich so strolcht
durch den finst ern
Tann
Theodor Storm

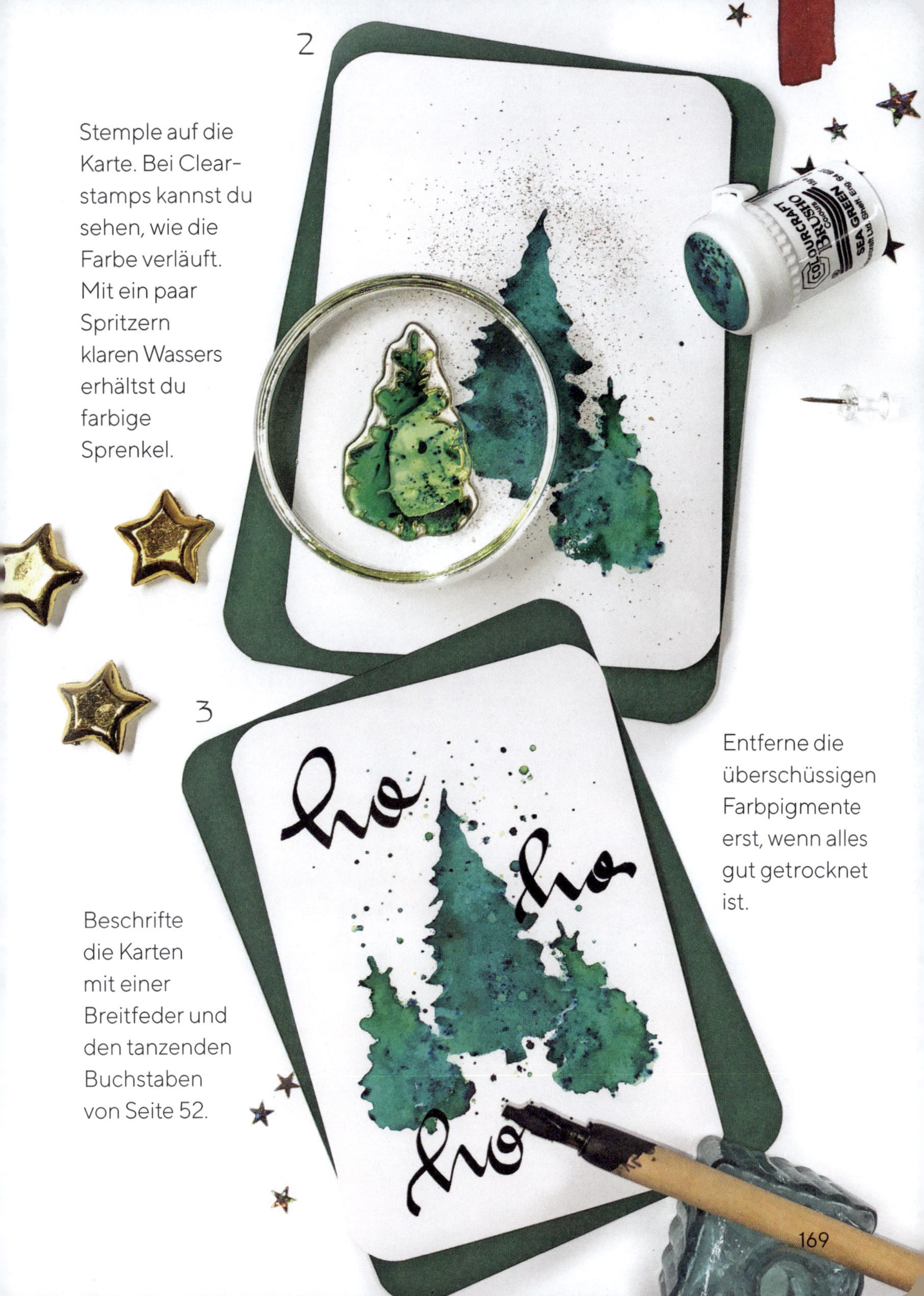

2

Stemple auf die Karte. Bei Clearstamps kannst du sehen, wie die Farbe verläuft. Mit ein paar Spritzern klaren Wassers erhältst du farbige Sprenkel.

3

Entferne die überschüssigen Farbpigmente erst, wenn alles gut getrocknet ist.

Beschrifte die Karten mit einer Breitfeder und den tanzenden Buchstaben von Seite 52.

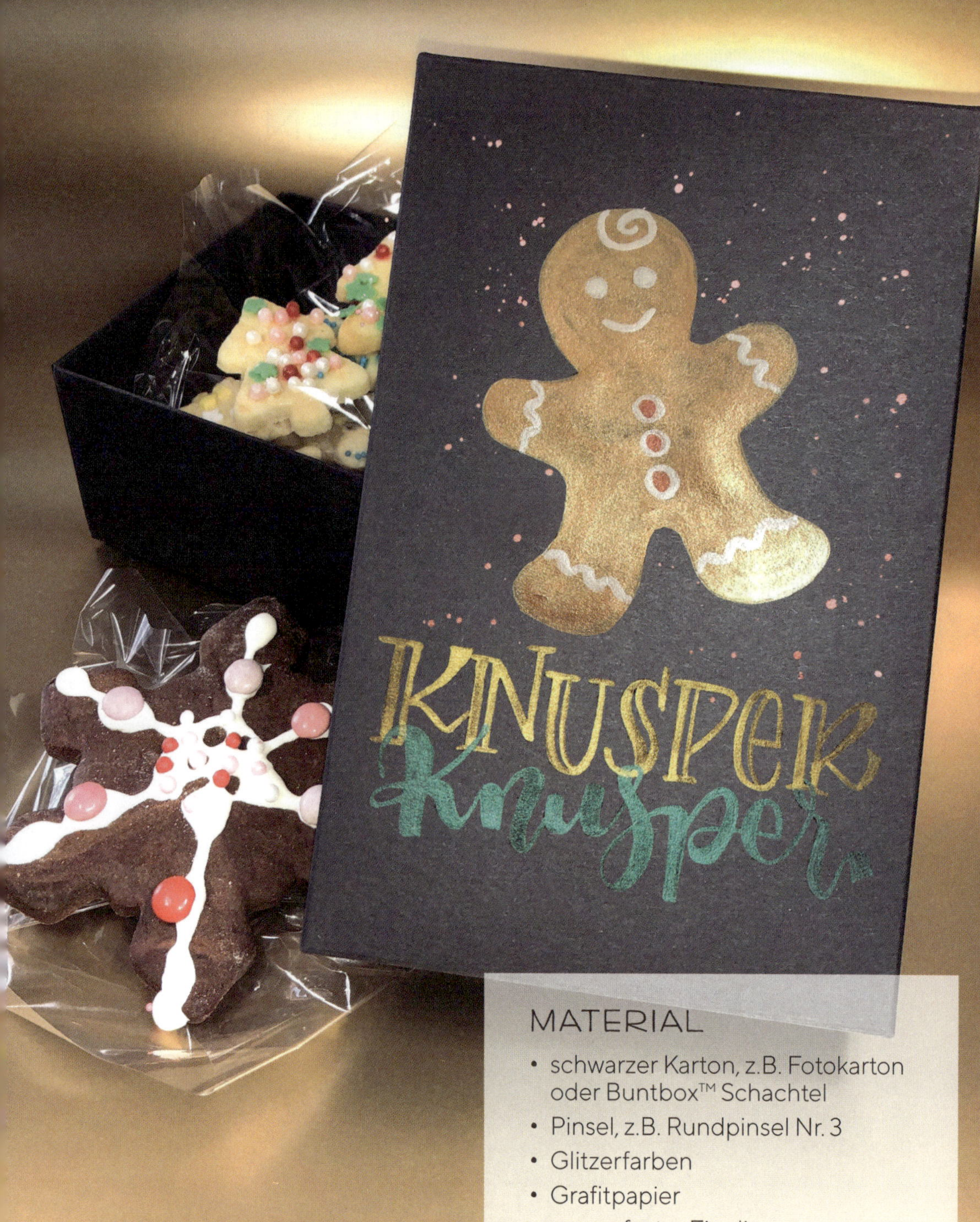

MATERIAL

- schwarzer Karton, z.B. Fotokarton oder Buntbox™ Schachtel
- Pinsel, z.B. Rundpinsel Nr. 3
- Glitzerfarben
- Grafitpapier
- wasserfester Fineliner und Brush Pen

Alphabetvorlagen für Pinselschriften findest du auf den Seiten 68 und 70.

GLITZERFARBEN

Gibt es etwas Schöneres als eine bemalte Geschenkschachtel gefüllt mit Plätzchen und Liebe? Nicht nur in der Weihnachtszeit verwende ich gerne Glitzerfarben. Deckende Farbtöne kannst du ebenfalls gut auf weißem Papier verwenden. Transparente Schimmerfarben sind nur auf dunklem Karton oder über einer anderen Farbe, wie z.B. bei dem Mond auf Seite 109, gut sichtbar. In den meisten Farbkästen sind beide Sorten enthalten.

Übertrage deine Vorlage mit Grafitpapier oder zeichne freihand mit einem weichen Bleistift vor.

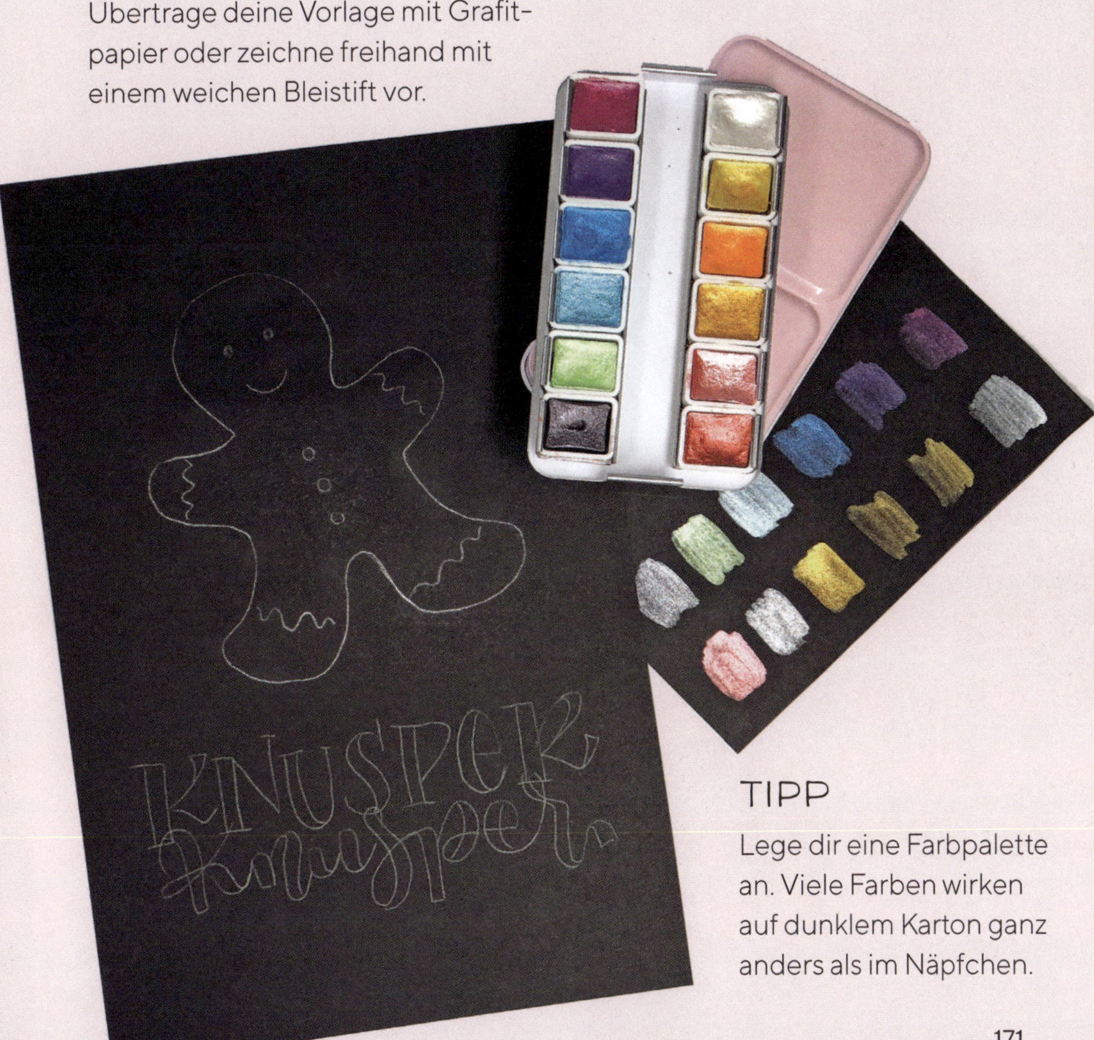

TIPP

Lege dir eine Farbpalette an. Viele Farben wirken auf dunklem Karton ganz anders als im Näpfchen.

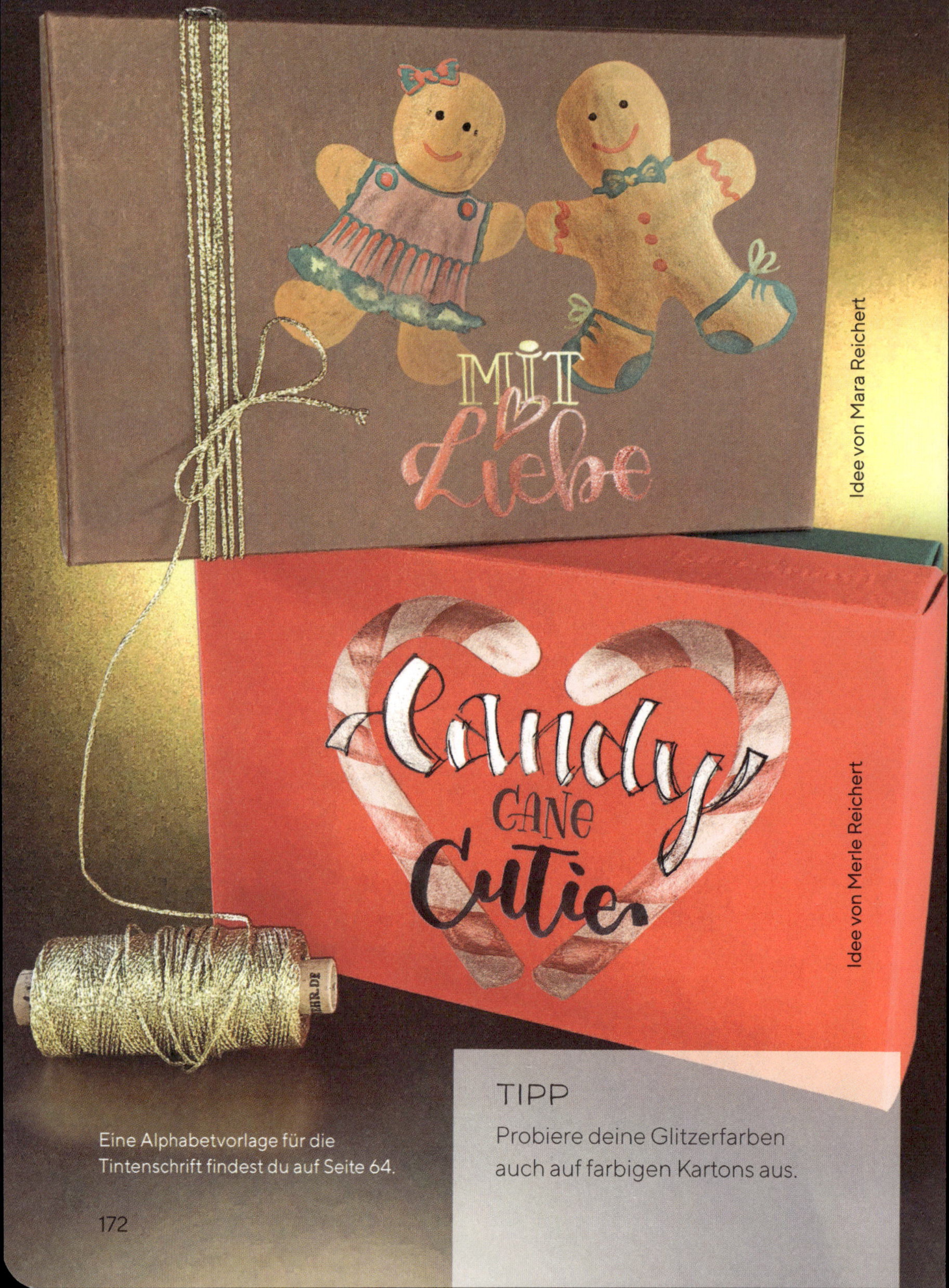

Idee von Mara Reichert

Idee von Merle Reichert

Eine Alphabetvorlage für die Tintenschrift findest du auf Seite 64.

TIPP

Probiere deine Glitzerfarben auch auf farbigen Kartons aus.

Sprühe die Farben mit Wasser und einem Pumpzerstäuber an. Nach zwei bis drei Minuten wird die Oberfläche weich, die Pigmente lassen sich besser aufnehmen, und die Farbe deckt besser. Die Glitzerfarben sind nach dem Trocknen wischfest und lassen sich nicht mehr anlösen. So kannst du den Zuckerguss – wie beim Plätzchenbacken – zum Schluss aufmalen.

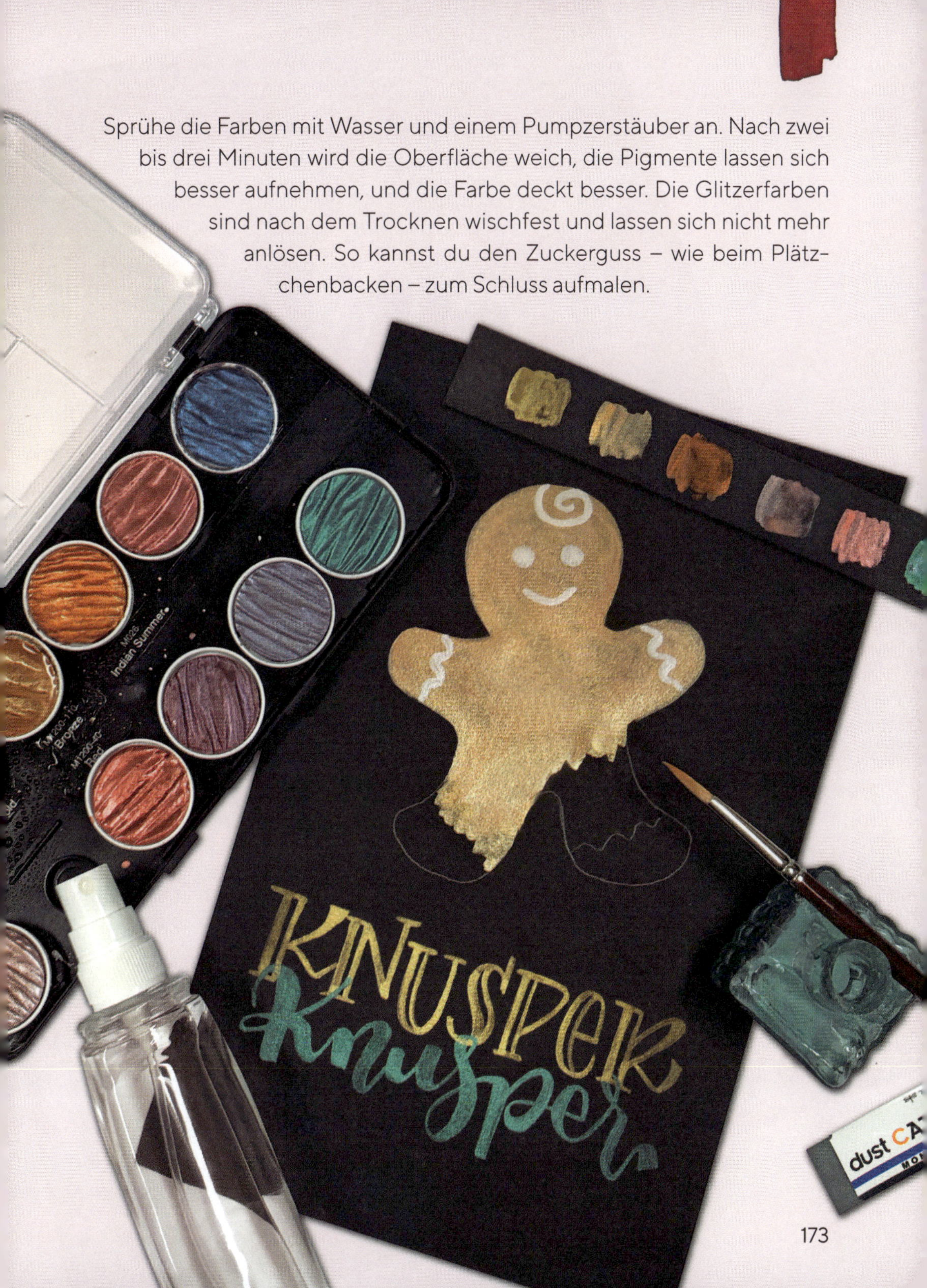

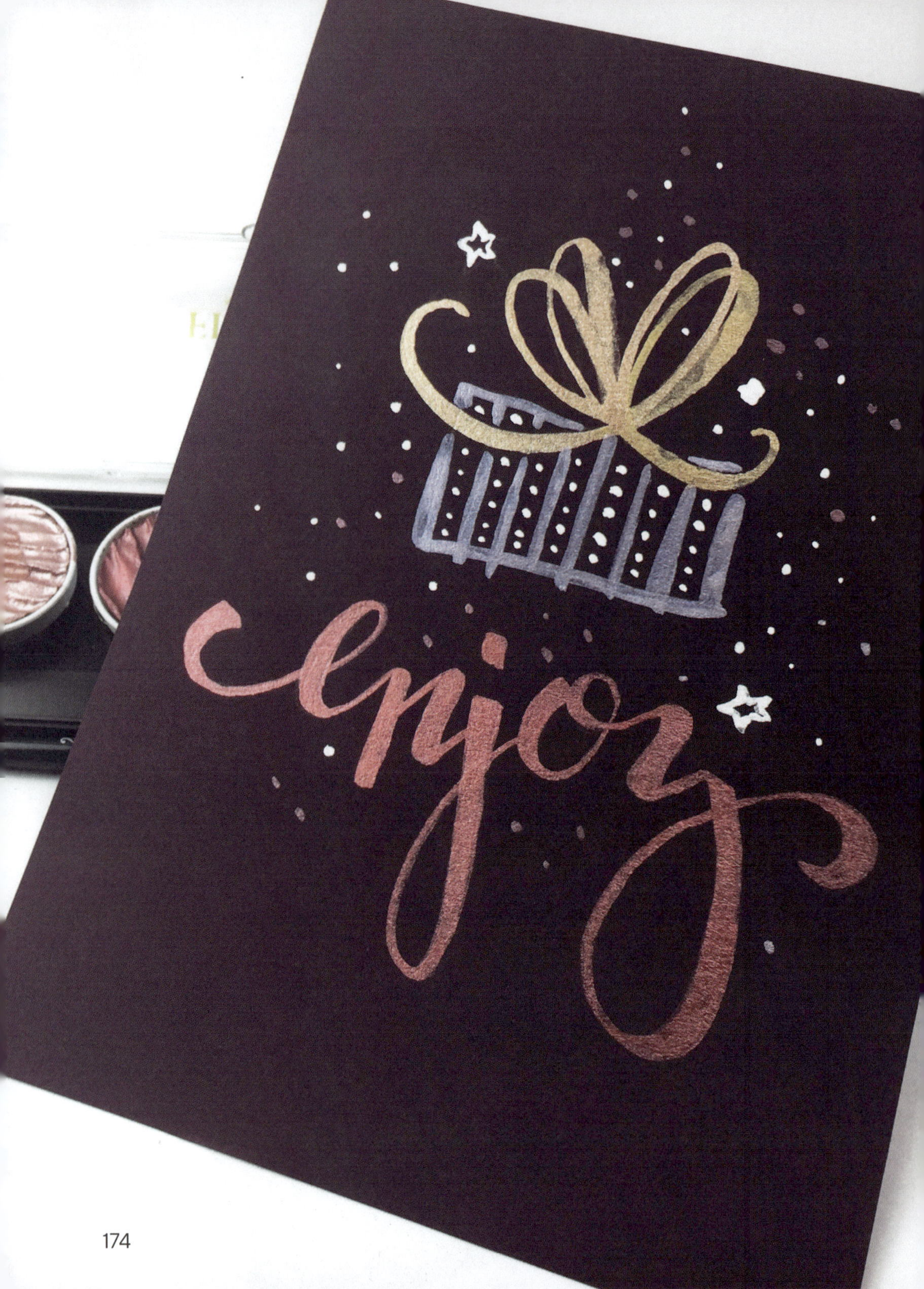
enjoy

enjoy

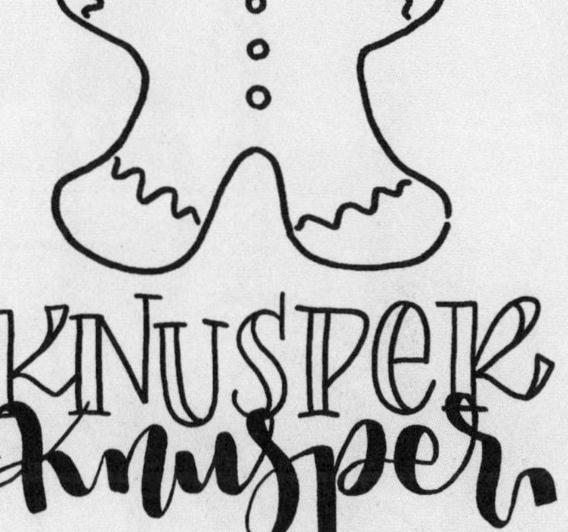

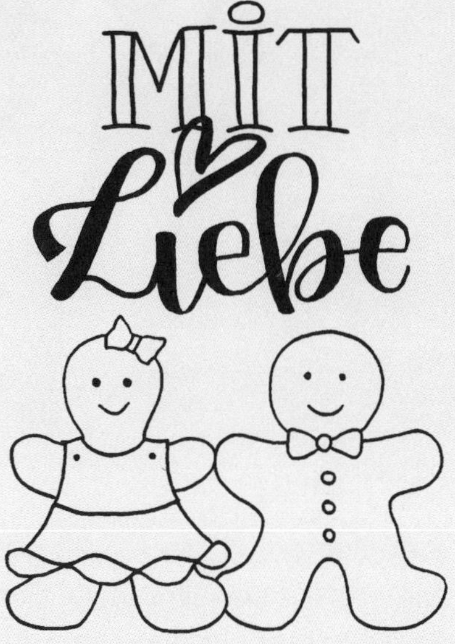

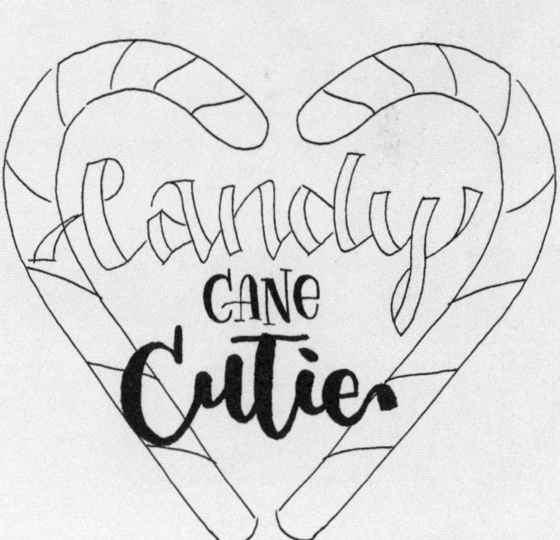

Für DIN A5 die Vorlagen auf 160 % vergrößern.

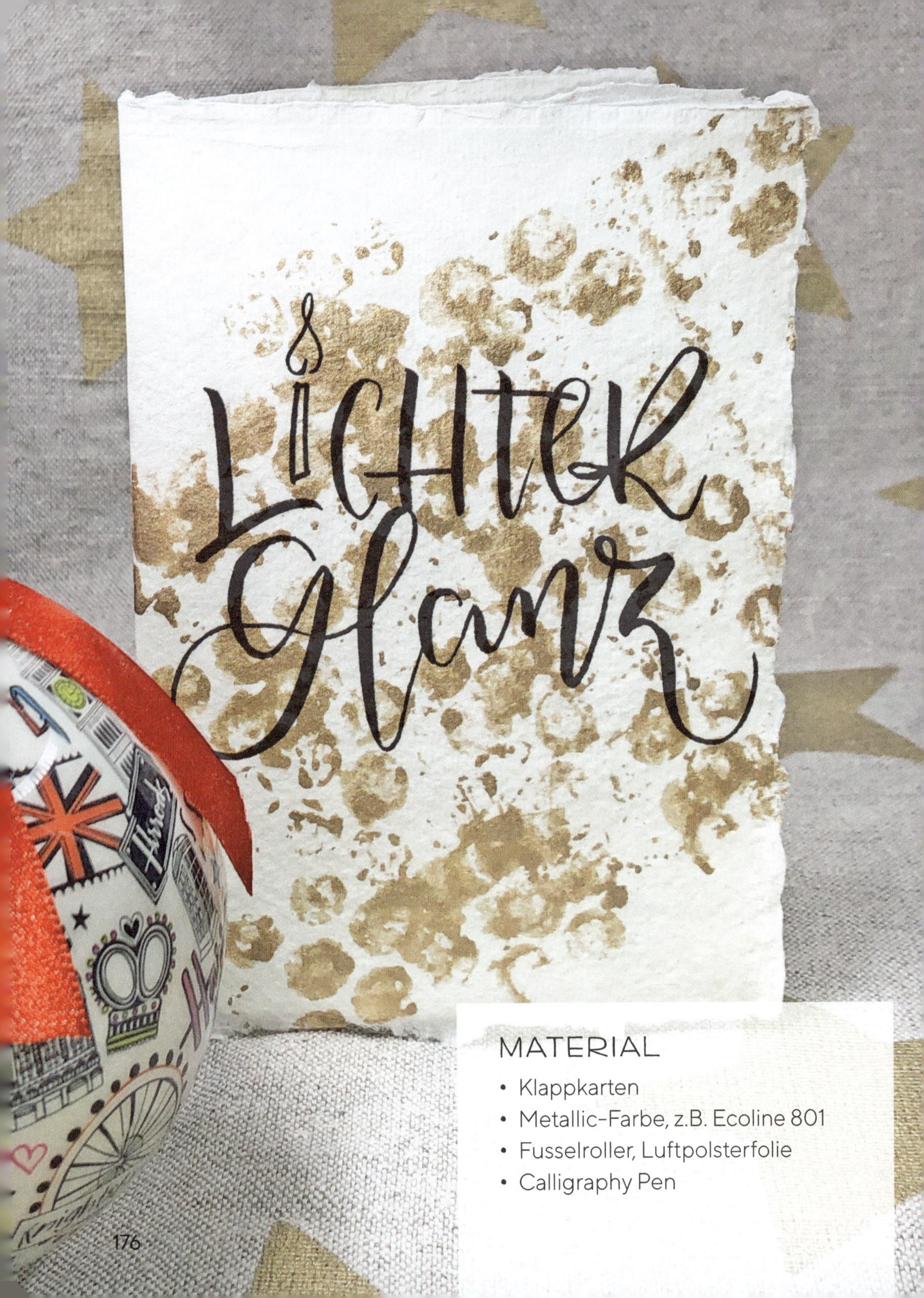

MATERIAL

- Klappkarten
- Metallic-Farbe, z.B. Ecoline 801
- Fusselroller, Luftpolsterfolie
- Calligraphy Pen

HAPPY MAIL

Mit der Background-Dots-Technik lassen sich auch Metallic-Farben auf das Papier bringen. Durch den Schimmer wirken die kleinen Punkte wie Lichterglanz. Die Vorlage für den Brush-Lettering-Mix findest du auf Seite 66. Am besten fertigst du die Karten gleich in Serie für die nächste Happy Mail.

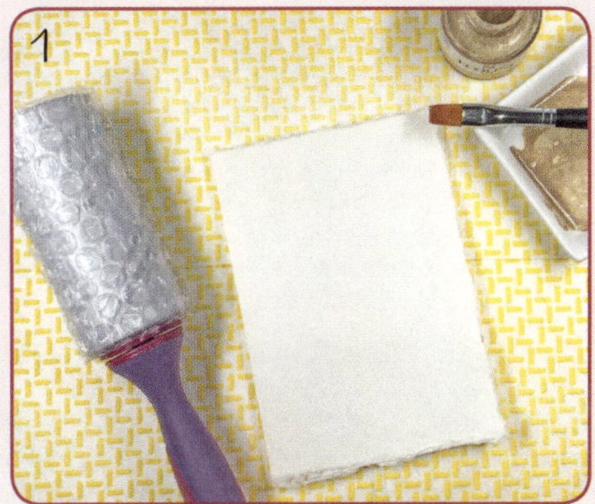

Für die Klappkarte habe ich ein handgeschöpftes Papier gefaltet.

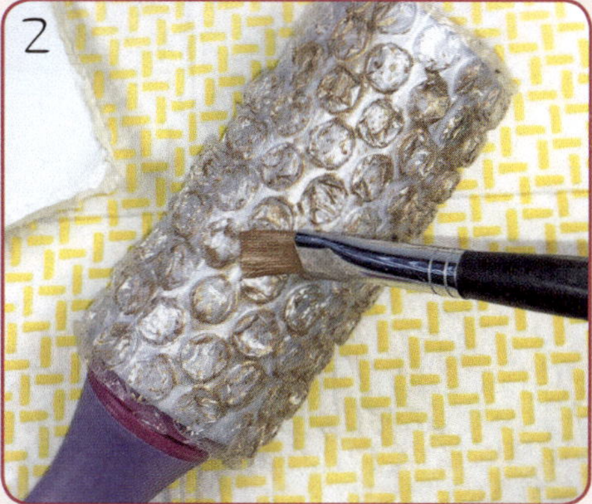

Streiche die Metallic-Farbe mit einem Pinsel auf die Fusselrolle.

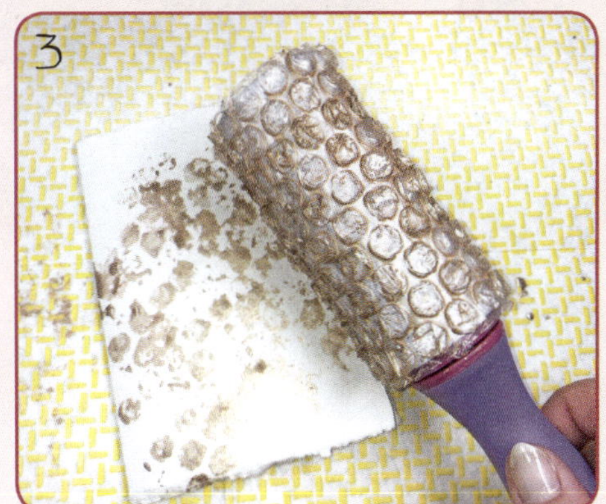

Rolle, wie in der Anleitung auf Seite 17 beschrieben, einmal über das Papier.

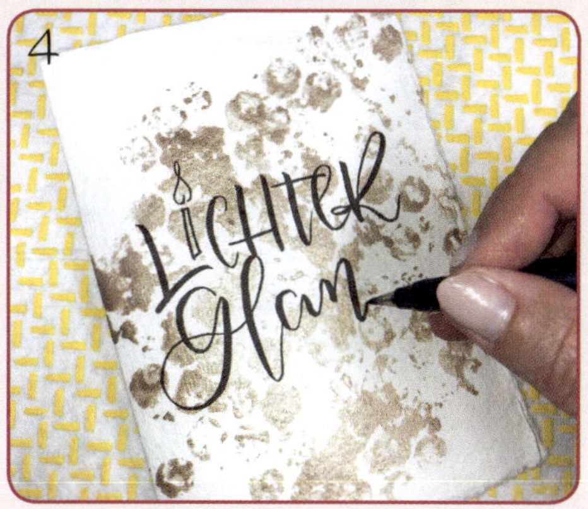

Mit einem Calligraphy Pen kannst du gut auf der Farbe schreiben. Alphabete findest du in Kapitel 2.

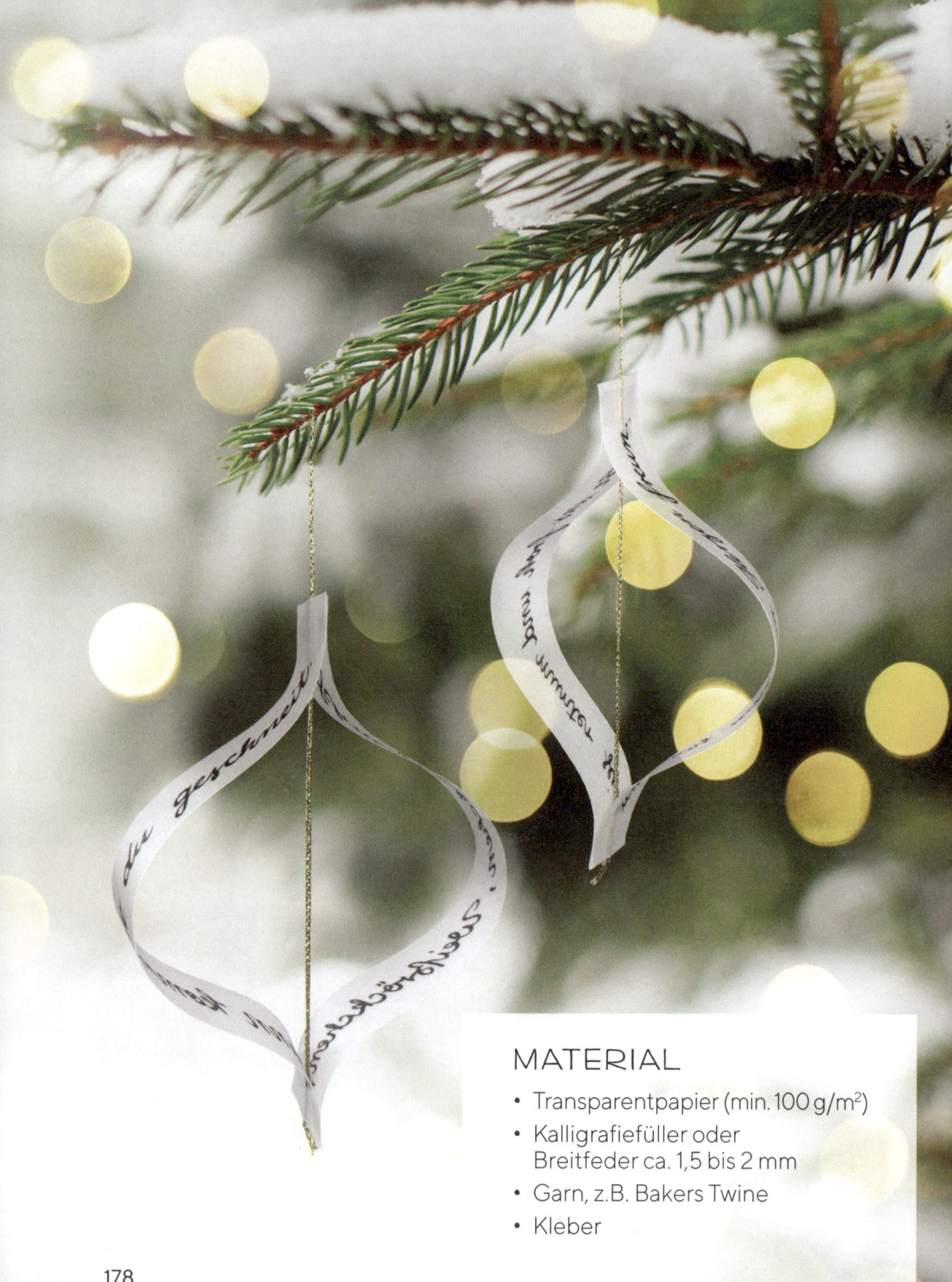

MATERIAL

- Transparentpapier (min. 100 g/m²)
- Kalligrafiefüller oder Breitfeder ca. 1,5 bis 2 mm
- Garn, z.B. Bakers Twine
- Kleber

WEIHNACHTSSCHMUCK

Schönschrift mit dem Kalligrafiefüller ist sehr kunstvoll und dekorativ. Warum diese nicht einfach mal als Muster auf dem Weihnachtsschmuck verwenden?

1

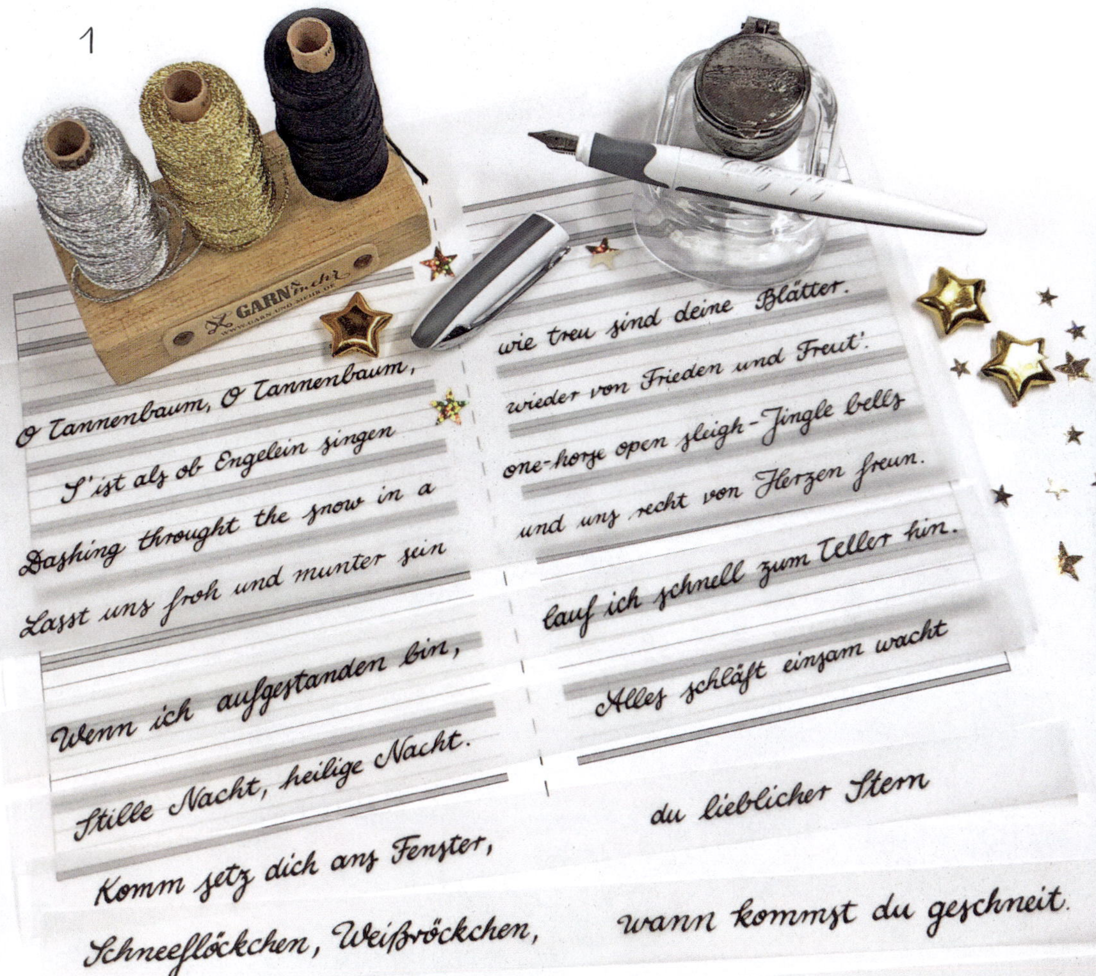

Schreibe freihand oder lege dir das Linienblatt von Seite 182 unter einen Bogen Transparentpapier. Lasse am Blattrand und in der Mitte etwas Freiraum für den Kleberand. Schneide die Texte in Streifen (ca. 2 cm).

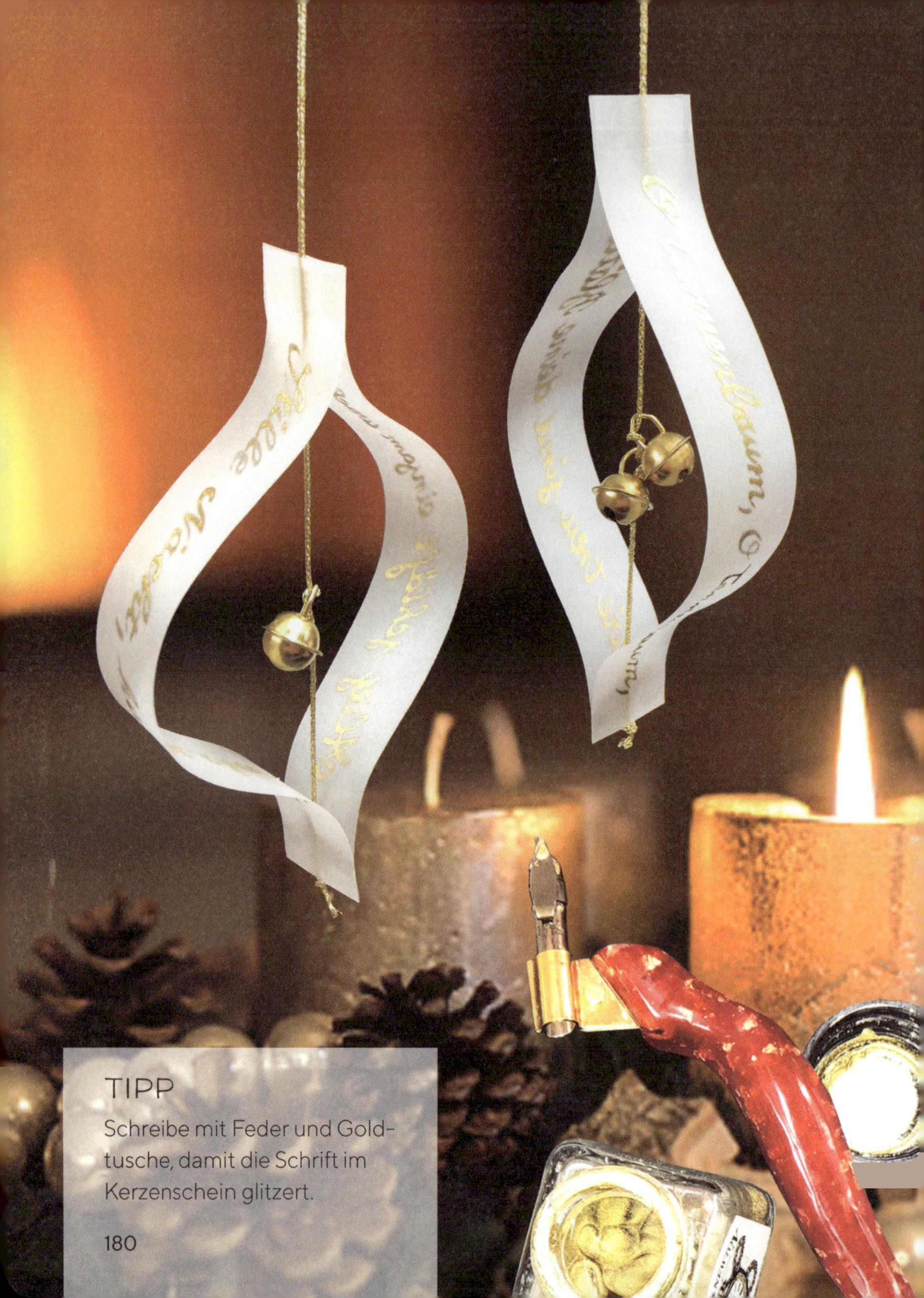

TIPP

Schreibe mit Feder und Goldtusche, damit die Schrift im Kerzenschein glitzert.

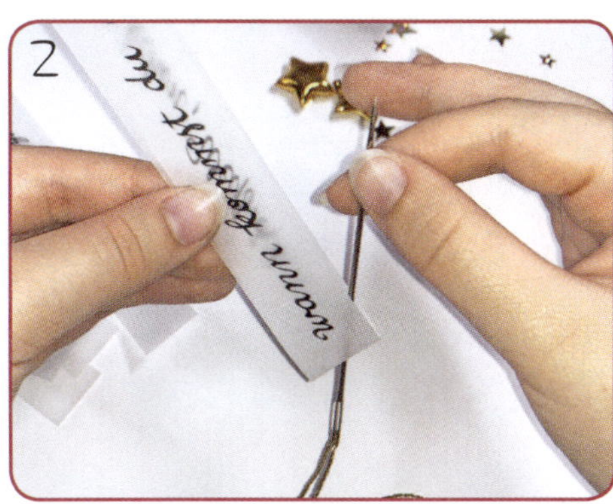

Knicke den Streifen, pikse mittig ein Loch und ziehe das Garn bis zum Knoten durch.

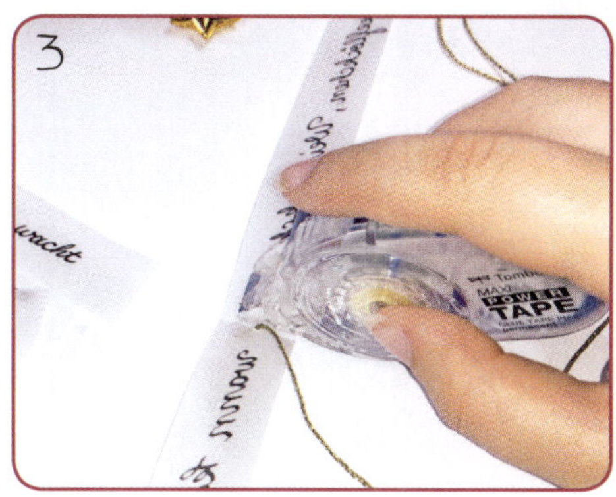

Bringe am Blattrand und in der Blattmitte Kleber auf.

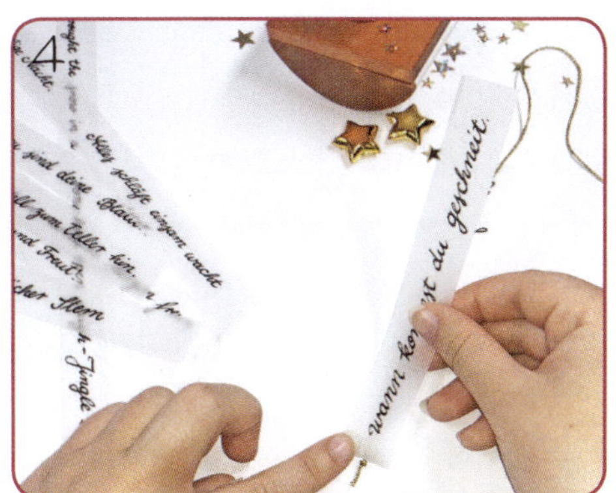

Klebe zuerst den Knick in der Mitte zusammen. Klebe danach die Blattenden genau aufeinander.

Je mehr du die Klebestellen am Garn zusammenschiebst, desto bauchiger wird dein Weihnachtsschmuck.

LINIENBLATT

O Tannenbaum, O Tannenbaum, wie treu sind deine Blätter.

S'ist als ob Engelein singen wieder von Frieden und Freut'.

Dashing throught the snow in a one-horse open sleigh - Jingle bells

Lasst uns froh und munter sein und uns recht von Herzen freun.

Wenn ich aufgestanden bin, lauf ich schnell zum Teller hin.

Du grünst nicht nur zur Sommerzeit, nein, auch im Winter, wenn es schneit.

Schneeflöckchen, Weißröckchen, wann kommst du geschneit.

Komm setz dich ans Fenster, du lieblicher Stern

Stille Nacht, heilige Nacht. Alles schläft einsam wacht

TEXTVORLAGE

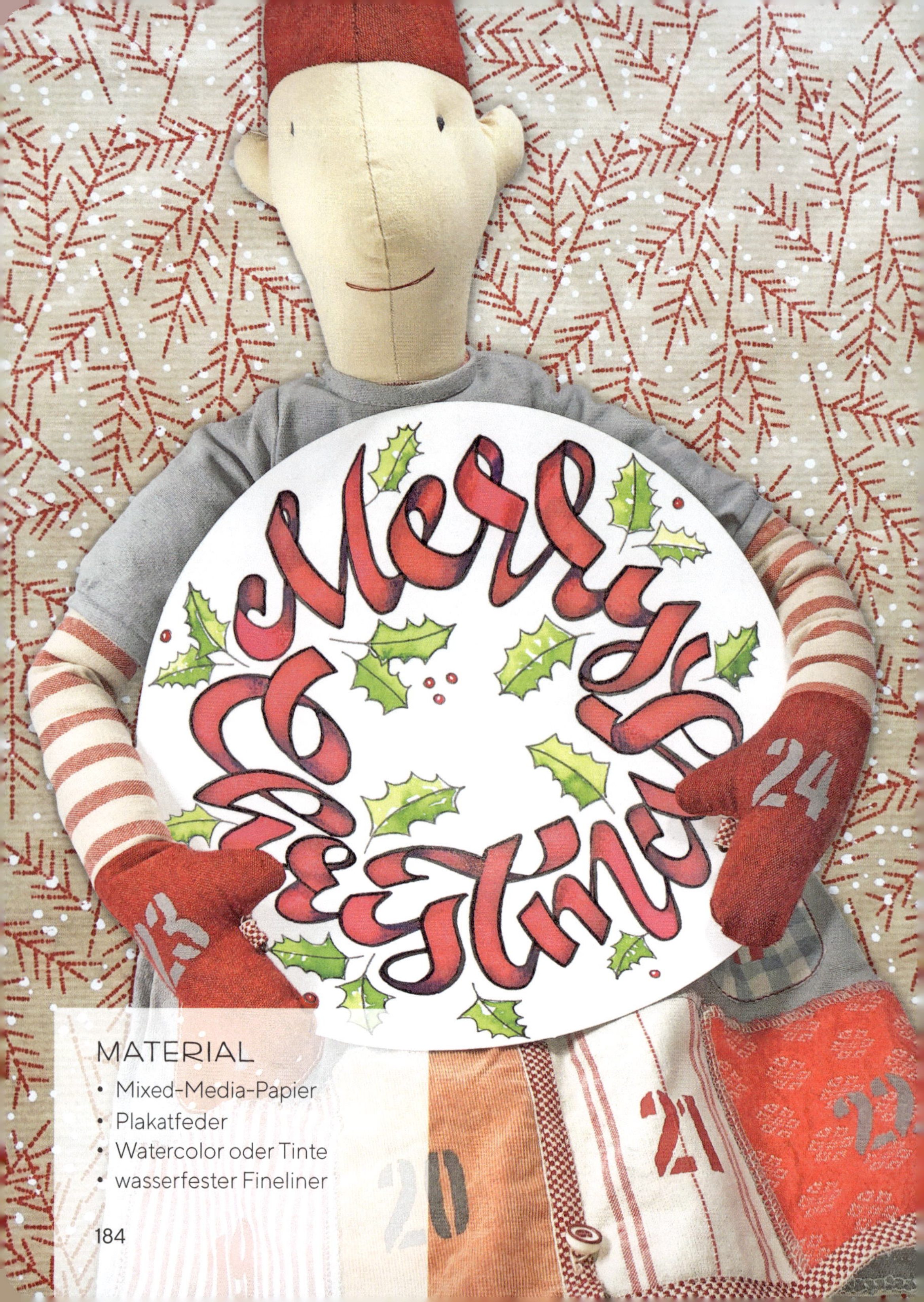

MATERIAL

- Mixed-Media-Papier
- Plakatfeder
- Watercolor oder Tinte
- wasserfester Fineliner

WEIHNACHTSKRANZ

Mit der Plakatfeder und der Schleifenschrift lassen sich tolle Textkreise gestalten. Bei diesem Projekt habe ich mit einem LED-Lichtbrett gearbeitet, so spare ich mir das Ausradieren.

Zeichne zwei Kreise ineinander und skizziere den Text auf einem extra Blatt vor. Lege dein Papier darauf und orientiere dich beim Schreiben an den Hilfslinien. Drehe das Papier nach jedem Buchstaben ein kleines Stück, sodass der nächste Buchstabe gerade vor dir liegt.

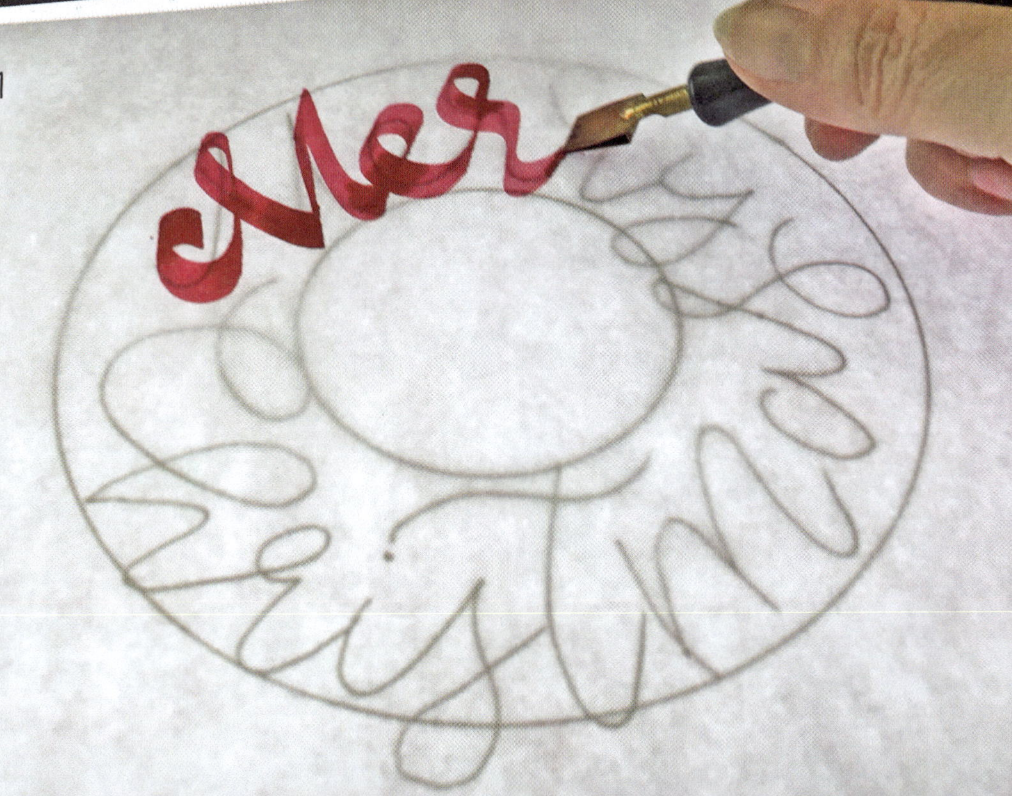

Umrande die Tintenschrift und arbeite die Schleifenschrift aus, wie auf Seite 55 beschrieben.

2

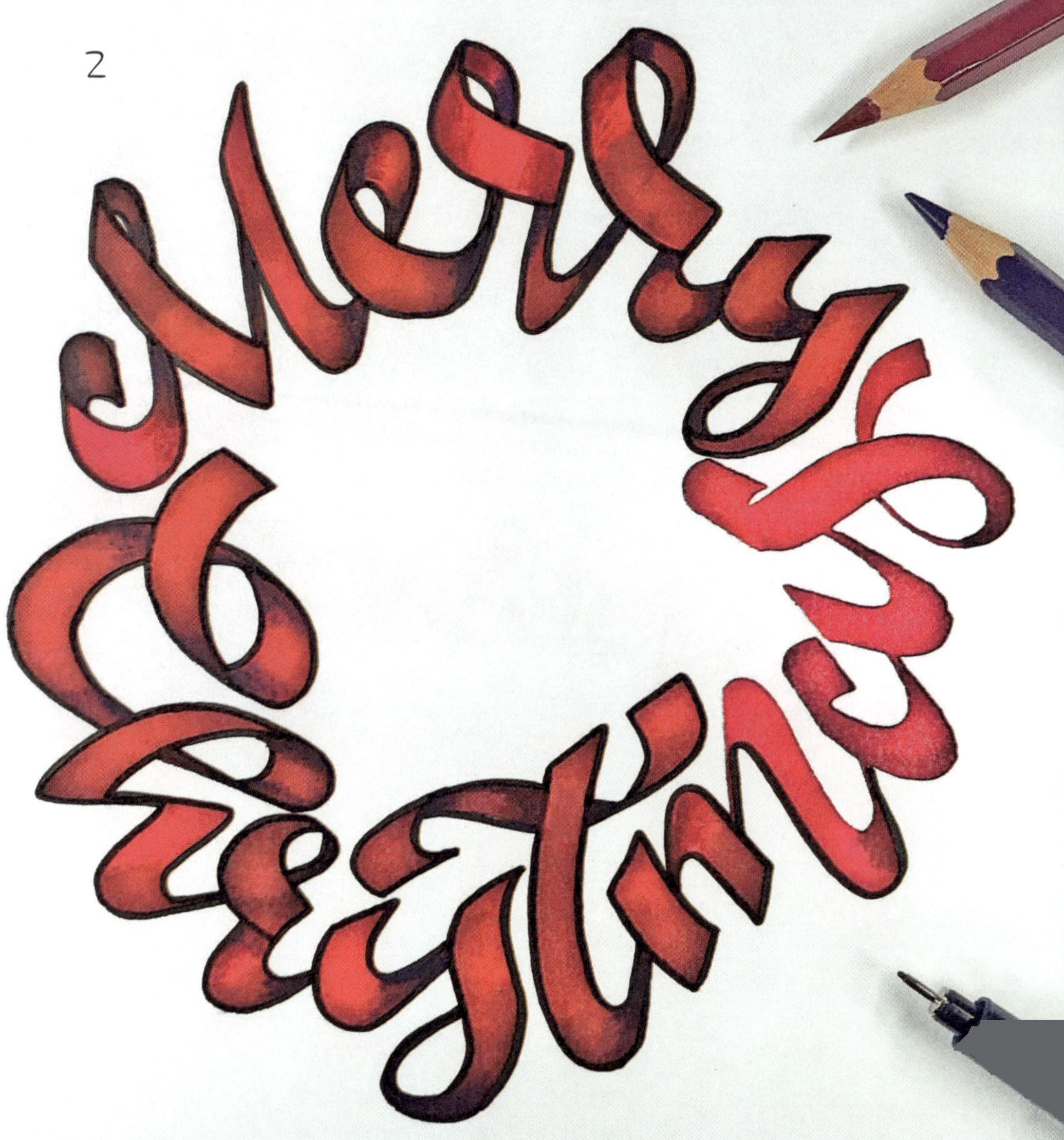

Zeichne mit einem wasserfesten Fineliner Ilexblätter zu den Buchstaben. Male sie mit Watercolor und der Nass-in-Nass-Technik aus.

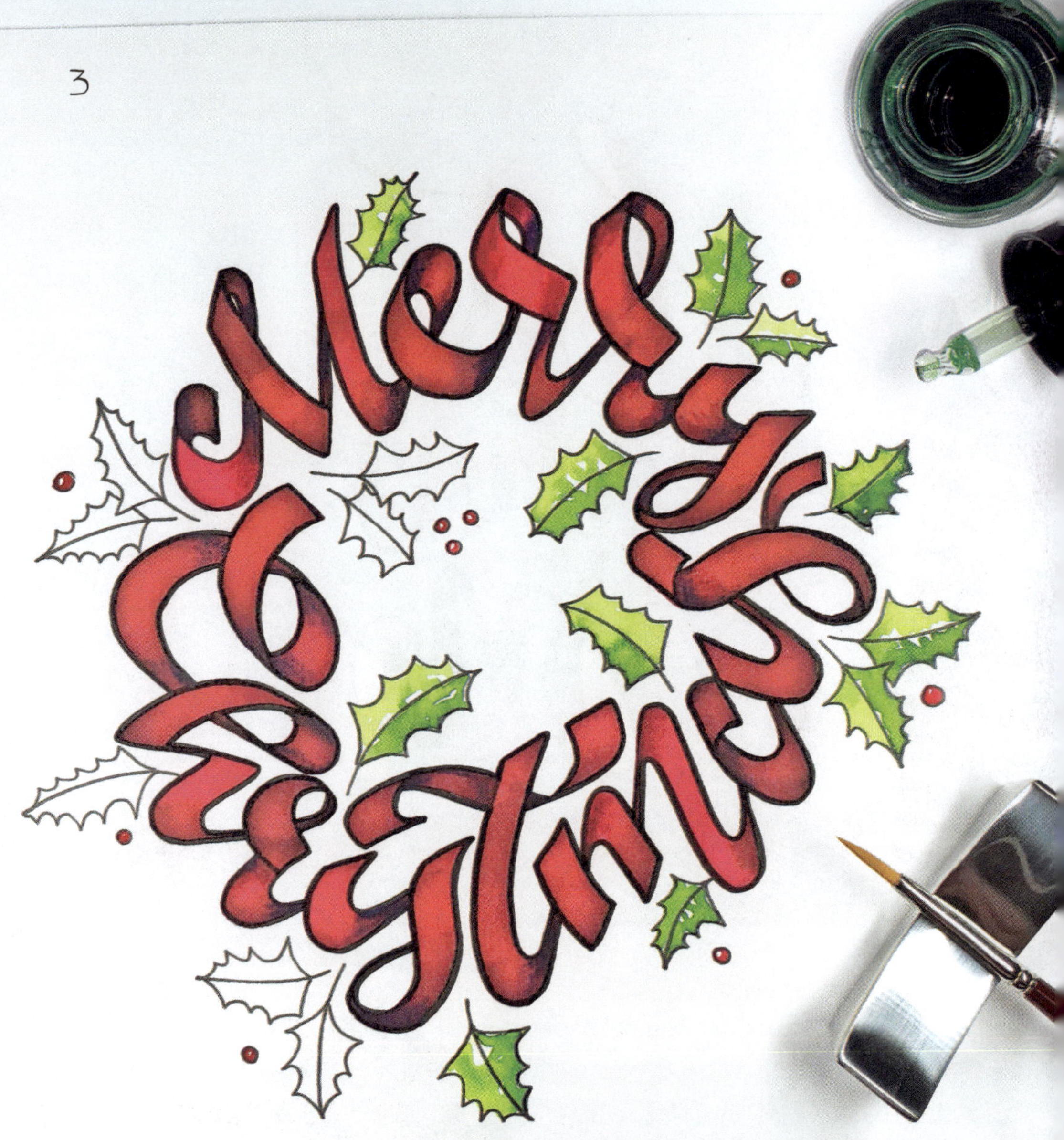

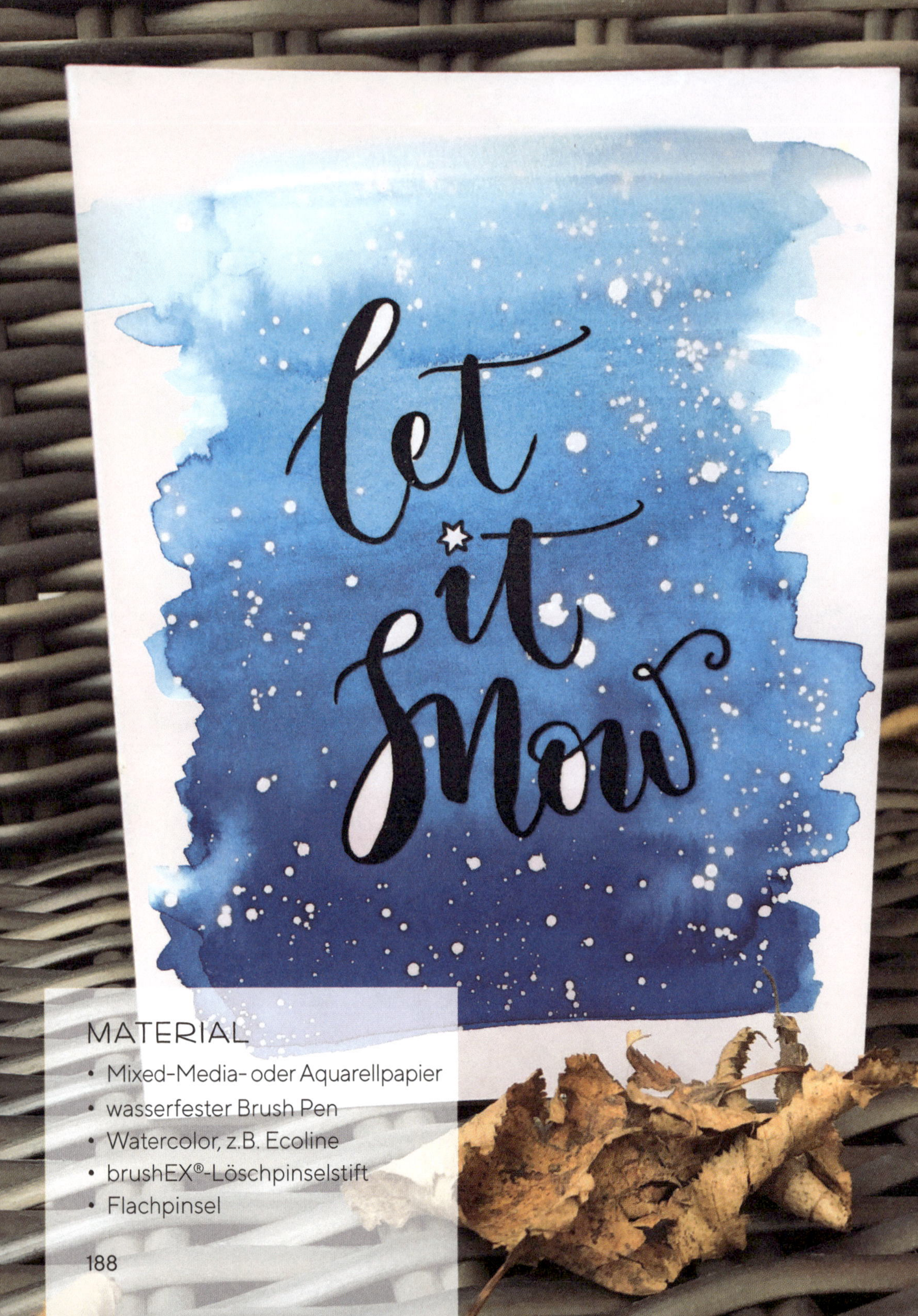

MATERIAL

- Mixed-Media- oder Aquarellpapier
- wasserfester Brush Pen
- Watercolor, z.B. Ecoline
- brushEX®-Löschpinselstift
- Flachpinsel

LET IT SNOW

Schreibe den Text mit einem wasserfesten Brush Pen auf das Papier. Laviere den Hintergrund mit Watercolor, wie auf Seite 21 beschrieben.

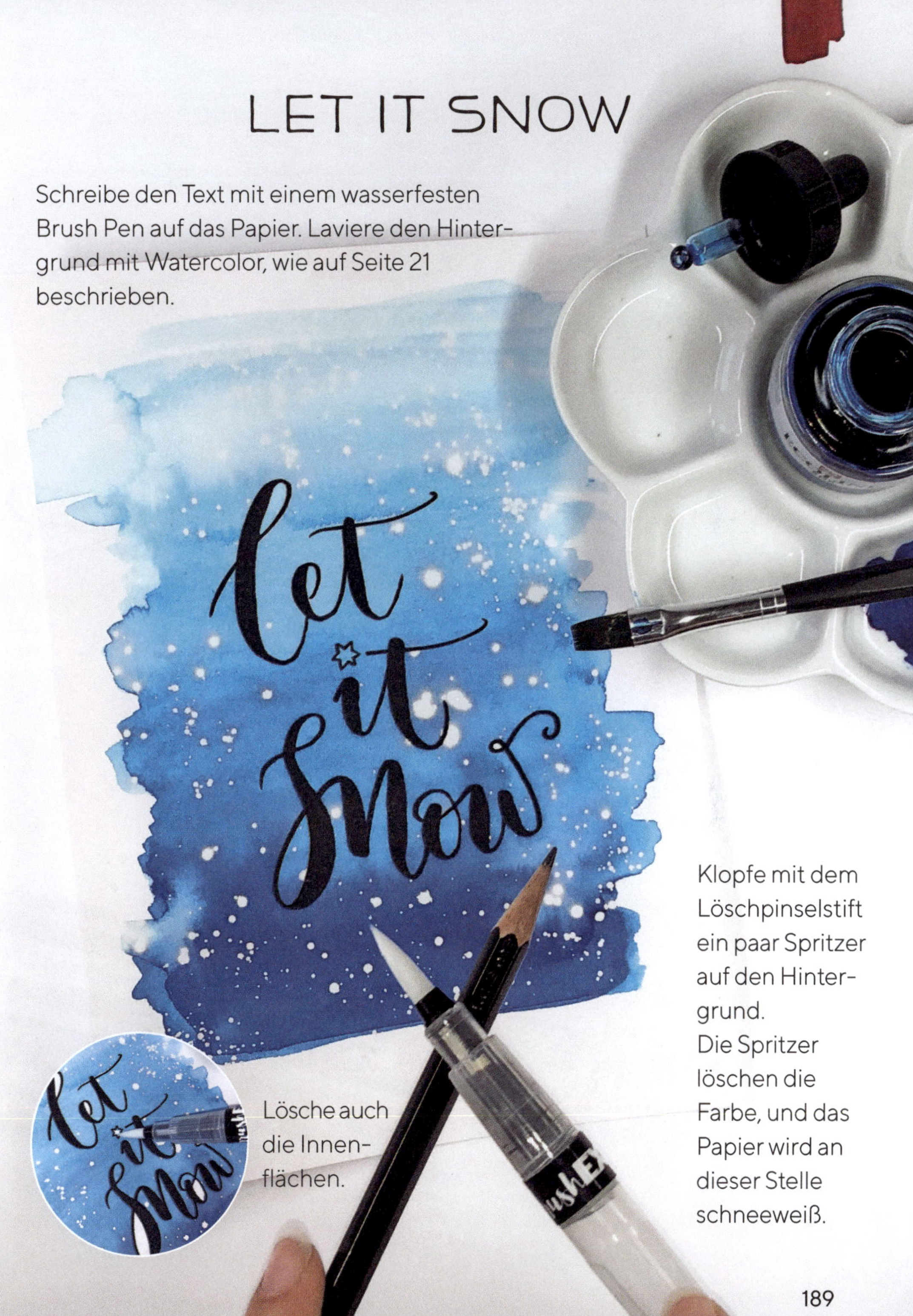

Lösche auch die Innenflächen.

Klopfe mit dem Löschpinselstift ein paar Spritzer auf den Hintergrund. Die Spritzer löschen die Farbe, und das Papier wird an dieser Stelle schneeweiß.

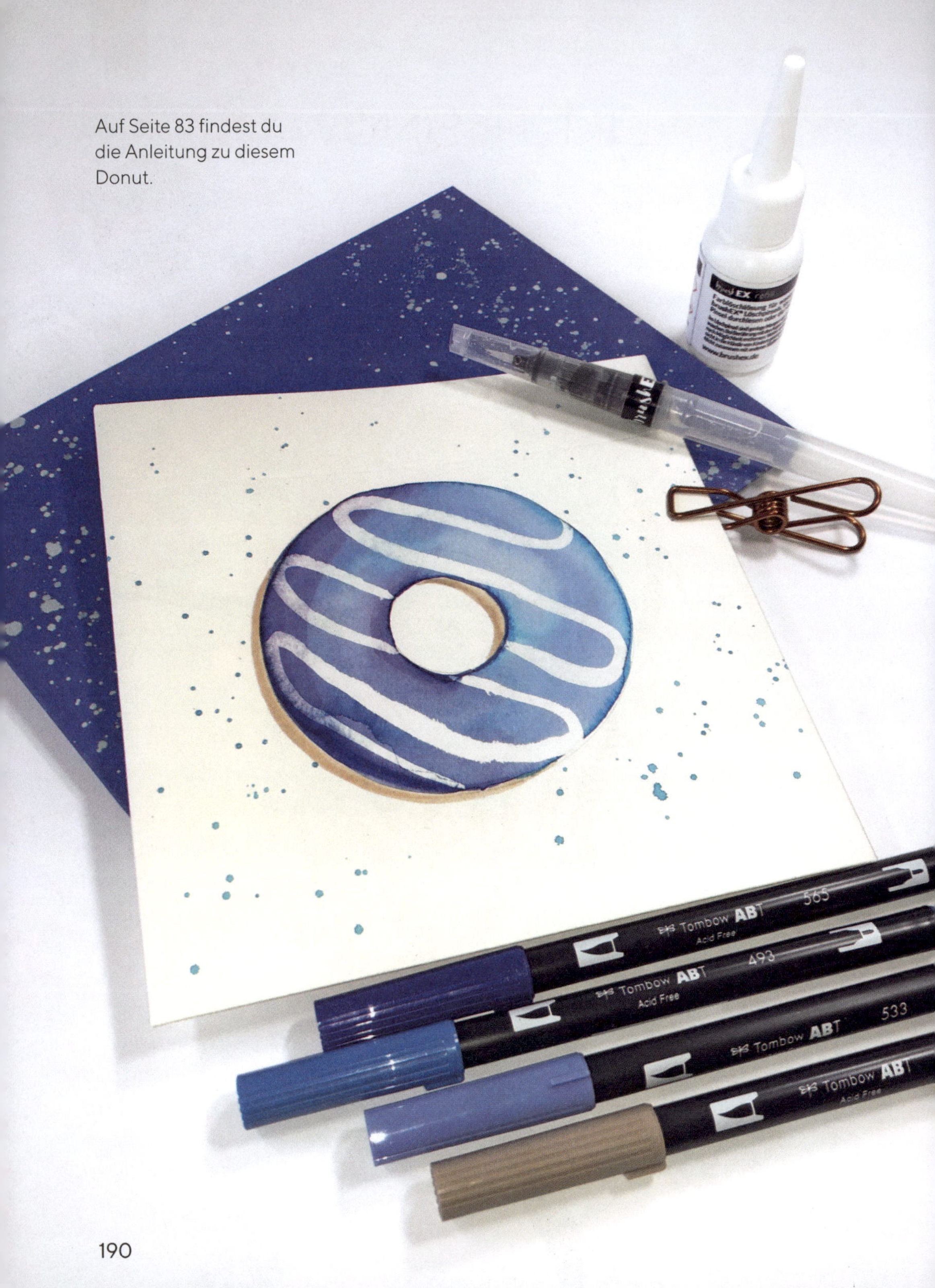

Auf Seite 83 findest du die Anleitung zu diesem Donut.

MATERIAL

Dieses Buch ist voll mit meinen Lieblingsmaterialien. Mit der Zeit findet jeder Letterling heraus, womit er gut zurechtkommt. Manchmal funktionieren die Materialien auch abhängig von der Tagesform heute gut und morgen schlecht. Oft reicht eine kleine Auswahl der richtigen Materialien. Damit die Entscheidung etwas leichter fällt, habe ich hier ein paar zusätzliche Informationen für dich zusammengestellt.

Aquarellfarbe

Die Farbe aus den Näpfchen verwende ich vorwiegend bei Lasurtechniken.

Bleistift und Radiergummi

Der Mono 100 hat eine extra dunkle Grafitmine und ist dadurch auch in 3H sehr gut auf dem Papier zu sehen, ohne dass man Rillen in das Papier graviert. Er lässt sich mit dem passenden Mono Plastic Eraser auch unter den Brush Pens ausradieren. Vergleichbares gibt es natürlich auch von anderen Herstellern.

brushEX®-Löschpinselstift

Der Zauberstift ist noch neu auf diesem Planeten. Im Zusammenspiel von Flüssigfarbe, wasserbasierten Brush Pens und Aquarellpapier lassen sich galaktische Effekte erzielen. Genial ist, dass man die gelöschten Flächen mit der gleichen Farbe wieder überschreiben und übermalen kann. Der Pinselstift und das brushEX®-Watercolorspray sind nicht mehr von meinem Schreibtisch wegzudenken.

Brusho®-Aquarellpulver

Das Pulver fasziniert durch seine Farben und Farbmischungen. Es ist ganz einfach und erzeugt geniale Hintergründe.

Brush Pens ABT von Tombow

Die Brush Pens von Tombow sind sehr hochwertig verarbeitet und haben zwei Spitzen. Der Fineliner ist super praktisch zum Nachbessern von einzelnen Buchstaben und für die Schriftvielfalt. Die Farben lassen sich sehr gut mit Wasser vermalen.

Ecoline Brush Pen

Den Ecoline Brush Pen verwende ich gerne für einzelne Wörter und in Kombination mit den farblich passenden Flüssigfarben, wie im Projekt auf Seite 91. Die Brush-Pen-Spitze ist für größere Schriften gedacht, und sie transportiert sehr viel Farbe. Das gibt ein besonderes Schriftbild mit hellen und dunkleren Stellen.

Fudenosuke Calligraphy Pen

Meine absolute Nummer eins bei der Wahl eines Brush Pen in Kombination mit Watercolor. Er ist wasserfest (steht leider nicht drauf) und in neun Farben, sowie in Schwarz erhältlich. Den schwarzen Brush Pen gibt es in BH (Brush Hard) und in BS (Brush Soft). Bei Tombow erhältlich unter der Bezeichnung Calligraphy Pen. Sehr beliebt bei Lettering-Anfängern wegen der stabilen und eingefassten Spitze und bei Linkshändern, weil die Farbe so schnell trocknet.

Karin Brushmarker Pro

Der Brushmarker bringt satte Farben auf das Papier, die sich hervorragend mit Wasser vermalen lassen. Sehr zu empfehlen ist der Blenderstift. Die Spitze ist nicht zu weich und strapazierfähig. Zum Arbeiten auf Mixed-Media-Papier genau richtig, Ganz besonders liebe ich die Metallic Marker. Tolle Farben, und sie sind nach dem Trocknen wischfest.

Buntbox™

Mein absolutes Lieblingspapier! 100 % Recycling, tolle Farben. Das Weiß und das Champagner verwende ich wie Aquarellpapier. Nach dem Trocknen zieht es sich wieder schön glatt. Die Schachteln sind passgenau verarbeitet. Der Frame ist ein Traum in Weiß und Schwarz. Lieber Simon, ich hätte dein Papier gerne auch im Block oder als Einzelbogen.

Calligraphy Pen PITT

Dieser Fasermaler von Faber Castell ist eine Alternative zur Breitfeder. In dem Projekt auf Seite 74 kommt er zum Einsatz.

Cola-Feder oder Ruling Pen

Wenn du die Feder nicht selbst bauen möchtest, findest du den »Ruling Pen« unter dem Stichwort »Rolf Pens« im Internet.

Federhalter

Einige Stücke aus meiner Sammlung findest du auf den Fotos in diesem Buch. Besonders beliebt sind Oblique-Federhalter. Durch die Federstellung kannst du besser Druck auf die Feder ausüben. Kursive Schriften und Schreibwinkel, z.B. auch als Linkshänder mit der Bandzugfeder, sind leichter auszuführen.

Federhalter gibt es aus wunderschönen Hölzern gedrechselt und in ergonomischer Form, z.B. bei wunschbriefe.at. Aber im Prinzip ist ein ganz einfacher aus Holz oder Kunststoff völlig ausreichend.

Federn

In gut sortierten Schreibwarenläden erhältlich, sind sie meist von Brause. Ich kaufe immer zwei Stück von einer Sorte, eine für farbige Tinte und eine für schwarze Tusche. In den Projekten habe ich die jeweiligen Bezeichnungen und Größen angegeben.

Fineliner

Für meine Lettergrafien verwende ich wasserfeste Fineliner. Am liebsten die Pigment-Liner von Staedtler in den Größen 0.3 und 0.5. Sie sind satt schwarz, decken gut und sind strapazierfähig.

Garn

Oft werde ich gefragt, woher ich dieses Bakers Twine habe. Schaut in gut sortierten Schreibwarenläden oder bei garn-und-mehr.de vorbei.

Gelstift

Mit einem Gelstift oder auch Gelroller kannst du Lichtreflexe in Buchstaben malen. Auf farbigem Karton sind sie die ideale Ergänzung zu Glitzerfarben.

Glitzerfarben

Ich liebe sie alle.

Grafitpapier

Ideal zum Übertragen von Vorlagen auf verleimtes Aquarellpapier. Die Linien lassen sich leicht ausradieren.

Helix®

Mit dieser ausgefuchsten Kreis- und Winkelschablone bleiben Zirkel und Geodreieck in der Schublade.

Kalligrafiefüller

Es ist sehr praktisch, mit einem Füller zu schreiben. Er ist mobiler als eine Feder mit Tintenglas. Ich habe eine kleine Sammlung dieser Füller, greife aber immer wieder zum Calligraphy Pen von Online Schreibgeräte. Jeder Füller ist mit Konverter und Tintenpatrone zu verwenden.

Lichtbrett LED Lightpad

Gut, dass ich den Glastisch mit der Lampe darunter endlich aus meinem Arbeitszimmer verbannen kann. Geniales Zubehör für kleines Geld und mit einer Powerbank auch mobil einsetzbar.

ALL YOU need is LOVE

Auf Seite 37 findest du eine Anleitung zur Cola-Feder.

Masking Fluid

Dies verwende ich ausschließlich mit Aquarellfarben aus dem Näpfchen. Probiere das Fluid unbedingt vorher auf einem Testblatt aus; nicht jedes Aquarellpapier ist geeignet.

Papier

In diesem Buch habe ich das Mixed-Media-Papier von Clairefontaine im Block verwendet und von boesner das rundum verleimte Aquarellpapier 300 g/qm, naturweiß. Für Lettergrafien ohne Watercolor eignet sich Bristollkarton. Er hat eine glatte, gestrichene Oberfläche.

Pinsel

Ein Pinsel ist etwas sehr Persönliches. Ich bevorzuge Synthetik-Aquarellpinsel. Mit den Rundpinseln »Toray« von Springer, Nr. 3 und Nr. 5, habe ich die Pinselschriften in diesem Buch geschrieben. Ergänzend empfehle ich dir ein Flachpinsel Nr. 8 zum Anlegen von Verläufen, wie auf Seite 21 beschrieben.

Pumpzerstäuber

Upcycle eine alte Deoflasche.

Tinte

Ich liebe Tinten. Es gibt sie in den tollsten Farben sowie in Gold und mit Metallic-Glitzer. Die farbigen Tinten lassen sich auch mit einem Konverter im Kalligrafiefüller verwenden (spart Plastikmüll). Gold und Metallic sind besser mit der Feder zu schreiben.

Transparentpapier

Du suchst Transparentpapier von der Rolle? Unter dem Stichwort »Architektenpapier« findest du eine große Auswahl. Für mich unverzichtbar beim Entwerfen von Textbildern.

Tusche

Tusche ist im Gegensatz zu Tinte nach dem Trocknen meist wasserfest. Ich verwende gerne Zeichentusche von Rohrer & Klinger, weil sie so satt schwarz ist. Aber Vorsicht, die Feder immer gleich mit Wasser reinigen!

Watercolor

Die Ecoline-Farben sind transparent und leuchtend. Es ist praktisch, mit der Feder oder dem Pinsel gleich in ein Gläschen mit flüssiger Farbe zu tauchen. Wenn ich mit einem schwarzen Brush Pen vorgeschrieben habe, wird das Schwarz nicht überdeckt oder fleckig. Den Unterschied zwischen Aquarellfarbe und Watercolor erkläre ich auf Seite 197.

Es gibt wieder Blütengemüse

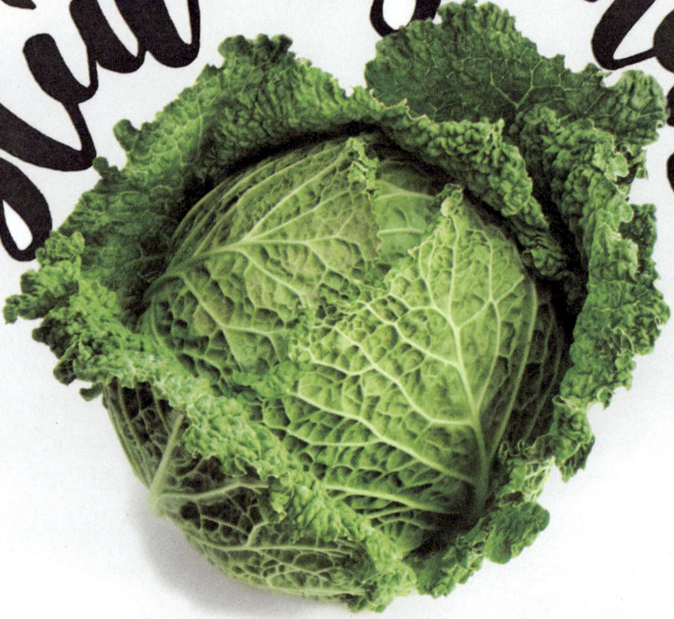

TIPP

Mit Tusche geschriebene Texte sind satt schwarz und nach dem Trocknen wasserfest.

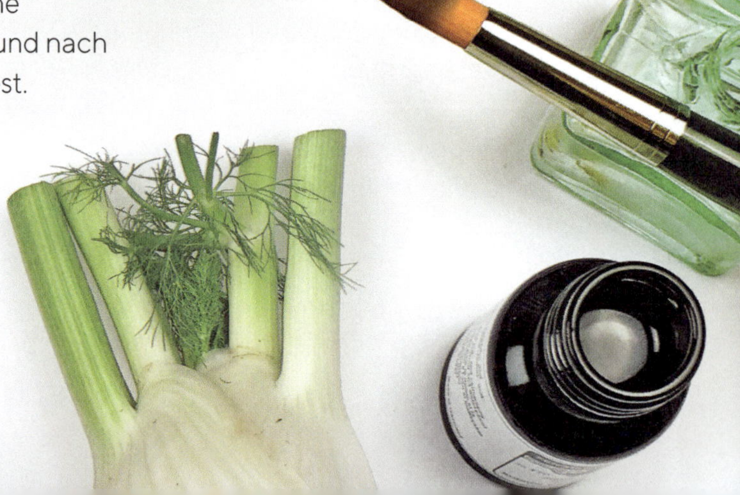

HÄUFIG GESTELLTE FRAGEN

Mit welchem Bleistift zeichne ich vor?
Bleistifte enthalten Grafit, die weichen Bleistifte mehr als die harten. Das Grafit löst sich mit Wasser an, verbindet sich mit der Farbe und lässt sich dann eigentlich gar nicht mehr ausradieren. Daher empfehle ich, Linien, die übermalt oder mit einem Brush Pen überschrieben werden, mit einem 3H, und Hilfslinien, die nicht übermalt werden, mit einem B zu zeichnen.

Welchen Radiergummi?
Auf jeden Fall einen kautschukfreien Radiergummi verwenden. Er ist papierschonender und hellt Watercolorflächen und Brush-Pen-Schrift nicht auf.

Welcher Gelstift deckt richtig ab?
Gelstifte enthalten eine Lackfarbe, die meistens richtig gut deckt. Jedoch löst die Lackfarbe die Brush-Pen-Schrift an und vermischt sich mit dieser. Auf einer roten Schrift wird der Lichtreflex rosa, auf einer blauen hellblau, usw. Auf Schriften, die mit wasserfesten Brush Pens geschrieben sind (z.B. Fudenosuke), bleibt die Lackfarbe weiß.

Was ist der Unterschied zwischen Watercolor und Aquarellfarbe?
Als Watercolor bezeichnet man alle Farben, die mit Wasser löslich sind. Es gibt flüssige Wasserfarbe, wie z.B. Ecoline, und die Farben in Brush Pens. Diese Farben sind sehr leuchtend und lassen sich gut mischen und vermalen, weil es synthetische Farben sind. Sie sind im getrockneten Zustand immer noch wasserlöslich. Als Aquarellfarbe bezeichnet man Farben mit weniger stark leuchtenden Pigmenten. Aquarellfarben sind je nach Preisklasse aus hochwertigen, natürlichen Pigmenten, wie gemahlenem Sand und geriebenem Halbedelstein, und müssen zur Verwendung mit Wasser vermischt werden.

Wie verwende ich Aquarellfarben?
Meist im Näpfchen oder in der Tube müssen sie vor dem Gebrauch mit Wasser vermischt werden. Am besten in eine Palette etwas Wasser geben, die Farbpigmente aus dem Näpfchen lösen und in der Palette mit Wasser vermischen. Leere Näpfchen kannst du mit der Tubenfarbe wieder auffüllen.

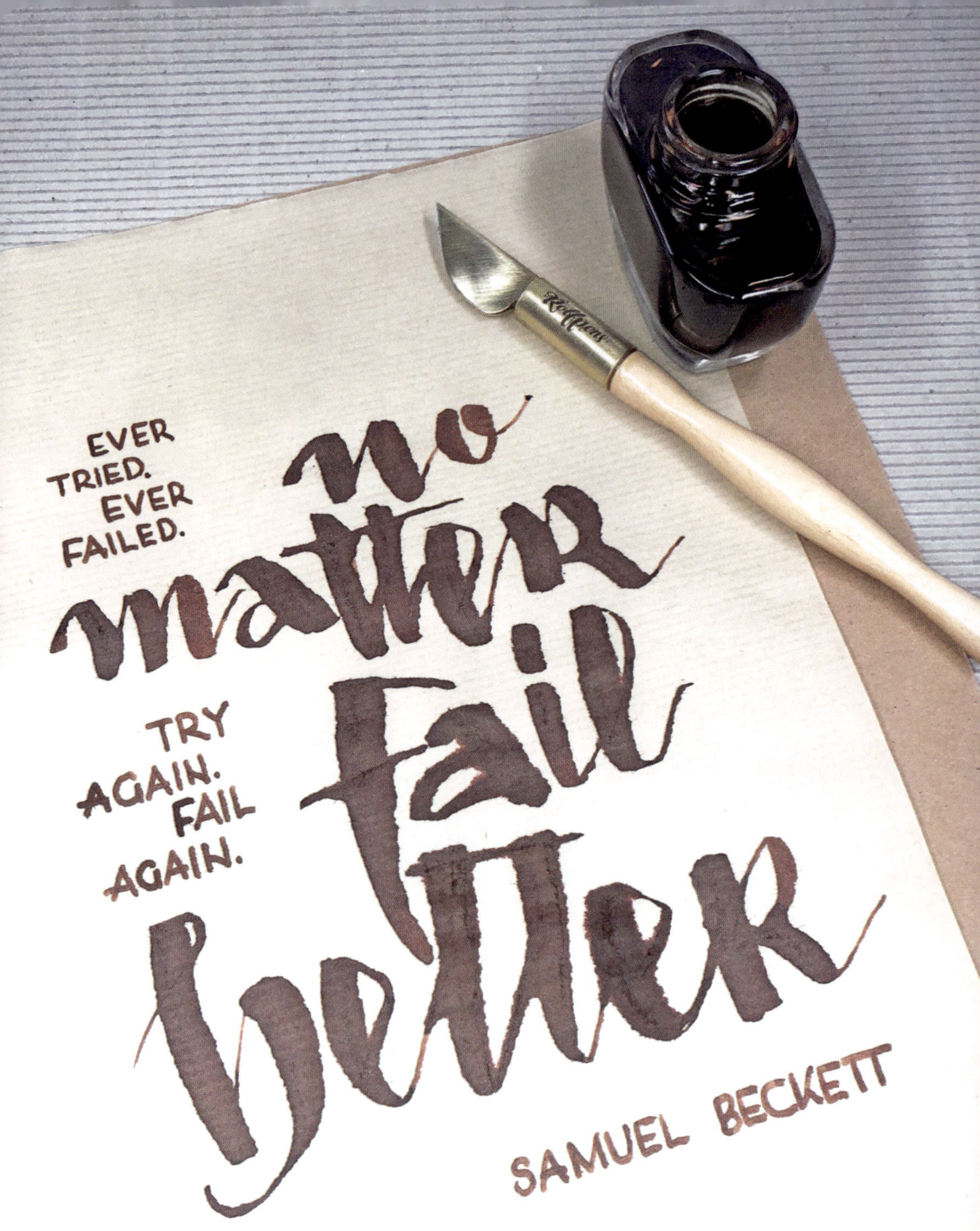

Ein modernes Alphabet für die Cola-Feder findest du auf Seite 61.

Wie mische ich Farbtöne?

Am besten in einer Palette. Fülle die Vertiefungen mit Wasser und gib so lange Farbe hinzu, bis du den richtigen Farbton gemischt hast. So kannst du auch Farben miteinander mischen. Verwende zum Dosieren des Wassers eine kleine Plastikpipette.

Wie vergrößere ich Vorlagen?

Lege fest, wie breit das Motiv werden soll, und messe die Breite der Vorlage. Gib auf deinem Taschenrechner die gewünschte Breite ein und teile sie durch die Breite der Vorlage. Dann auf die Prozenttaste drücken, und das Ergebnis ist die Zahl, die in den Kopierer eingegeben wird.
Beispiel: 25 cm (gewünschte Breite) ÷ 15 cm (Vorlage) %-Taste = 166,6 %

Was ist der Unterschied zwischen Tinte und Tusche?

Tinte ist meist wasserlöslich. Man kann sie mit Feder und Pinsel auftragen und in den Konverter eines Kalligrafiefüllers ziehen.
Tusche ist eine spezielle Form von Tinte, die meistens ein Bindemittel enthält, und der Schriftzug ist nach dem Trocknen wasserfest.

Masking Fluid oder brushEX®?

Masking Fluid verwende ich nur in Verbindung mit Aquarellfarben. Bei Lettergrafien mit Watercolor oder Brush Pen ist brushEX® zu empfehlen. Mit brushEX® können Lichtreflexe nach dem Malen gesetzt werden und immer wieder übermalt werden. Sternenhimmel und Galaxien gelingen einfach schnell mit brushEX® watercolor.

Welche 10 Lettering-Tools würdest du auf eine Marsmission mitnehmen?

In meinem letzten Urlaub hatte ich einen extra Koffer dabei. Aber sollte ich mich einschränken müssen, würde ich schweren Herzens wie folgt entscheiden:

- Fudenosuke BH und BS
- Rundpinsel Nr. 3, Flachpinsel Nr. 8
- brushEX®
- Bleistift 3H mit Radiergummi
- Ecoline-Watercolor 226, 350, 505, 533, 548, 601, 661, 374
- ABT Dual Brush Pen Nr. 025, 373, 493, 636, 665, 725 und Grau N75
- Glitzerfarbe in Gold und Stardust
- Kalligrafiefüller mit schwarzer Tinte
- Plakatfeder mit Halter
- Aquarellpapier

Wasser soll es ja auf dem Mars geben.

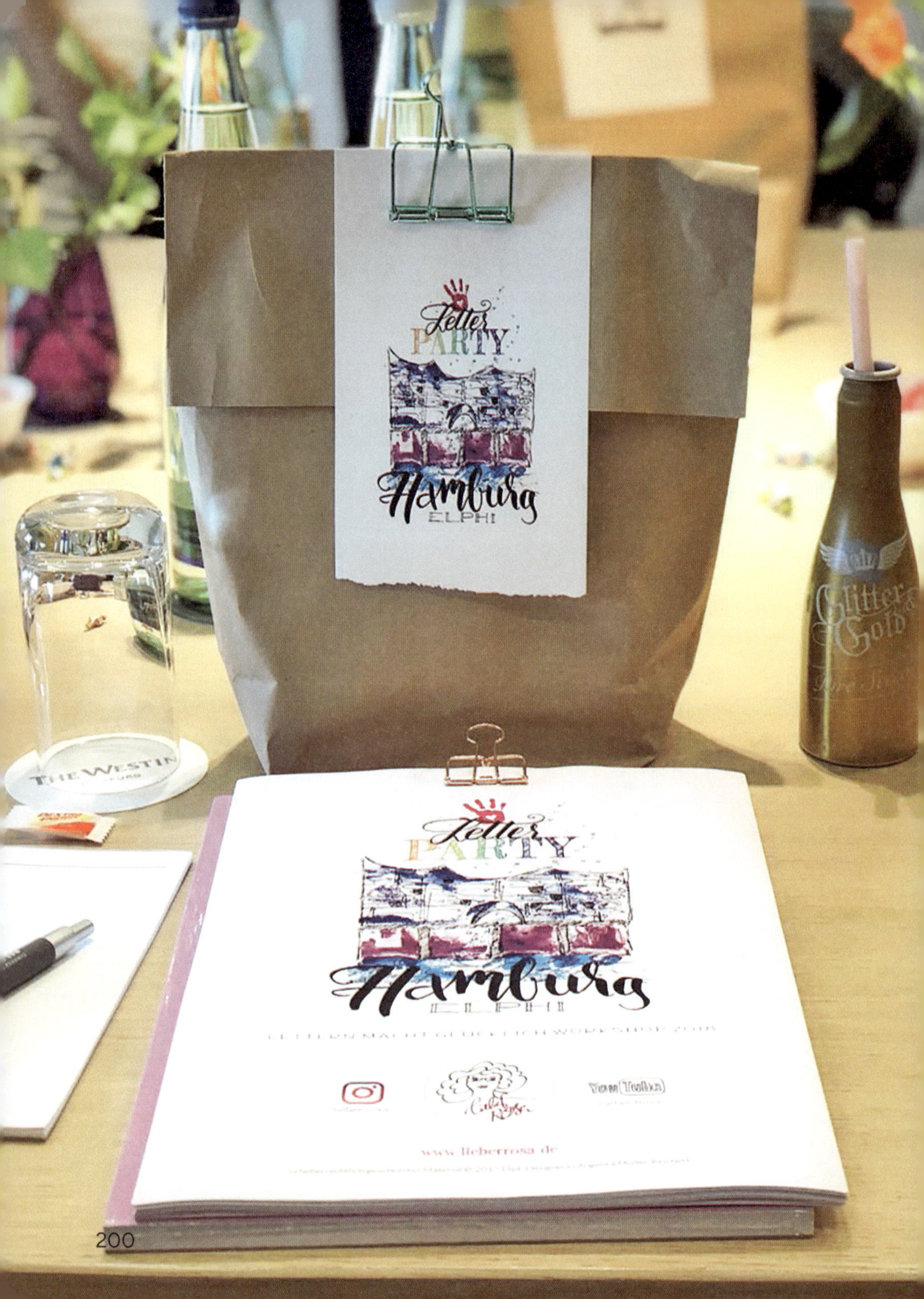
Letter
PARTY
Hamburg
ELPHI
Letter
PARTY
Hamburg
ELPHI
www.lieberrosa.de
THE WESTIN
Glitter &
Gold

LETTERN MACHT GLÜCKLICH

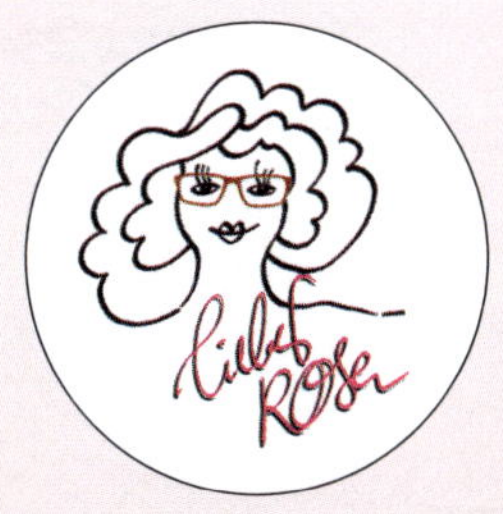

Hallo, ich bin Angelika **»Lieber Rosa«**

Die Kunst der schönen Buchstaben ist schon immer meine Leidenschaft. Seit ich 2017 einen kleinen Preis eines Brush-Pen-Herstellers gewonnen habe, bin ich Lettering-infiziert und veröffentliche Tipps, Tricks und Anleitungsvideos auf meinem Blog. Darüber hinaus gebe ich Workshops.

Jeder Workshop ist für mich etwas Besonderes, jeder verläuft anders, und doch ist eines immer gleich: lauter glückliche Gesichter. Meine Workshops nenne ich daher **»Lieber Rosa Letter Party«**. Der Spaß steht im Vordergrund, es wird gelernt, gelettert und gelacht.

Aufgrund meiner Aktivitäten auf Facebook, Instagram und YouTube war die »Lieber Rosa Letter Party« schon in tollen Locations zu Gast, wie der Elphi in Hamburg oder der alten Färberei in Stuttgart. So viele liebe Menschen habe ich auch persönlich kennengelernt. Freundschaften sind entstanden, Kontakte zu anderen Bloggern und Künstlern, und nicht zuletzt habe ich dieses Buch geschrieben.

Infos sowie Letter-Party-Termine findest du auf meinem Blog
www.lieberrosa.de

Challenges gibt es in der Facebook-Gruppe **Lettering #LetterParty**

Auf Instagram findest du mich unter **lieber.rosa**

Mein YouTube-Kanal heißt **Lieber Rosa**

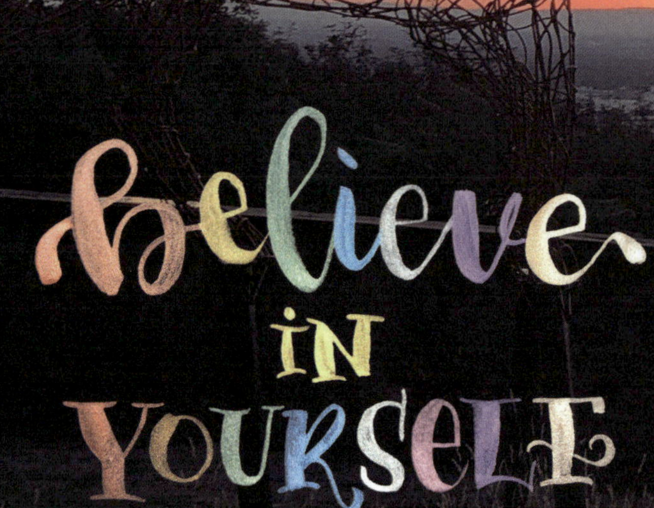

Blick über Darmstadt.

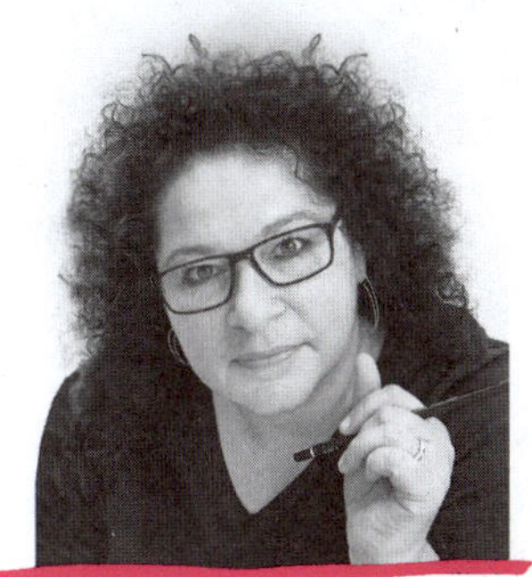

DIE AUTORIN

Angelika Müller-Reichert studierte Kommunikations-Design mit Schwerpunkt Typografie in Darmstadt. Das Studium finanzierte sie sich mit kalligrafischen Arbeiten und schrieb Urkunden für historische Gebäude. Signets, wie das des Deutschen Wetterdienstes, stammen ebenfalls aus ihrer Feder. Während der New Economy arbeitete sie als Art Director unter anderem bei McCann Erickson. Heute lebt die Zwillingsmama mit ihrer Familie in einem Vorort von Darmstadt und arbeitet als freischaffende Designerin.

Seit 2017 schreibt sie den Blog »Lieber Rosa« und veröffentlicht ihre Lettergrafien in den sozialen Medien.

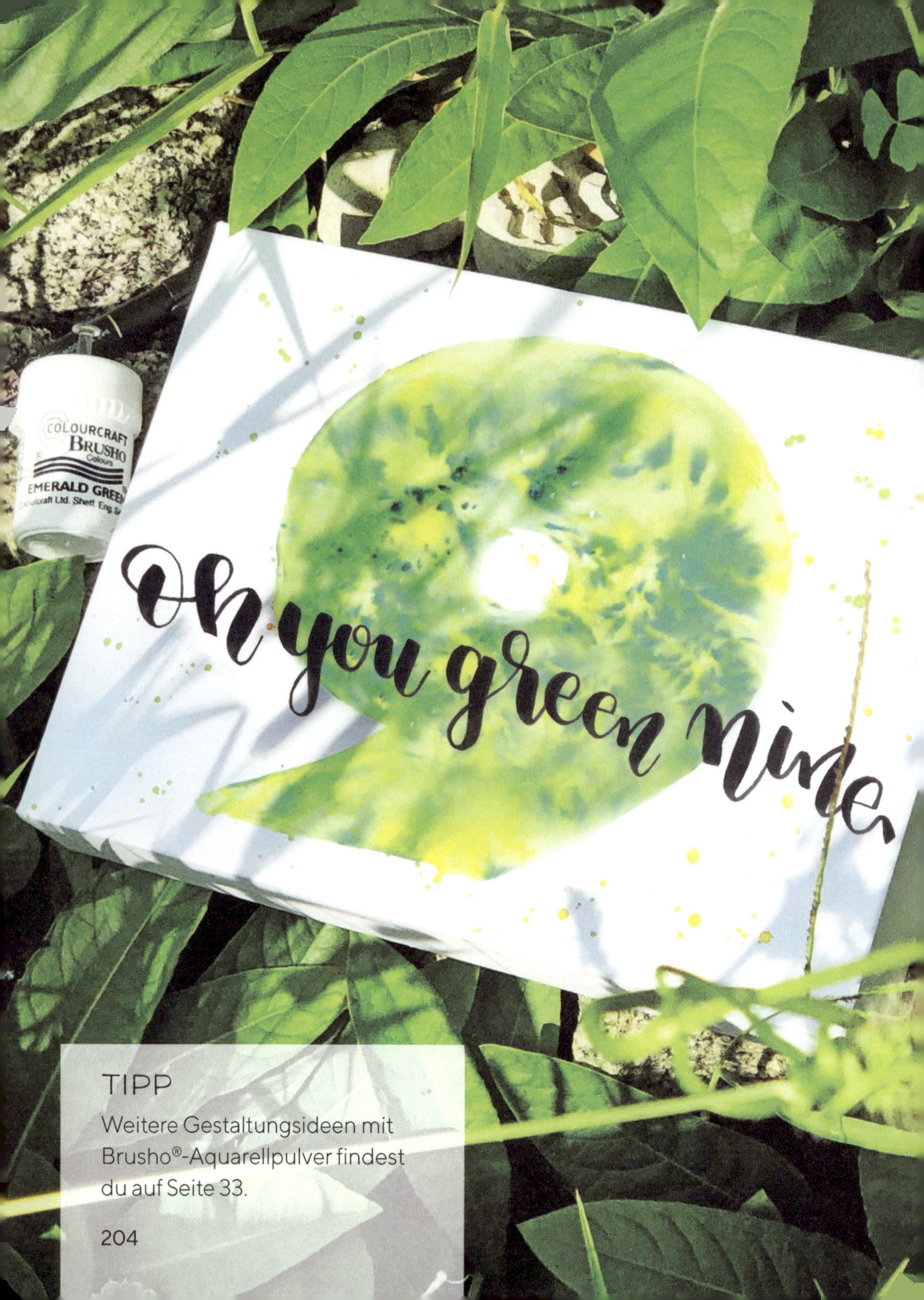

TIPP

Weitere Gestaltungsideen mit Brusho®-Aquarellpulver findest du auf Seite 33.

STICHWORTVERZEICHNIS

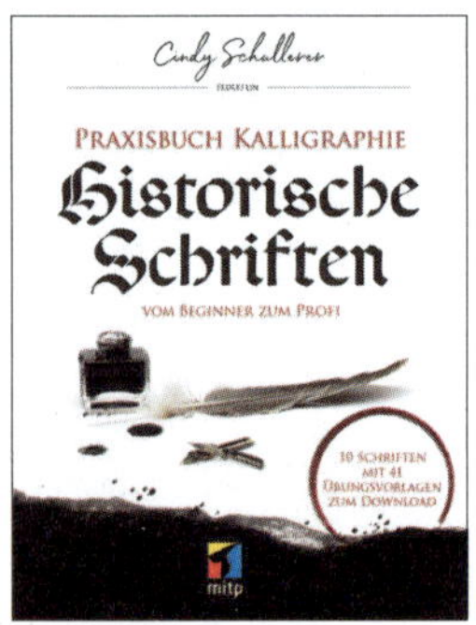

»Praxisbuch Kalligraphie ... «

Historische Schriften von Cindy Schullerer | Federfein, 1. Auflage 2019, 208 Seiten, in Farbe, ISBN: 9783747500248

Cindy Schullerer gibt in diesem Buch eine umfassende Einführung in die Kunst des Schönschreibens. Dabei widmet sie sich ausdrücklich historischen Schriften mit ihren besonderen Eigenschaften. Sie stellt zehn verschiedene Schriften aus unterschiedlichen Epochen vor und zeigt Schritt für Schritt, wie die einzelnen Buchstaben umgesetzt werden. In 12 Projekten findet der Leser weiterführende Inspiration und Ideen.

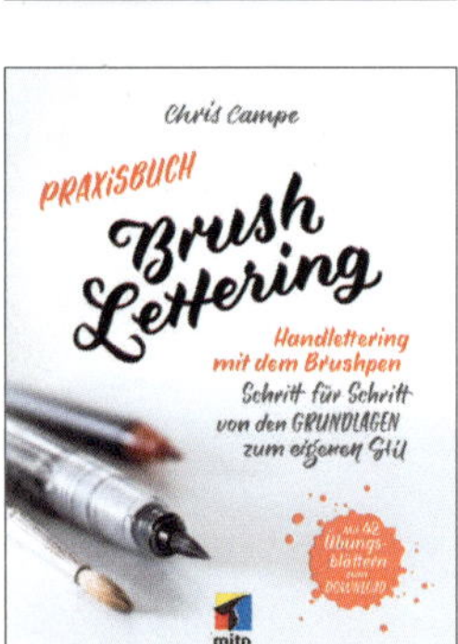

»Praxisbuch Brush Lettering«

von Chris Campe, 1. Auflage 2018, 224 Seiten, in Farbe, ISBN: 9783958457300

Chris Campe gibt in diesem Buch eine fundierte und praxisnahe Einführung ins Brush Lettering. Dabei geht es nicht darum, einfach hübsche Beispiele nachzuzeichnen. Stattdessen lernen Sie ganz systematisch und Strich für Strich, wie Sie mit dem Brushpen schöne Buchstaben zeichnen können, und erfahren anschaulich, worauf es bei der freien Variation von Schrift und gelungenen Lettering-Kompositionen ankommt.

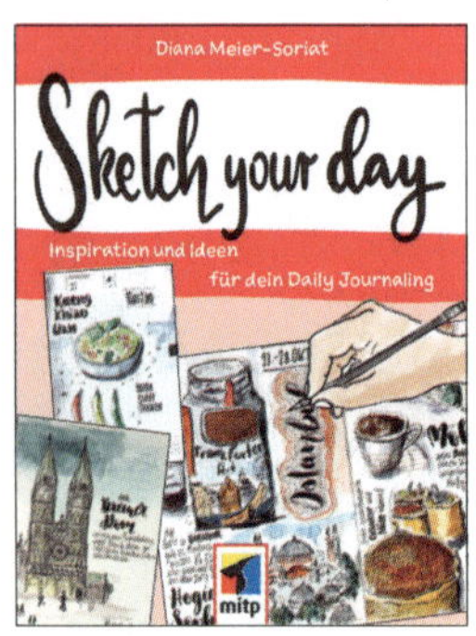

»Sketch your Day«

von Diana Meier-Soriat, 1. Auflage 2019, 160 Seiten, in Farbe, ISBN: 9783958459861

Sketch Your Day ist eine moderne und kreative Art des Tagebuchs und bedeutet, einen Tag in Bildern und Text festzuhalten. Mit diesem Buch findest du den Einstieg ins Daily Journaling. Die Autorin zeigt dir alles, was du für deinen eigenen Start brauchst und gibt dir jede Menge Ideen, Beispiele und Inspiration für dein eigenes kreatives Journal.

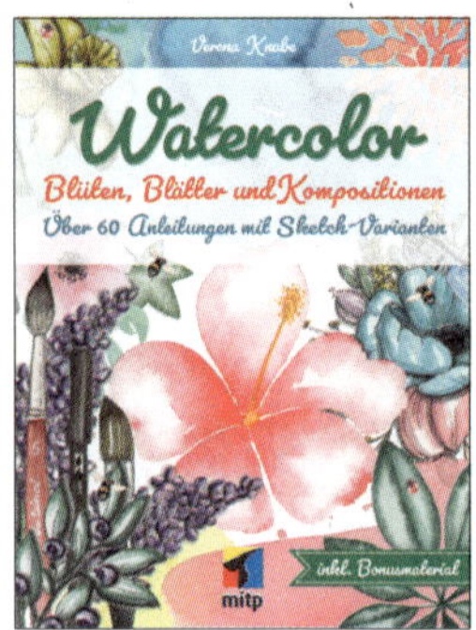

»Watercolor - Blüten, Blätter und Kompositionen«

von Verena Knabe, 1. Auflage 2019, 176 Seiten, in Farbe, ISBN: 9783747501054

Du bist begeistert von Watercolor und möchtest insbesondere Blumen, Blüten, Blätter und Kompositionen malen? Nach einem Überblick über das Material und die Techniken zeigt die Autorin in über 60 einfachen Schritt-für-Schritt-Anleitungen, wie jedes einzelne Bild entsteht. So kannst du ohne jegliche Vorkenntnisse schöne Watercolor-Bilder anfertigen.